火炬高新技术领域企业发展报告

(2016—2020)

科学技术部火炬高技术产业开发中心　著

科学技术文献出版社
SCIENTIFIC AND TECHNICAL DOCUMENTATION PRESS

·北京·

图书在版编目（CIP）数据

火炬高新技术领域企业发展报告.2016—2020/科学技术部火炬高技术产业开发中心著.—北京：科学技术文献出版社，2023.7
ISBN 978-7-5235-0399-7

Ⅰ.①火… Ⅱ.①科… Ⅲ.①高技术产业—产业发展—研究报告—中国—2016—2020 Ⅳ.① F279.244.4

中国国家版本馆 CIP 数据核字（2023）第 118636 号

火炬高新技术领域企业发展报告（2016—2020）

| 策划编辑：陈梅琼 | 责任编辑：李晓晨　侯依林 | 责任校对：王瑞瑞 | 责任出版：张志平 |

出 版 者　科学技术文献出版社
地　　址　北京市复兴路15号　邮编　100038
编 务 部　（010）58882938，58882087（传真）
发 行 部　（010）58882868，58882870（传真）
邮 购 部　（010）58882873
官方网址　www.stdp.com.cn
发 行 者　科学技术文献出版社发行　全国各地新华书店经销
印 刷 者　北京时尚印佳彩色印刷有限公司
版　　次　2023年7月第1版　2023年7月第1次印刷
开　　本　889×1194　1/16
字　　数　339千
印　　张　12.25
书　　号　ISBN 978-7-5235-0399-7
定　　价　98.00元

版权所有　违法必究

购买本社图书，凡字迹不清、缺页、倒页、脱页者，本社发行部负责调换

编委会

主　　编：吕先志　贾敬敦
副 主 编：徐　轶　陈　彦
编　　委：（按姓氏拼音排序）
蔡子航　谷潇磊　李　丽　李　岭　李文奇
刘　畅　刘小丹　吕园园　庞鹏沙　尚雁洁
孙翔宇　王　新　王博宇　王天霞　王胤杰
张艳秋　周　航　周　力
主要执笔人：陈　彦　孙翔宇　李　岭　蔡子航　王　新
李　丽　刘　畅　吕园园

序 言

当前,世界百年未有之大变局加速演进,新一轮科技革命和产业变革深入发展,经济社会发展机遇与挑战并存,全球产业链供应链价值链加速重构,世界各国高度重视企业的创新发展。聚焦中国,第一个百年奋斗目标顺利完成,正向全面建成社会主义现代化强国的第二个百年奋斗目标迈进,高质量发展的要求迫切需要科技型企业进一步增强自主创新能力,攻克关键核心技术。面向未来,我们以习近平新时代中国特色社会主义思想为指导,坚持四个面向,加快实施创新驱动发展战略,着力打造以企业为主体的技术创新体系,促进高新技术领域企业迈向全球价值链高端,以科技企业的高质量发展助推中国式现代化建设进程。

党中央、国务院高度重视科技企业的创新工作。党的二十大报告指出,强化企业科技创新主体地位,发挥科技型骨干企业引领支撑作用,营造有利于科技型中小微企业成长的良好环境,推动创新链产业链资金链人才链深度融合。作为科技型企业的代表,高新技术领域企业以知识技术密集为显著特征,是培育发展新动能、拓宽发展新赛道、获取竞争新优势、引领经济高质量发展的核心力量,对构建现代化产业体系、促进高水平科技自立自强、加速社会主义现代化强国建设具有重要意义。抓住高新技术领域企业发展,才能赢得未来发展的主动权。

当前,我国高新技术领域企业技术创新能力不断增强,发展环境持续优化,已成为推动我国经济高质量发展的重要引擎。2020年,我国高新技术领域企业数达到30.8万家,从业人员达到4368.4万人,高新技术领域企业成为吸纳就业的重要力量;高新技术领域企业实现工业总产值44.7万亿元,电子信息、先进制造与自动化、新材料等高新技术领域实现量质齐升;国家高新区、创新型产业集群、火炬产业基地等产业集聚区科技创新发展态势明显;各类成果转化、创业孵化、风险投资等服务机构蓬勃发展,高新技术领域创新生态持续优化,初步实现了创新链产业链资金链人才链深度融合。

为深入贯彻落实党的二十大会议精神，全面总结"十三五"期间高新技术领域企业发展情况，为"十四五"高新技术领域企业发展提供鲜活经验，科学技术部火炬高技术产业开发中心秉承"发展高科技，实现产业化"的初心使命，组织研究人员编写了《火炬高新技术领域企业发展报告（2016—2020）》。本报告围绕总体发展情况、分领域发展情况、重点类型企业、产业集聚区、创新服务机构5个方面详细客观地分析了"十三五"时期我国高新技术领域企业发展全貌，并在梳理高新技术领域企业发展中存在问题的基础上，为新发展阶段促进我国高新技术产业高质量发展提出了相关建议。

希望本报告有助于政府部门、企业、高校院所等相关人员了解高新技术领域企业发展情况，为社会各界人士深化高新技术产业及相关领域企业研究提供高质量、有价值的信息参考。同时，也期待在未来的研究和实践中，能够与更多的政府部门和产业界人士开展深入合作与交流，共同促进中国高新技术领域企业和高新技术产业持续健康发展。

目 录

总体篇

第一章　概念与范围界定 ········· 2
　　一、高新技术领域 ········· 2
　　二、研究内容 ········· 3
　　三、数据来源 ········· 3

第二章　总体发展情况 ········· 5
　　一、规模效益 ········· 5
　　二、区域发展 ········· 12
　　三、创新产出 ········· 17
　　四、产业集聚 ········· 22
　　五、创新主体 ········· 23
　　六、创新人才 ········· 26
　　七、创新生态 ········· 31

第三章　高新技术领域企业发展情况 ········· 34
　　一、电子信息 ········· 35
　　二、生物与新医药 ········· 46
　　三、航空航天 ········· 58
　　四、新材料 ········· 70

五、高技术服务 82
　　六、新能源与节能 94
　　七、资源与环境 105
　　八、先进制造与自动化 116

专题篇

第四章　重点类型企业 130
　　一、高新技术企业 130
　　二、上市企业 140

第五章　产业集聚区 150
　　一、国家高新区 150
　　二、创新型产业集群 160
　　三、火炬特色产业基地 165

第六章　创新服务机构 170
　　一、研发机构 170
　　二、创新创业机构 173
　　三、技术转移机构 177
　　四、创业风险投资机构 179

第七章　发展建议 181
　　一、存在问题 181
　　二、发展建议 182

附　录 185
　　一、地区说明 185
　　二、重点城市群 186
　　三、名词解释 187

总体篇

第一章
概念与范围界定

一、高新技术领域

2016年,科技部、财政部、国家税务总局印发新修订的《高新技术企业认定管理办法》及其附件《国家重点支持的高新技术领域》,将国家重点支持的高新技术领域范围确定为电子信息、生物与新医药、航空航天、新材料、高技术服务、新能源与节能、资源与环境和先进制造与自动化八大类。

电子信息包括软件、微电子技术、计算机产品及其网络应用技术、通信技术、广播影视技术、新型电子元器件、信息安全技术、智能交通和轨道交通技术8个二级分类,以及基础软件、集成电路设计技术等62个三级分类。

生物与新医药包括医药生物技术,中药、天然药物,化学药研发技术,药物新剂型与制剂创制技术,医疗仪器、设备与医学专用软件,轻工和化工生物技术,农业生物技术7个二级分类,以及新型疫苗、生物治疗技术和基因工程药物等36个三级分类。

航空航天包括航空技术和航天技术2个二级分类,以及飞行器系统技术、空中管制技术等14个三级分类。

新材料包括金属材料、无机非金属材料、高分子材料、生物医用材料、精细和专用化学品、与文化艺术产业相关的新材料6个二级分类,以及功能玻璃制备技术、环保及环境友好型材料技术等36个三级分类。

高技术服务包括研发与设计服务、检验检测认证与标准服务、信息技术服务、高技术专业化服务、知识产权与成果转化服务、电子商务与现代物流技术、城市管理与社会服务、文化创意产业支撑技术8个二级分类,以及研发服务、设计服务等17个三级分类。

新能源与节能包括可再生清洁能源、核能及氢能、新型高效能量转换与储存技术、高效节能技术 4 个二级分类，以及太阳能、风能、生物质能等 18 个三级分类。

资源与环境包括水污染控制与水资源利用技术、大气污染控制技术、固体废弃物处置与综合利用技术、物理性污染防治技术、环境监测及环境事故应急处理技术、生态环境建设与保护技术、清洁生产技术和资源勘查、高效开采与综合利用技术 8 个二级分类，以及城镇污水处理与资源化技术、农业水污染控制技术等 33 个三级分类。

先进制造与自动化包括工业生产过程控制系统，安全生产技术，高性能、智能化仪器仪表，先进制造工艺与装备，新型机械，电力系统与设备，汽车及轨道车辆相关技术，高技术船舶与海洋工程装备设计制造技术，传统文化产业改造技术 9 个二级分类，以及现场总线与工业以太网技术、嵌入式系统技术等 38 个三级分类。

二、研究内容

本报告旨在重点对"十三五"时期火炬入统企业中涉及八大高新技术领域的企业进行研究，分析高新技术领域企业发展情况。报告分为总体篇和专题篇，共设置 7 章内容。

总体篇分为 3 章。第一章对高新技术领域的概念和范围进行界定，明确研究内容和数据来源。第二章对火炬入统企业总体发展情况进行分析，围绕产业规模效益、区域发展、创新产出、产业集聚、创新主体、创新人才、创新生态等内容展开。第三章重点对火炬入统企业中核心技术属于八大高新技术领域的企业发展情况进行分析，针对每一领域分析其产业规模、技术分布、创新产出和区域分布等。

专题篇分为 4 章。第四章对火炬入统企业中高新技术企业和上市企业的发展情况进行分析。第五章对国家高新区、创新型产业集群和火炬特色产业基地内企业进行分析。第六章对各类研发机构、创新创业机构、技术转移机构和创业风险投资机构等创新服务机构进行分析。第七章在总结我国高新技术领域发展存在的问题基础上，从自主创新、区域协调、科技人才、产业链和发展环境等方面提出发展建议。

三、数据来源

本报告研究数据来源于科学技术部火炬高技术产业开发中心。火炬入统企业包括国家高新区内企业及区外高新技术企业，数据根据国家高新区和高新技术企业统计报表制度，来源于国家高新区内企业及区外高新技术企业统计年报数据；创新型产业集群、火炬特色产业基地数据根据火炬统计产业基地集群类综合统计调查制度，来源于创新型产业集群和国家火炬特色产业基地年度统计数据；创新服务机构数据根据火炬统计创新创业类服务机构统计调查制度，来源于科技企业孵化器、众创空间、国家技术转移机构年度统计数据。

本报告第二章企业总体发展情况基于2016—2020年火炬入统企业数据进行分析；第三章高新技术领域企业发展情况基于2017—2020年火炬入统企业中填报"核心技术所属国家重点支持的高新技术领域"的企业数据进行分析；第四章重点类型企业基于2016—2020年火炬入统企业中的高新技术企业和各类上市企业进行分析；第五章国家高新区数据来源于2016—2020年火炬入统企业中注册地在国家高新区内的企业数据；第五章创新型产业集群、火炬特色产业基地和第六章创新服务机构数据来源于历年《中国火炬统计年鉴》。

特别说明的是，本报告中部分早期数据因未纳入统计指标体系，无法获取，包括2016年各高新技术领域分类数据、2016—2017年当年境外注册商标、2016—2018年累计形成国际标准、累计形成国家或行业标准等。

第二章 总体发展情况

创新是引领发展的第一动力，是我国建设现代化产业体系的战略支撑。近年来，我国企业面对世界百年未有之大变局和国内外复杂多变的经济形势，充分发挥科技创新在高质量发展中的引领作用，不断强化创新主体地位，聚焦国家重点支持的高新技术领域，在关键核心技术攻关、创新能力提升、产业园区建设、创新生态营造等方面取得骄人成绩，为加速传统产业转型升级和新兴产业培育，支撑科技自立自强和经济高质量发展发挥了重要作用。

一、规模效益

近年来，在整体经济增长速度趋缓的态势下，高新技术领域企业逆势而上，总体规模不断扩大，为我国经济发展注入新活力，为高质量发展注入新动能。

（一）企业规模持续壮大

截至2020年，火炬入统企业达36.7万家，其中核心技术属于国家重点支持的高新技术领域企业30.8万家，占比为83.9%（图2-1）。高新技术领域企业中，电子信息领域企业数居首位，近10万家，占高新技术领域企业数的31.3%；先进制造与自动化领域企业达到7.3万家，占比23.8%；新材料领域企业达到4.5万家，占比14.7%。高技术服务、资源与环境、先进制造与自动化、航空航天、电子信息与新材料领域的企业年均增长率均超过20%（表2-1）。

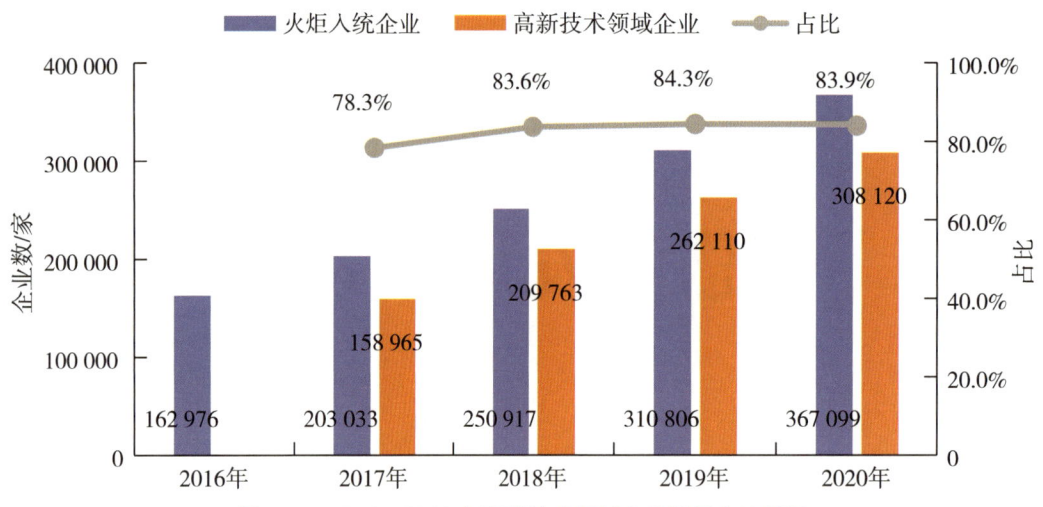

图 2-1　2016—2020 年高新技术领域企业数及占比情况

表 2-1　2016—2020 年各高新技术领域企业数情况

单位：家

领域	2016 年	2017 年	2018 年	2019 年	2020 年	年均增长率
合计	162 976	203 033	250 917	310 806	367 099	22.5%
电子信息	—	52 638	70 018	86 111	96 566	22.4%
生物与新医药	—	14 997	18 079	21 954	24 533	17.8%
航空航天	—	1030	1385	1695	1934	23.4%
新材料	—	25 005	31 531	39 031	45 337	21.9%
高技术服务	—	15 548	23 425	30 298	37 401	34.0%
新能源与节能	—	7970	9760	11 859	13 726	19.9%
资源与环境	—	7171	9566	12 448	15 427	29.1%
先进制造与自动化	—	34 606	45 999	58 714	73 196	28.4%
未涉及	—	44 068	41 154	48 696	58 979	10.2%

（二）产出和效益稳步增长

高新技术领域企业规模迅速增长的同时，产出和效益实现稳步增长，各项经济指标呈现持续向好的发展态势，对推动产业升级和经济高质量发展发挥了关键作用。

从工业总产值看，2020 年火炬入统企业实现工业总产值 48.3 万亿元，其中高新技术领域企业实现工业总产值 44.7 万亿元，占比 92.6%（图 2-2）。从各高新技术领域看，先进制造与自动化和新材料领域企业工业总产值均超过 10 万亿元；新材料、航空航天和资源与环境领域企业工业总产值增速位居前三，各高新技术领域企业均实现不同程度的增长（表 2-2）。

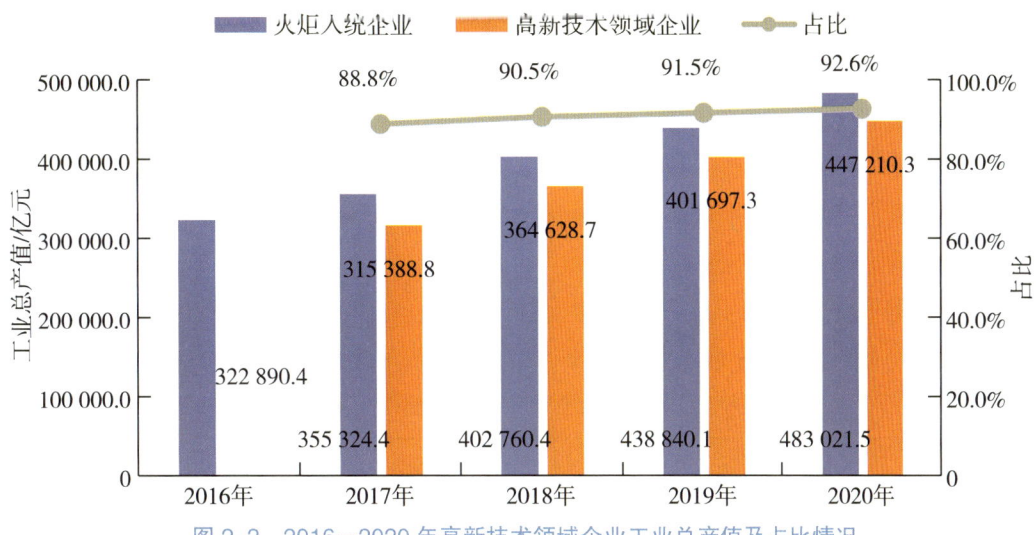

图 2-2　2016—2020 年高新技术领域企业工业总产值及占比情况

表 2-2　2016—2020 年各高新技术领域企业工业总产值情况

单位：亿元

领域	2016 年	2017 年	2018 年	2019 年	2020 年	年均增长率
合计	322 890.4	355 324.4	402 760.4	438 840.1	483 021.5	10.6%
电子信息	—	63 430.0	69 588.5	76 642.0	84 147.7	9.9%
生物与新医药	—	28 316.6	31 982.1	34 850.7	38 466.2	10.8%
航空航天	—	3530.0	3863.7	4370.1	5337.3	14.8%
新材料	—	76 993.7	96 106.3	108 323.4	119 701.5	15.8%
高技术服务	—	7092.7	7362.3	7842.4	7935.2	3.8%
新能源与节能	—	22 730.8	25 162.5	28 412.0	30 522.4	10.3%
资源与环境	—	16 820.1	20 288.1	23 772.4	25 232.4	14.5%
先进制造与自动化	—	96 474.9	110 275.2	117 484.3	135 867.6	12.1%
未涉及	—	39 935.6	38 131.7	37 142.8	35 811.2	-3.6%

从营业收入看，2020 年火炬入统企业营业收入达 72.4 万亿元，其中高新技术领域企业营业收入为 63.7 万亿元，占比 88.0%（图 2-3）。从各高新技术领域看，先进制造与自动化、电子信息、新材料领域企业营业收入均超过 10 万亿元，分别达到 14.1 万亿元、13.9 万亿元和 12.6 万亿元。从年均增长率看，2016—2020 年高技术服务领域企业营业收入增长最快，年均增长率接近 25%；生物与新医药领域企业营业收入增长最慢，年均增长率为 11.5%（表 2-3）。

图 2-3　2016—2020 年高新技术领域企业营业收入及占比情况

表 2-3　2016—2020 年各高新技术领域企业营业收入情况

单位：亿元

领域	2016 年	2017 年	2018 年	2019 年	2020 年	年均增长率
合计	423 590.3	493 694.3	576 450.8	645 274.1	724 403.0	14.4%
电子信息	—	94 474.4	109 166.6	120 547.6	139 113.1	13.8%
生物与新医药	—	30 274.3	34 578.4	37 844.2	41 989.0	11.5%
航空航天	—	4684.0	5458.2	5850.9	7124.9	15.0%
新材料	—	80 756.2	102 326.6	114 675.8	125 927.3	16.0%
高技术服务	—	50 915.9	75 021.4	83 830.9	99 287.8	24.9%
新能源与节能	—	29 549.2	34 771.9	41 208.2	49 844.8	19.0%
资源与环境	—	21 395.4	25 795.4	31 479.6	33 065.6	15.6%
先进制造与自动化	—	99 790.2	124 963.4	124 652.4	140 812.9	12.2%
未涉及	—	81 854.7	64 368.9	85 184.5	87 237.6	2.1%

从实际上缴税费看，2020 年火炬入统企业实际上缴税费为 2.9 万亿元，其中高新技术领域企业实际上缴税费 2.4 万亿元，占比为 82.1%（图 2-4）。各高新技术领域中，先进制造与自动化领域企业实际上缴税费最多，达 0.6 万亿元；其次为电子信息和新材料领域企业，上缴税费位居第二和第三。从年均增长率看，2016—2020 年高技术服务领域企业实际上缴税费增长最快，年均增长率达到 11.5%；先进制造与自动化领域企业实际上缴税费增长最慢，平均增长率为 0.4%（表 2-4）。

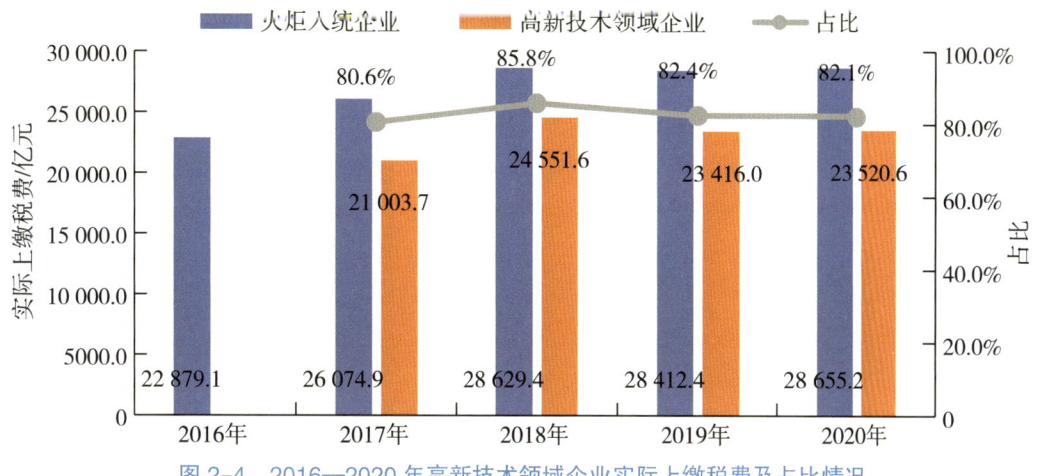

图 2-4　2016—2020 年高新技术领域企业实际上缴税费及占比情况

表 2-4　2016—2020 年各高新技术领域企业实际上缴税费情况

单位：亿元

领域	2016 年	2017 年	2018 年	2019 年	2020 年	年均增长率
合计	22 879.1	26 074.9	28 629.4	28 412.4	28 655.2	5.8%
电子信息	—	4295.7	4606.2	4390.8	4394.8	0.8%
生物与新医药	—	2363.1	2707.6	2595.9	2585.5	3.0%
航空航天	—	105.0	120.0	116.3	121.7	5.0%
新材料	—	3685.9	4512.7	4466.4	4326.7	5.5%
高技术服务	—	2129.7	3033.5	2816.8	2954.6	11.5%
新能源与节能	—	1234.9	1349.0	1414.2	1511.9	7.0%
资源与环境	—	1254.1	1509.0	1697.0	1613.9	8.8%
先进制造与自动化	—	5935.3	6713.6	5918.6	6011.5	0.4%
未涉及	—	5071.2	4077.8	4996.4	5134.6	0.4%

从净利润看，2020 年火炬入统企业净利润为 4.8 万亿元，其中高新技术领域企业净利润为 4.3 万亿元，占比为 88.9%（图 2-5）。各高新技术领域中，电子信息领域企业净利润最高，超过万亿元，达到 1.1 万亿元；航空航天领域企业净利润最低，仅为 385.1 亿元。从年均增长率看，2016—2020 年电子信息领域企业净利润增长最快，年均增长率达到 17.2%（表 2-5）。

图 2-5 2016—2020 年高新技术领域企业净利润及占比情况

表 2-5 2016—2020 年各高新技术领域企业净利润情况

单位：亿元

领域	2016 年	2017 年	2018 年	2019 年	2020 年	年均增长率
合计	27 934.3	33 618.9	37 904.7	39 571.6	47 892.6	14.4%
电子信息	—	6976.3	7750.2	7883.8	11 220.3	17.2%
生物与新医药	—	3213.9	3535.3	3718.6	4602.5	12.7%
航空航天	—	302.9	305.2	356.7	385.1	8.3%
新材料	—	4672.4	6031.3	6036.7	7171.6	15.4%
高技术服务	—	3648.6	5140.4	5175.8	5571.9	15.2%
新能源与节能	—	1725.8	1675.7	2437.3	2688.1	15.9%
资源与环境	—	1512.1	1851.6	1604.0	2272.3	14.5%
先进制造与自动化	—	6877.2	7659.1	7178.0	8650.8	7.9%
未涉及	—	4689.7	3955.9	5180.7	5330.0	12.5%

（三）高新技术产品销售收入持续增长

高新技术领域企业不断提升自主创新能力，创新能级不断提升，创新绩效逐步显现，高新技术产品销售收入持续增加，呈现出持续向价值链高端攀升的发展态势。

从高新技术产品销售收入看，2020 年火炬入统企业高新技术产品销售收入为 36.5 万亿元，其中高新技术领域企业高新技术产品销售收入 36.2 万亿元，占比 99.2%（图 2-6）。各高新技术领域中，2020 年先进制造与自动化、新材料、电子信息领域企业高新技术产品销售收入位居前三。从年均增长率看，各领域企业的高新技术产品销售收入年均增长率均在 10% 以上。

其中，高技术服务领域和资源与环境领域企业年均增长率超过20%（表2-6）。

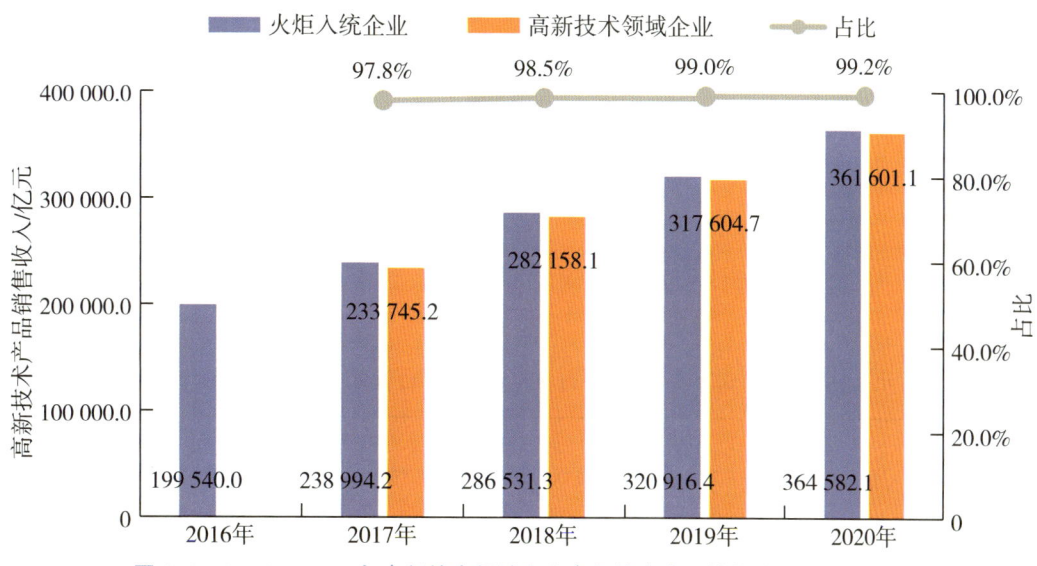

图 2-6 2016—2020 年高新技术领域企业高新技术产品销售收入及占比情况

表 2-6 2016—2020 年各高新技术领域企业高新技术产品销售收入情况

单位：亿元

领域	2016 年	2017 年	2018 年	2019 年	2020 年	年均增长率
合计	199 540.0	238 994.2	286 531.3	320 916.4	364 582.1	16.3%
电子信息	—	53 886.6	61 133.3	66 457.3	75 259.6	11.8%
生物与新医药	—	18 215.6	21 680.2	23 703.3	27 008.9	14.0%
航空航天	—	2838.1	3224.0	3830.2	4790.7	19.1%
新材料	—	49 355.6	65 907.9	75 990.4	83 180.0	19.0%
高技术服务	—	15 151.6	20 163.3	23 881.0	28 033.0	22.8%
新能源与节能	—	18 334.2	20 695.9	24 988.8	29 728.5	17.5%
资源与环境	—	11 499.1	15 663.8	18 670.8	20 964.6	22.2%
先进制造与自动化	—	64 464.4	73 689.7	80 082.9	92 635.8	12.8%
未涉及	—	5249.0	4373.2	3311.7	2981.0	−17.2%

从高新技术产品出口情况看，2020 年火炬入统企业高新技术产品出口 5.0 万亿元，其中高新技术领域企业高新技术产品出口 4.9 万亿元，占比 99.2%（图 2-7）。各高新技术领域中，2020 年电子信息领域企业高新技术产品出口超 2 万亿元，达到 2.3 万亿元，居首位。从年均增长率看，生物与新医药领域企业高新技术产品出口年均增长率为 16.8%，领先优势明显（表2-7）。

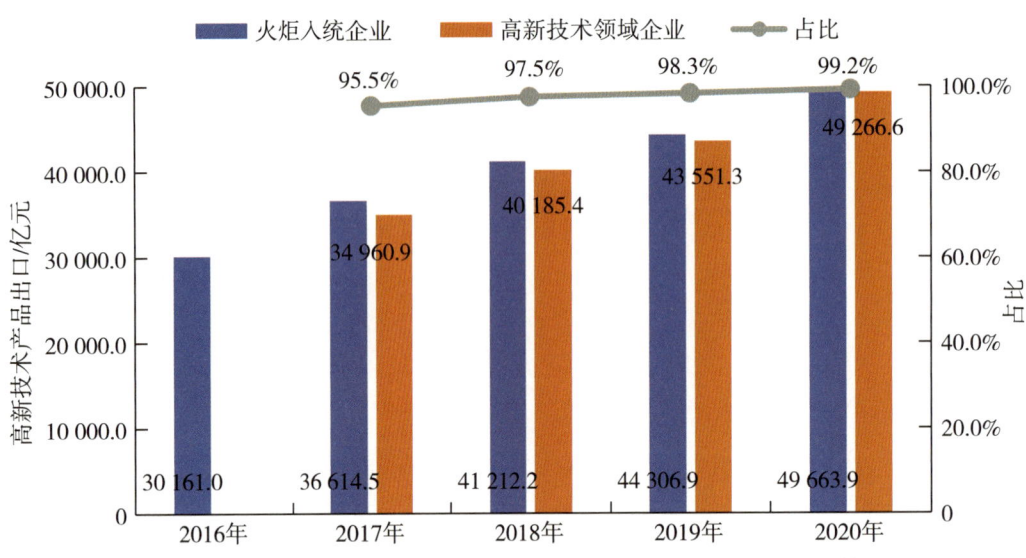

图 2-7　2016—2020 年高新技术领域企业高新技术产品出口及占比情况

表 2-7　2016—2020 年各高新技术领域企业高新技术产品出口情况

单位：亿元

领域	2016 年	2017 年	2018 年	2019 年	2020 年	年均增长率
合计	30 161.0	36 614.5	41 212.2	44 306.9	49 663.9	13.3%
电子信息	—	16 045.9	18 046.0	18 911.8	22 782.0	12.4%
生物与新医药	—	1819.4	2071.9	2287.4	2900.4	16.8%
航空航天	—	304.5	258.2	267.4	347.5	4.5%
新材料	—	5927.5	7307.6	8098.4	8052.8	10.8%
高技术服务	—	623.4	721.5	741.6	690.0	3.4%
新能源与节能	—	2324.7	2735.3	3080.3	3529.7	14.9%
资源与环境	—	608.7	724.2	738.9	660.4	2.8%
先进制造与自动化	—	7306.8	8320.8	9425.5	10 303.8	12.1%
未涉及	—	1653.6	1026.7	755.6	397.3	−37.8%

二、区域发展

区域创新发展是国家创新发展的基石，高新技术领域企业作为引领产业转型升级、抢抓高质量发展先机的重要力量，在区域发展中呈现出东部领先、都市群集聚、重点省份领跑的发展特征。

（一）东部地区产业领先优势明显

我国东部地区创新资源丰富，产业资本雄厚，创新人才密集，科技创新的体制机制和技术研发的组织模式不断改革创新，高新技术产业持续发展壮大，高新技术领域企业规模优势明显。2020 年，东部地区高新技术领域企业为 21.2 万家，占高新技术领域企业总量（30.8 万家）的 68.9%；中部地区高新技术领域企业为 4.9 万家，占比 16.0%；西部地区高新技术领域企业为 3.3 万家，占比 10.8%；东北地区高新技术领域企业数最少，为 1.3 万家，占比仅为 4.3%。总体来看，高新技术领域企业呈现从东部地区依次向中西部地区、东北地区递减态势（图 2-8）。

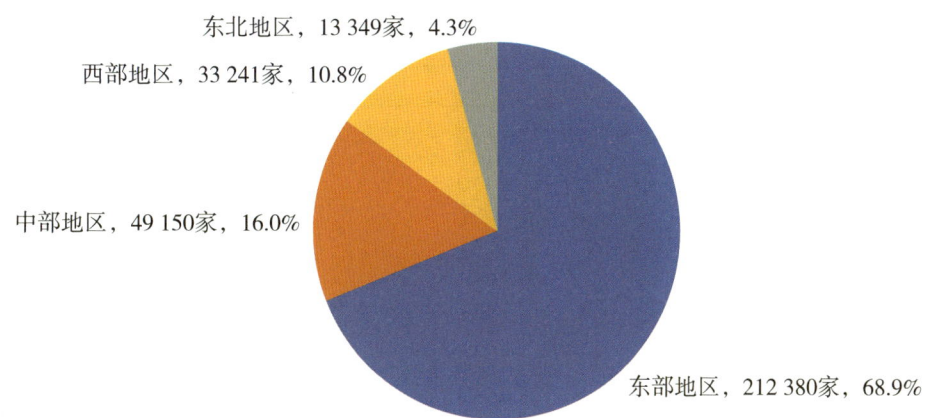

图 2-8　2020 年高新技术领域企业地区分布情况

分领域看，2020 年东部地区集中了全国 72.3% 的先进制造与自动化领域企业、71.5% 的电子信息领域企业和六成以上的新材料、高技术服务、新能源与节能、资源与环境领域企业；中部地区生物与新医药领域企业占比 22.1%；西部地区集聚了 25.4% 的航空航天领域企业；东北地区航空航天、生物与新医药领域企业占全国的 5% 以上，其他领域企业占比较低（图 2-9）。

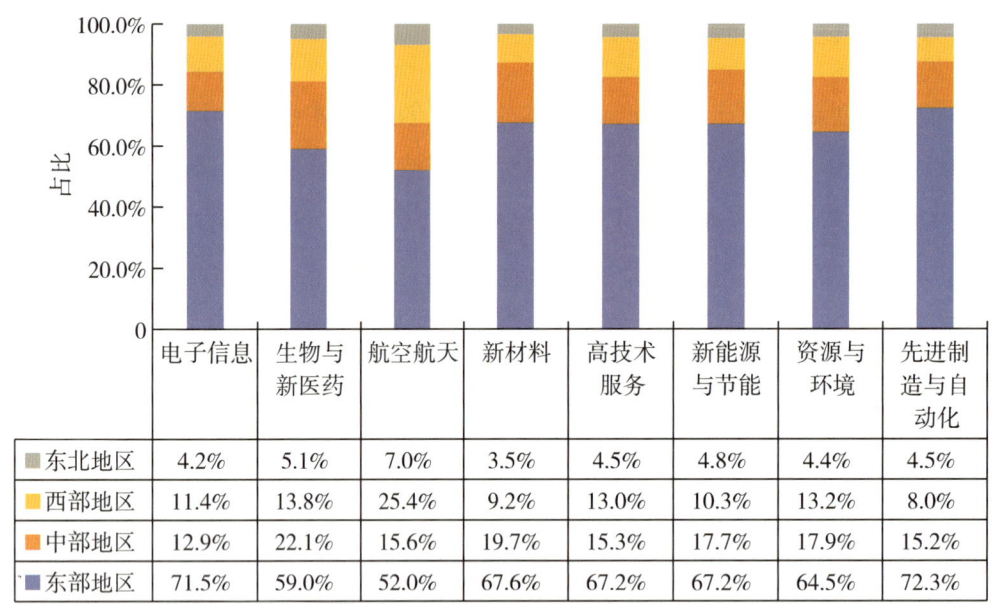

图 2-9 2020 年各领域高新技术领域企业区域分布占比情况

（二）重点城市群形成集聚效应

高新技术领域空间集聚特征明显，长三角、粤港澳、京津冀、成渝、中原、长江中游六大城市群集聚了超六成的高新技术领域企业，其中长三角、粤港澳、京津冀三大城市群高新技术领域企业数合计占比过半。截至 2020 年底，长三角城市群高新技术领域企业最多，达到 7.0 万家，占高新技术领域企业的 22.6%；粤港澳城市群高新技术领域企业 5.8 万家，占比 18.8%；京津冀城市群高新技术领域企业 4.3 万家，占比 14.0%；成渝、中原城市群高新技术领域企业均超过 1.0 万家；长江中游城市群高新技术领域企业数相对较少（图 2-10）。

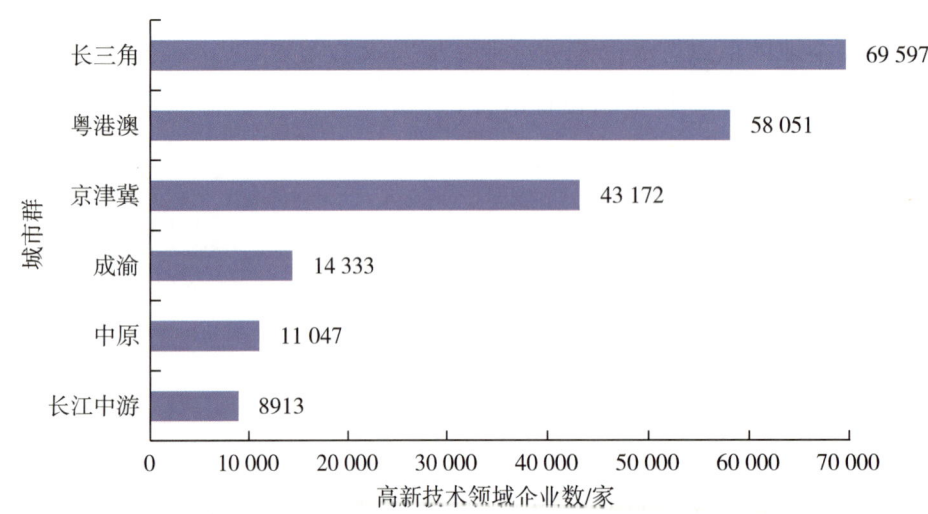

图 2-10 2020 年高新技术领域企业重点城市群分布情况

分领域看，长三角城市群各高新技术领域企业数占比均在 15% 以上，领先优势明显。其中，先进制造与自动化、新材料、高技术服务、电子信息、航空航天、资源与环境领域企业占比均超过 20%；粤港澳城市群在高技术服务、电子信息等领域发展基础较好，企业占比分别达到 21.7% 和 21.1%；京津冀城市群电子信息、高技术服务、新能源与节能企业占比分别为 19.8%、14.8% 和 14.3%；成渝城市群各高新技术领域企业数占比均超过中原、长江中游城市群（图 2-11）。

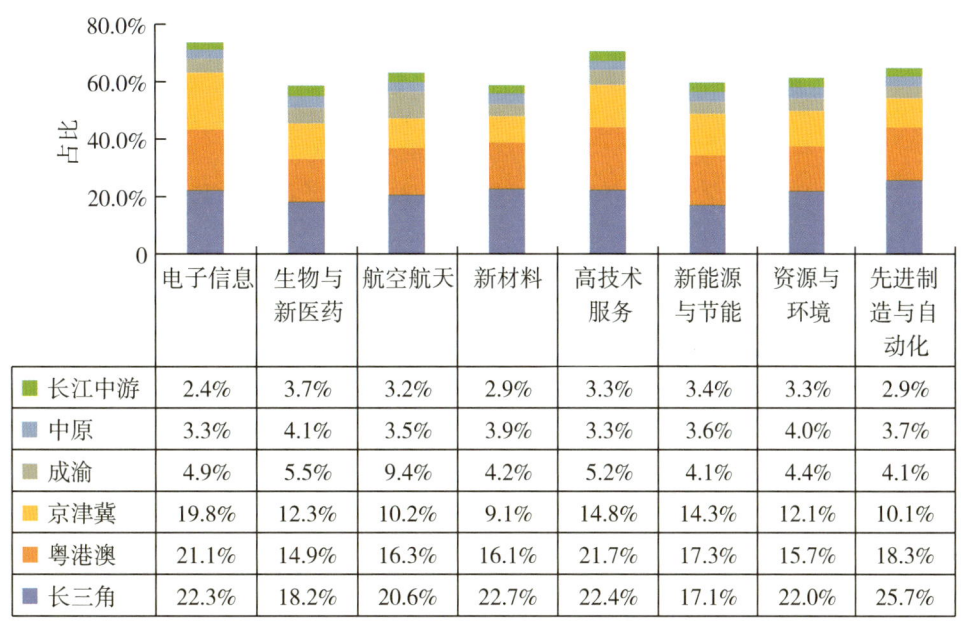

图 2-11 2020 年重点城市群高新技术领域企业分布占比情况

	电子信息	生物与新医药	航空航天	新材料	高技术服务	新能源与节能	资源与环境	先进制造与自动化
长江中游	2.4%	3.7%	3.2%	2.9%	3.3%	3.4%	3.3%	2.9%
中原	3.3%	4.1%	3.5%	3.9%	3.3%	3.6%	4.0%	3.7%
成渝	4.9%	5.5%	9.4%	4.2%	5.2%	4.1%	4.4%	4.1%
京津冀	19.8%	12.3%	10.2%	9.1%	14.8%	14.3%	12.1%	10.1%
粤港澳	21.1%	14.9%	16.3%	16.1%	21.7%	17.3%	15.7%	18.3%
长三角	22.3%	18.2%	20.6%	22.7%	22.4%	17.1%	22.0%	25.7%

（三）广东、江苏、北京集聚效应更为明显

地方政府聚焦本地区重点发展的主导产业，加大政策支持力度，持续优化产业发展环境，高新技术领域企业加速集聚。从全国各省市看，广东、江苏、北京、浙江和上海 5 省市高新技术领域企业数合计占比达到 52.2%。广东作为我国对外开放较早的省份，高新技术领域发展最为迅速，2020 年高新技术领域企业达到 6.4 万家，占比 17.4%；其次为江苏和北京，高新技术领域企业分别为 4.4 万家和 3.9 万家，占比分别为 12.1% 和 10.6%；浙江和上海高新技术领域企业均超过 2 万家（图 2-12）。

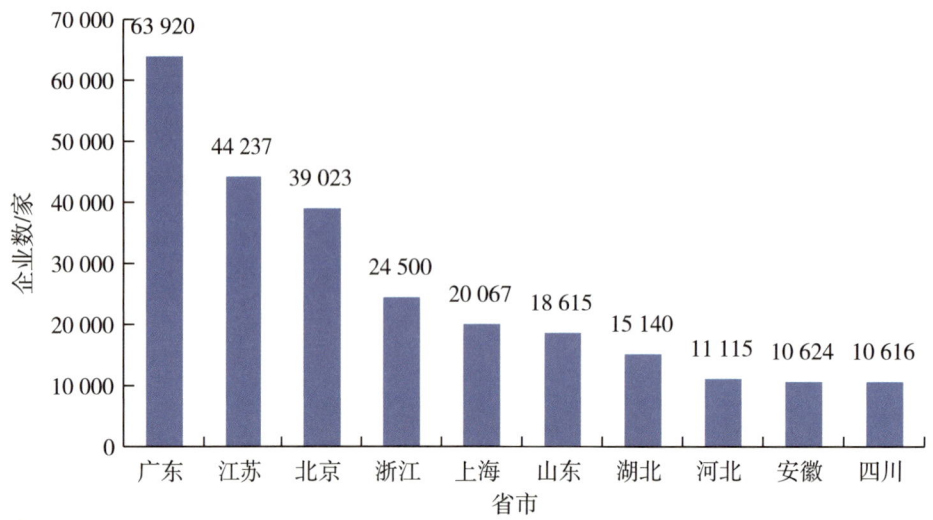

图 2-12 2020 年高新技术领域企业数位居前十的省市情况

从领域看，广东电子信息、生物与新医药、新材料、高技术服务、新能源与节能、先进制造与自动化领域企业数位居第一，占比均高于其他省市；江苏资源与环境领域企业数居首位，占全国该领域企业总量比重达 13.8%，生物与新医药、新材料、先进制造与自动化、新能源与节能等领域企业数位居第二；北京航空航天领域企业占比居首位，达 15.2%，电子信息、高技术服务领域企业占比位居第二；浙江新材料、先进制造与自动化领域企业数位居第三，占比为 11.2% 和 11.0%；上海高新技术领域企业占比均低于 10%（图 2-13）。

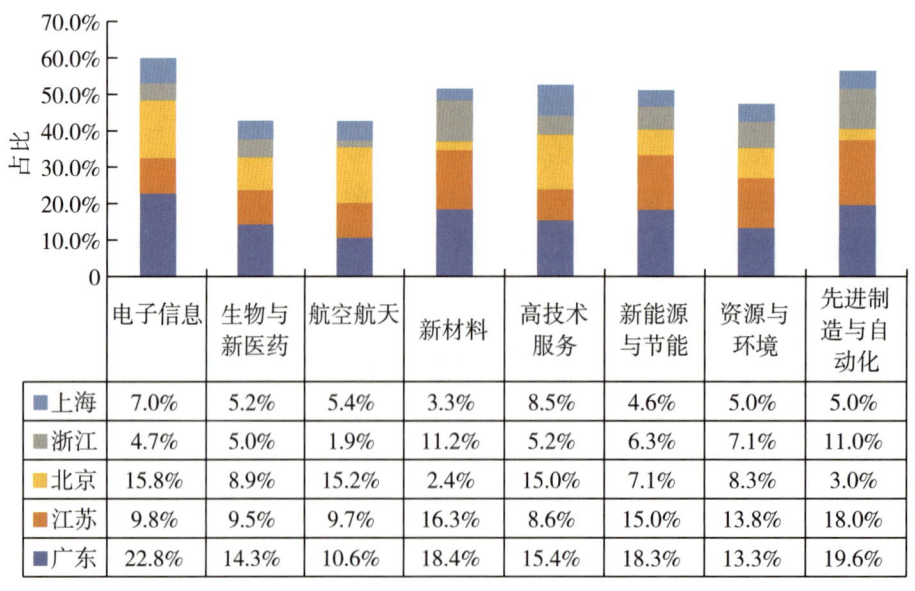

图 2-13 2020 年各高新技术领域企业数重点省市占比情况

三、创新产出

（一）创新财力投入大幅提升

2020年，火炬入统企业科技活动费用达到3.4万亿元，较上年增长16.3%，达到2016年的1.9倍。其中，高新技术领域企业科技活动费用达到3.3万亿元，占比98.3%（图2-14）。各高新技术领域中，航空航天领域企业科技活动费用增长最快，较上年增长近30%；新能源与节能、生物与新医药领域企业科技活动费用较上年增长超过20%。电子信息领域企业科技活动费用规模最大，超过万亿元；先进制造与自动化、高技术服务、新材料领域企业科技活动费用均超4500亿元，高技术服务领域增长最快，年均增长率达到23.4%（表2-8）。

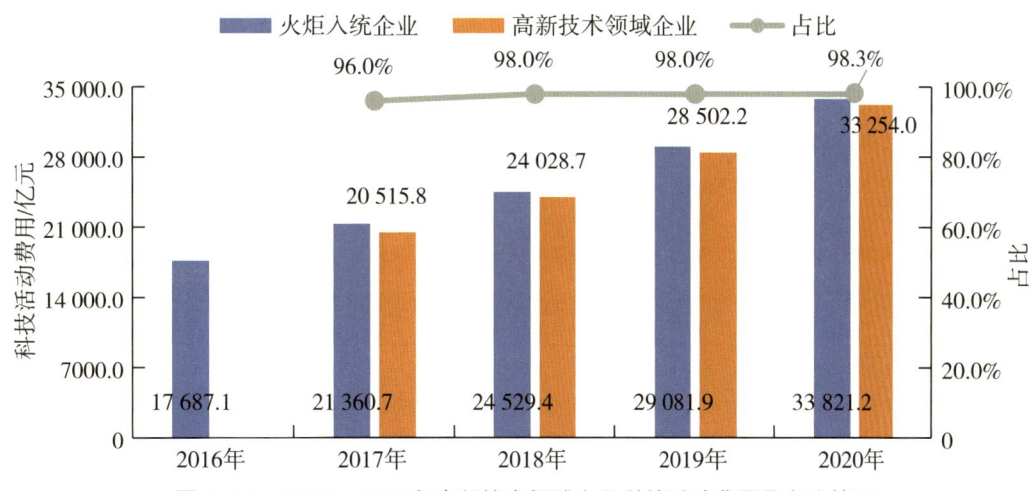

图2-14　2016—2020年高新技术领域企业科技活动费用及占比情况

表2-8　2016—2020年各高新技术领域企业科技活动费用情况

单位：亿元

领域	2016年	2017年	2018年	2019年	2020年	年均增长率
合计	17 687.1	21 360.7	24 529.4	29 081.9	33 821.2	17.6%
电子信息	—	6590.9	7705.4	9237.9	10 906.3	18.3%
生物与新医药	—	1534.8	1706.7	2055.5	2476.1	17.3%
航空航天	—	560.6	755.0	784.9	1016.4	21.9%
新材料	—	2883.8	3552.8	4126.6	4597.9	16.8%
高技术服务	—	2621.8	3283.4	4141.5	4931.3	23.4%
新能源与节能	—	1205.1	1286.9	1563.1	1907.0	16.5%
资源与环境	—	793.1	935.0	1149.7	1287.8	17.5%
先进制造与自动化	—	4325.7	4803.5	5443.0	6131.2	12.3%
未涉及	—	844.9	500.7	579.7	567.2	−12.4%

（二）专利产出成果丰硕

随着创新意识与创新能力的不断提升，高新技术领域企业瞄准产业关键环节加大研发投入力度，各类产出成果丰硕，带动了产业转型升级和产业结构优化。从期末拥有有效专利情况看，2020年火炬入统企业期末拥有有效专利627.0万件，其中高新技术领域企业期末拥有有效专利619.0万件，占比98.7%（图2-15）。分领域看，先进制造与自动化领域企业期末拥有有效专利数居首位，达到192.4万件；资源与环境、高技术服务领域企业期末拥有有效专利数年均增长率并列第一，且增幅均超30%（表2-9）。

图2-15　2016—2020年高新技术领域企业期末拥有有效专利数及占比情况

表2-9　2016—2020年各高新技术领域企业期末拥有有效专利数情况

单位：件

领域	2016年	2017年	2018年	2019年	2020年	年均增长率
合计	2 527 834	3 130 256	3 995 846	4 915 411	6 269 604	25.5%
电子信息	—	765 933	982 708	1 210 492	1 511 978	25.4%
生物与新医药	—	210 281	257 331	314 405	394 678	23.4%
航空航天	—	47 478	63 122	77 007	93 748	25.5%
新材料	—	462 468	580 321	725 447	928 385	26.1%
高技术服务	—	258 628	371 302	445 612	585 880	31.3%
新能源与节能	—	223 665	284 820	344 944	441 277	25.4%
资源与环境	—	137 207	183 538	234 313	310 620	31.3%
先进制造与自动化	—	944 502	1 210 394	1 486 038	1 923 889	26.8%
未涉及	—	80 094	62 310	77 153	79 149	0.4%

从期末拥有有效发明专利情况看，2020年火炬入统企业期末拥有有效发明专利158.0万件，其中高新技术领域企业期末拥有有效发明专利155.0万件，占比98.1%（图2-16）。分领域看，电子信息、先进制造与自动化、新材料领域企业期末拥有有效发明专利数位居前三，分别达到58.7万件、30.4万件和20.6万件；航空航天、电子信息领域有望实现快速增长，企业期末拥有有效发明专利数年均增幅超过20%（表2-10）。

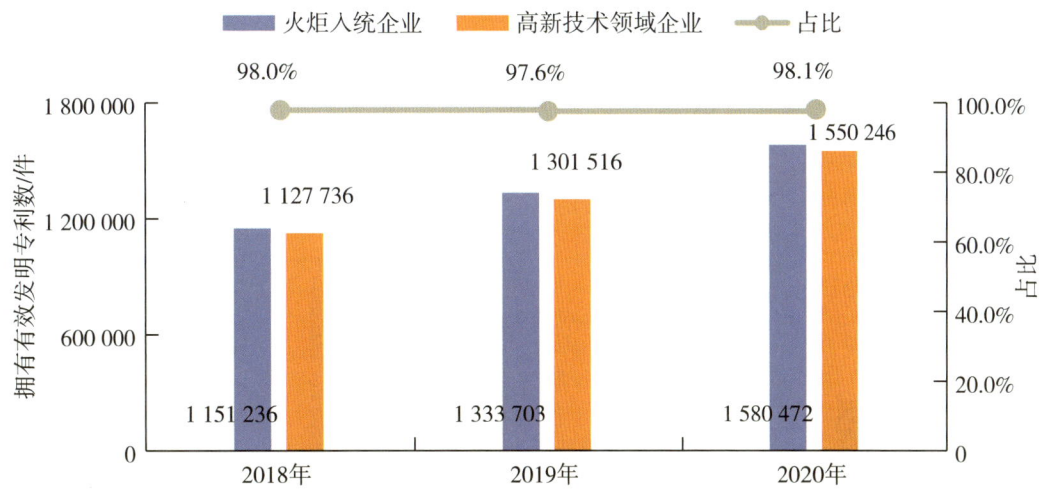

图2-16 2018—2020年高新技术领域企业期末拥有有效发明专利数及占比情况

表2-10 2016—2020年各高新技术领域企业期末拥有有效发明专利数情况

单位：件

领域	2016年	2017年	2018年	2019年	2020年	年均增长率
合计	—	—	1 151 236	1 333 703	1 580 472	11.1%
电子信息	—	—	394 777	482 031	587 340	22.0%
生物与新医药	—	—	101 446	110 435	128 548	12.6%
航空航天	—	—	27 785	34 364	44 726	26.9%
新材料	—	—	155 649	177 191	206 467	15.2%
高技术服务	—	—	123 601	124 663	143 612	7.8%
新能源与节能	—	—	57 516	67 554	81 940	19.4%
资源与环境	—	—	41 976	45 538	53 518	12.9%
先进制造与自动化	—	—	224 986	259 740	304 095	16.3%
未涉及	—	—	23 500	32 187	30 226	13.4%

（三）商标注册实现倍增

高新技术领域企业通过技术创新促进生产要素、用户需求与技术的快速融合，大量发明创造转化为创新产品，企业商标拥有量持续攀升。截至 2020 年底，火炬入统企业期末拥有注册商标数达到 2016 年的 2.8 倍，其中高新技术领域企业期末拥有注册商标 176.4 万件，占比 95.3%（图 2-17）。分领域看，"十三五"期间，各高新技术领域企业期末拥有注册商标数呈现持续快速增长的发展态势，其中高技术服务领域企业期末拥有注册商标年均增长率高达 43.1%，居各领域首位；电子信息、生物与新医药、先进制造与自动化领域企业期末拥有注册商标数位居前三，分别为 53.1 万件、38.5 万件和 27.3 万件（表 2-11）。

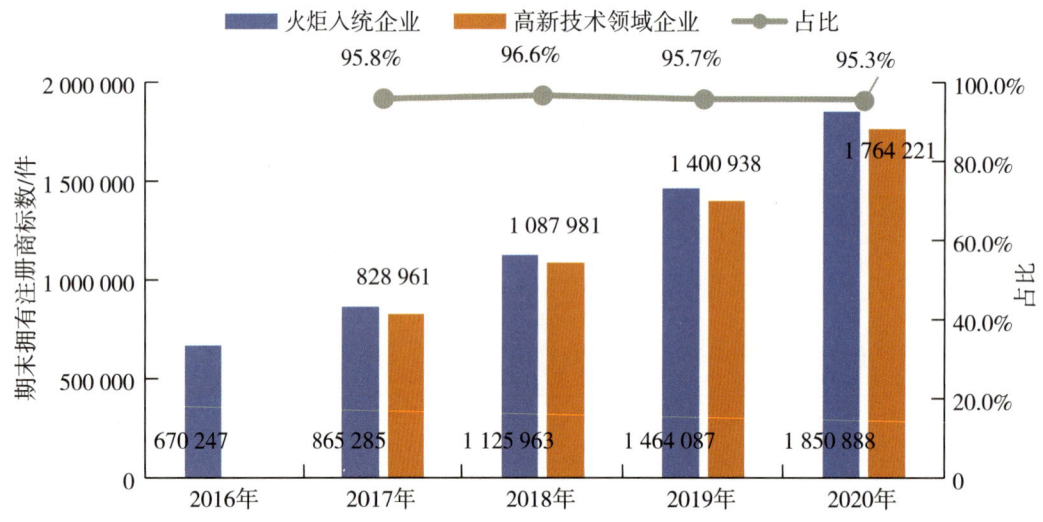

图 2-17　2016—2020 年高新技术领域企业期末拥有注册商标数及占比情况

表 2-11　2016—2020 年各高新技术领域企业期末拥有注册商标数情况

单位：件

领域	2016 年	2017 年	2018 年	2019 年	2020 年	年均增长率
合计	670 247	865 285	1 125 963	1 464 087	1 850 888	28.9%
电子信息	—	217 499	308 449	424 119	530 706	34.6%
生物与新医药	—	209 481	256 926	318 081	384 586	22.4%
航空航天	—	4965	6552	7982	10 291	27.5%
新材料	—	116 701	148 746	188 809	235 336	26.3%
高技术服务	—	74 780	116 659	149 601	219 014	43.1%
新能源与节能	—	36 884	44 115	52 194	62 475	19.2%
资源与环境	—	23 512	29 234	37 813	48 438	27.2%
先进制造与自动化	—	145 139	177 300	222 339	273 375	23.5%
未涉及	—	36 324	37 982	63 149	86 667	33.6%

（四）标准建设扎实推进

高新技术领域企业主动参与技术标准战略，通过制定标准引领新产品和新技术的发展方向，提升自身在优势领域的话语权和竞争优势。截至2020年底，火炬入统企业累计形成国家或行业标准15.1万件，较2019年增长21.6%，其中高新技术领域企业累计形成国家或行业标准14.9万件，占比98.6%（图2-18）。分领域看，先进制造与自动化领域累计形成的国家或行业标准最多，达到3.7万件；航空航天领域累计形成国家或行业标准数年均增长率最高，达到39.2%（表2-12）。

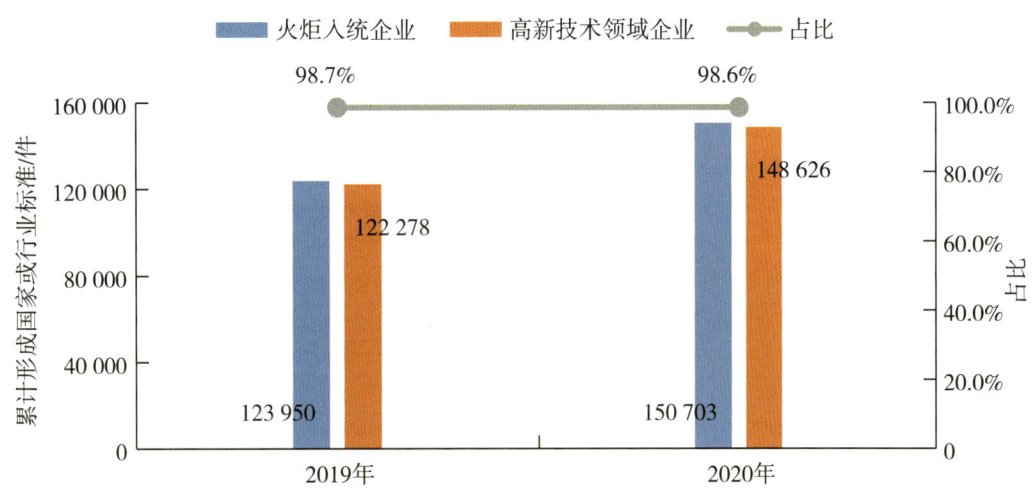

图2-18　2019—2020年高新技术领域企业累计形成国家或行业标准及占比情况

表2-12　2016—2020年各高新技术领域累计形成国家或行业标准情况

单位：件

领域	2016年	2017年	2018年	2019年	2020年	较上年增长
合计	—	—	—	123 950	150 703	21.6%
电子信息	—	—	—	15 543	17 860	14.9%
生物与新医药	—	—	—	9750	12 539	28.6%
航空航天	—	—	—	3797	5284	39.2%
新材料	—	—	—	24 368	28 412	16.6%
高技术服务	—	—	—	26 610	31 688	19.1%
新能源与节能	—	—	—	7119	9474	33.1%
资源与环境	—	—	—	5122	6583	28.5%
先进制造与自动化	—	—	—	29 969	36 786	22.7%
未涉及	—	—	—	1672	2077	24.2%

四、产业集聚

（一）国家高新区成效显著

国家高新区集聚各类科技企业和创新资源，成为高新技术产业发展的先行区，高新技术产业规模和创新产出成效显著。2020年，从产业规模看，国家高新区共有企业18.7万家，占火炬入统企业总量的50.9%，产业集聚发展成效显著。国家高新区内企业实现工业总产值25.6万亿元，实际上缴税费18.6万亿元，分别占火炬入统企业的53.1%和65.0%。从创新产出看，国家高新区内企业期末拥有有效专利296.0万件、有效发明专利100.4万件、注册商标109.7万件，分别占火炬入统企业的47.2%、63.5%和59.3%（图2-19）。

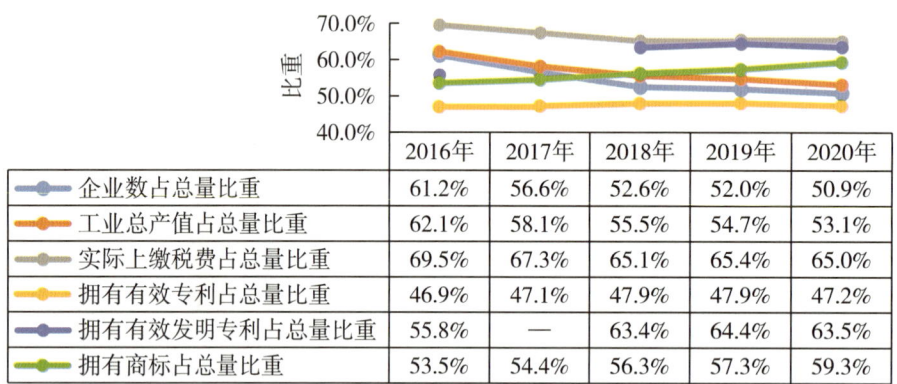

	2016年	2017年	2018年	2019年	2020年
企业数占总量比重	61.2%	56.6%	52.6%	52.0%	50.9%
工业总产值占总量比重	62.1%	58.1%	55.5%	54.7%	53.1%
实际上缴税费占总量比重	69.5%	67.3%	65.1%	65.4%	65.0%
拥有有效专利占总量比重	46.9%	47.1%	47.9%	47.9%	47.2%
拥有有效发明专利占总量比重	55.8%	—	63.4%	64.4%	63.5%
拥有商标占总量比重	53.5%	54.4%	56.3%	57.3%	59.3%

图2-19　2016—2020年火炬入统企业中国家高新区企业规模及主要指标比重情况

（二）产业集群带动产业链融合发展

产业集群能够汇聚创新资源，带动产业链上下游协同发展，是提升产业竞争力和经济社会发展的重要组织形式。随着我国经济与科技实力的逐步提升，产业的"集群化"与"创新化"更为显著。2020年，创新型产业集群（简称"集群"）内企业数达到2.6万家，其中高新技术企业数为1.2万家，占比达到45.8%。从经济效益看，2020年集群内企业实现工业总产值4.7万亿元，实际上缴税费有所减少，较上年下降0.2万亿元，分别占火炬入统企业的9.7%和10.5%；从创新产出看，集群内企业期末拥有有效发明专利24.1万件，期末拥有注册商标18.5万件，分别占火炬入统企业的15.2%和10.0%（表2-13）。

表 2-13　2016—2020 年集群内企业各指标情况

年份	企业数/家	高新技术企业数/家	工业总产值/亿元	实际上缴税费/亿元	期末拥有有效发明专利/件	期末拥有注册商标/件
2016 年	13 929	5354	33 835.1	2417.1	—	—
2017 年	20 388	7493	43 442.6	3017.6	—	—
2018 年	22 177	9065	45 697.7	3262.3	193 512	118 971
2019 年	23 638	10 303	45 066.9	3074.2	201 912	147 191
2020 年	25 953	11 881	47 032.3	2995.0	240 541	185 197

（三）特色产业基地加速资源集聚

国家火炬特色产业基地（简称"特色产业基地"）大力发展本地优势特色产业领域，通过政府组织引导、优势资源导入形成了具有区域特色和产业特色的集聚区，多项经济指标实现增长，整体表现呈稳步上升趋势。2020 年，特色产业基地内企业数达到 20.5 万家，其中高新技术企业 2.2 万家，占比 10.8%；实现工业总产值 12.0 万亿元，实际上缴税费 6035.0 亿元，净利润 7522.6 亿元，较上年分别增长 8.4%、1.2% 和 12.5%（表 2-14）。

表 2-14　2016—2020 年特色产业基地内企业各指标情况

年份	企业数/家	高新技术企业数/家	工业总产值/亿元	实际上缴税费/亿元	净利润/亿元
2016 年	150 555	10 728	102 333.4	5514.6	6439.4
2017 年	163 364	12 736	106 473.3	5793.6	6517.1
2018 年	177 245	15 357	109 928.4	6052.4	6872.5
2019 年	188 922	18 036	111 013.5	5962.3	6684.5
2020 年	205 254	22 232	120 329.7	6035.0	7522.6

五、创新主体

近年来，我国科技创新体制机制不断完善，企业科技创新主体地位不断提升，以企业为主体、市场为导向、产学研深度融合的技术创新体系加速构建，高新技术企业和上市企业整体呈现较好发展态势，成为推动我国高新技术产业发展和经济高质量发展的重要力量。

（一）高新技术企业引领高质量发展

高新技术企业作为科技创新的先锋队，发展规模与经济效益稳步增长，引领带动传统产业转型升级和新兴产业创新发展。2020年，火炬入统企业中高新技术企业数达到27.8万家，占火炬入统企业总量的75.7%；实现工业总产值36.7万亿元，占比76.0%；实际上缴税费1.8万亿元，占比64.2%。从增长趋势看，2020年高新技术企业数增长最快，达到2016年的2.7倍；工业总产值和实际上缴税费分别达到2016年的1.7倍和1.4倍（图2-20）。

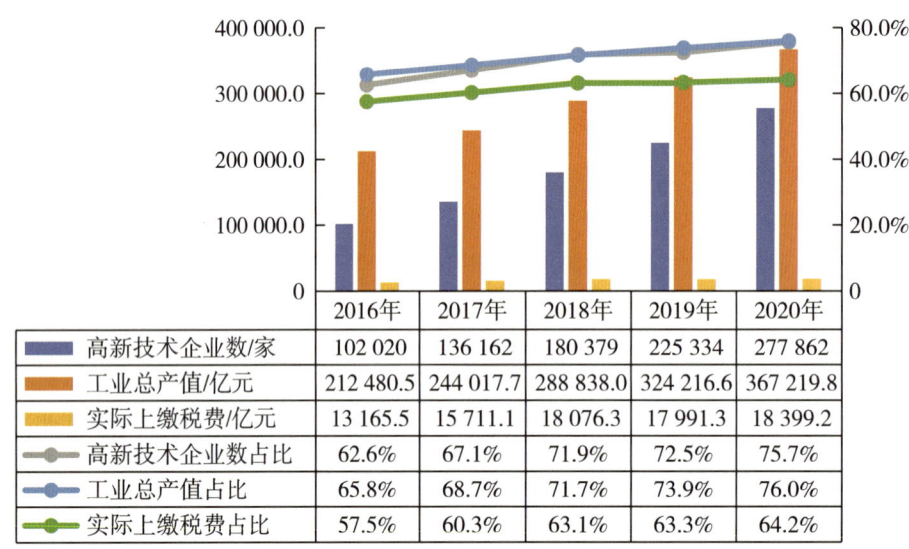

图2-20　2016—2020年火炬入统企业中高新技术企业规模及其指标占比情况

各高新技术领域中，先进制造与自动化、资源与环境、新材料领域高新技术企业占比最多，分别为92.2%、91.7%和90.1%；资源与环境、航空航天、新能源与节能领域高新技术企业工业总产值分别占该领域工业总产值的94.1%、94.0%和90.6%；资源与环境、航空航天和高技术服务领域高新技术企业实际上缴税费分别占该领域实际上缴税费的91.1%、88.7%和88.4%（表2-15）。

表2-15　2020年各高新技术领域高新技术企业规模及主要指标占比情况

领域	高新技术企业数/家	各领域占比	高新技术企业工业总产值/亿元	各领域占比	高新技术企业实际上缴税费/亿元	各领域占比
合计	277 862	75.7%	367 219.8	76.0%	18 399.2	64.2%
电子信息	81 429	84.3%	61 351.1	72.9%	3385.0	77.0%
生物与新医药	20 490	83.5%	30 530.1	79.4%	1857.2	71.8%
航空航天	1724	89.1%	5018.0	94.0%	107.9	88.7%
新材料	40 858	90.1%	103 605.0	86.6%	3399.7	78.6%
高技术服务	32 048	85.7%	6465.1	81.5%	2612.7	88.4%
新能源与节能	12 140	88.4%	27 650.7	90.6%	1306.1	86.4%
资源与环境	14 139	91.7%	23 749.5	94.1%	1469.9	91.1%
先进制造与自动化	67 486	92.2%	108 848.9	80.1%	4259.6	70.9%
未涉及	7548	12.8%	1.3	0.004%	1.0	0.02%

（二）上市企业成为中流砥柱

上市企业作为资本市场的支柱和基石，是承载区域经济发展和产业结构优化的重要力量，对促进我国经济增长起着至关重要的作用。从增长趋势看，2016—2020年，各类上市企业总数、工业总产值、实际上缴税费等指标波动增长，分别达到2016年的1.3倍、1.4倍和1.1倍。从占比看，各类上市企业以占火炬入统企业4.8%的企业总量，创造了火炬入统企业19.8%的工业总产值、19.3%的实际上缴税费，成为区域经济发展的中流砥柱（图2-21）。

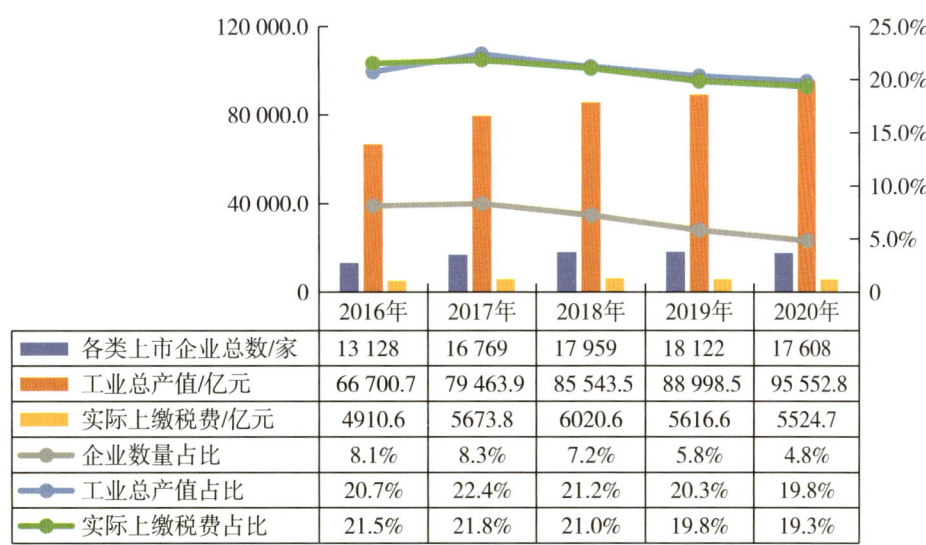

图2-21 2016—2020年火炬入统企业中各类上市企业规模及指标占比情况

各高新技术领域中，生物与新医药、新材料、新能源与节能领域上市企业工业总产值和实际上缴税费表现突出，为带动本领域经济效益增长做出重大贡献。其中，生物与新医药领域带动作用最为突显，上市企业数占领域企业总数的7.6%，工业总产值和实际上缴税费占比分别高达24.8%和26.4%；新材料领域上市企业占比为6.7%，工业总产值和实际上缴税费占比分别为21.2%和23.2%；新能源与节能领域上市企业占比为6.5%，工业总产值和实际上缴税费占比均超过20%（表2-16）。

表 2-16　2020 年各高新技术领域各类上市企业规模及主要指标占比情况

领域	上市企业数/家	各领域占比	上市企业工业总产值/亿元	各领域占比	上市企业实际上缴税费/亿元	各领域占比
合计	17 608	4.8%	95 552.8	19.8%	5524.7	19.3%
电子信息	1390	1.4%	16 622.4	19.8%	1038.6	23.6%
生物与新医药	1874	7.6%	9548.5	24.8%	682.3	26.4%
航空航天	95	4.9%	404.2	7.6%	17.2	14.1%
新材料	3023	6.7%	25 391.5	21.2%	1003.4	23.2%
高技术服务	1757	4.7%	869.1	11.0%	281.3	9.5%
新能源与节能	891	6.5%	6491.0	21.3%	318.1	21.0%
资源与环境	1012	6.6%	4660.9	18.5%	378.8	23.5%
先进制造与自动化	3698	5.1%	29 581.2	21.8%	1164.2	19.4%
未涉及	3868	6.6%	1984.0	5.5%	640.7	12.5%

六、创新人才

（一）从业人员规模不断攀升

随着高新技术领域企业规模持续增长，从业人员总量不断攀升，众多科技人员、创业者、企业家形成了一支庞大的高新技术产业从业人员队伍，成为吸纳就业的重要渠道。截至 2020 年底，火炬入统企业从业人员为 4781.6 万人，其中高新技术领域企业从业人员期末人数达到 4368.4 万人，占比 91.4%（图 2-22）。从各高新技术领域从业人员数量看，先进制造与自动化领域和电子信息领域企业从业人员期末人数领先，均超 1000 万人；高技术服务领域企业从业人员期末人数年均增长率最高，达 18.6%（表 2-17）。

图 2-22　2016—2020 年高新技术领域企业从业人员期末人数及占比情况

表 2-17　2016—2020 年各高新技术领域企业从业人员期末人数情况

单位：万人

领域	2016 年	2017 年	2018 年	2019 年	2020 年	年均增长率
合计	3264.8	3661.1	4045.3	4349.4	4780.6	10.0%
电子信息	—	832.5	913.2	966.3	1049.0	8.0%
生物与新医药	—	279.7	301.5	322.2	348.6	7.6%
航空航天	—	48.9	49.9	51.2	53.5	3.0%
新材料	—	580.8	664.8	729.5	801.5	11.3%
高技术服务	—	326.7	430.6	469.5	544.6	18.6%
新能源与节能	—	195.4	211.2	221.1	252.6	8.9%
资源与环境	—	134.3	155.9	182.6	208.5	15.8%
先进制造与自动化	—	820.4	934.0	994.1	1110.1	10.6%
未涉及	—	442.3	384.2	412.9	412.2	-2.3%

从新增从业人员数看，2020 年火炬入统企业新增从业人员 718.6 万人。其中，高新技术领域企业新增从业人员 671.6 万人，占比 93.5%（图 2-23）。各高新技术领域中，2020 年电子信息领域企业新增从业人员数最多，达到 223.1 万人；高技术服务领域企业新增从业人员增幅最大，较上年增长 11.15%；航空航天领域企业新增从业人员小幅减少，从 2019 年的 4.7 万人下降到 2020 年的 4.5 万人（表 2-18）。

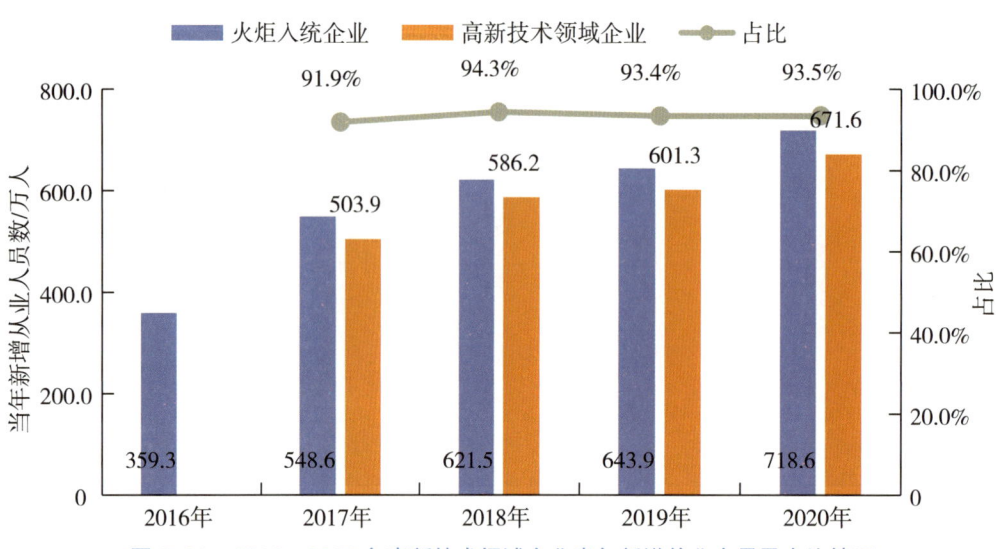

图 2-23 2016—2020 年高新技术领域企业当年新增从业人员及占比情况

表 2-18 2016—2020 年各高新技术领域企业当年新增从业人员人数情况

单位：万人

领域	2016 年	2017 年	2018 年	2019 年	2020 年	年均增长率
合计	359.3	548.6	621.5	643.9	718.6	18.9%
电子信息	—	178.5	202.6	206.3	223.1	7.7%
生物与新医药	—	37.2	42.8	45.5	51.4	11.4%
航空航天	—	3.9	4.2	4.7	4.5	4.9%
新材料	—	76.2	87.0	88.8	98.2	8.8%
高技术服务	—	55.2	79.5	82.1	92.4	18.7%
新能源与节能	—	31.9	31.7	33.2	41.1	8.8%
资源与环境	—	14.4	17.7	20.1	20.4	12.3%
先进制造与自动化	—	106.6	120.6	120.6	140.5	9.6%
未涉及	—	44.6	35.3	42.7	47.0	1.8%

（二）创新人才助力产业发展

高新技术领域企业科技活动人员逐年增长，占火炬入统企业科技活动人员总数九成。2020 年，火炬入统企业科技活动人员达到 1004.6 万人，较上年增长 10.1%，达到 2016 年的 1.5 倍。其中，高新技术领域企业科技活动人员达到 989.0 万人，占比 98.5%（图 2-24）。从各高新技术领域看，电子信息领域企业科技活动人员数居首位，达到 312.5 万人；高技术服务领域企业科技活动人员年均增幅最大，达到 20.7%；航空航天、生物与新医药领域企业科技活动人员年均增幅较低，分别为 7.2% 和 9.2%（表 2-19）。

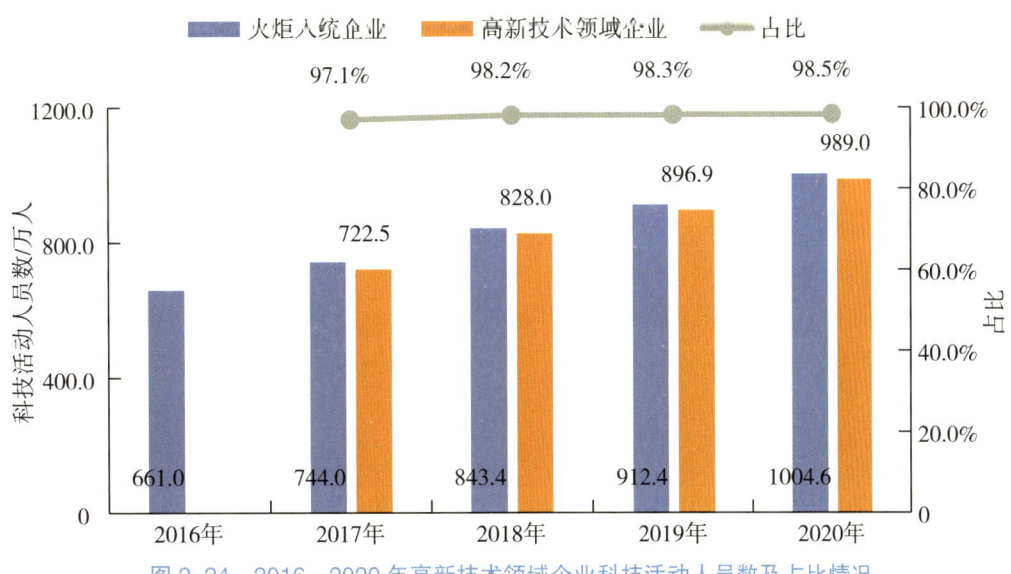

图 2-24 2016—2020 年高新技术领域企业科技活动人员数及占比情况

表 2-19 2016—2020 年各高新技术领域企业科技活动人员数情况

单位：万人

领域	2016 年	2017 年	2018 年	2019 年	2020 年	年均增长率
合计	661.0	744.0	843.4	912.4	1004.6	13.0%
电子信息	—	231.2	263.4	285.1	312.5	11.7%
生物与新医药	—	55.8	60.6	65.6	71.3	9.2%
航空航天	—	15.9	17.2	17.7	19.4	7.2%
新材料	—	102.9	117.6	127.8	138.3	11.5%
高技术服务	—	89.2	112.0	126.4	144.8	20.7%
新能源与节能	—	38.5	40.9	43.3	49.5	9.5%
资源与环境	—	27.9	32.3	36.1	40.6	15.2%
先进制造与自动化	—	161.1	184.1	195.0	212.7	10.7%
未涉及	—	21.5	15.4	15.5	15.5	−9.2%

高新技术领域从业人员学历水平逐年提高，人才结构不断优化。2020 年，火炬入统企业本科及以上学历从业人员达到 1463.4 万人。其中，高新技术领域企业本科及以上学历从业人员达到 1345.6 万人，占比 92.0%（图 2-25）。从各高新技术领域看，电子信息领域企业本科及以上学历从业人员最多；其他各领域均有不同程度的增长，高技术服务领域企业本科及以上学历从业人员增幅最大，年均增长 21.2%（表 2-20）。

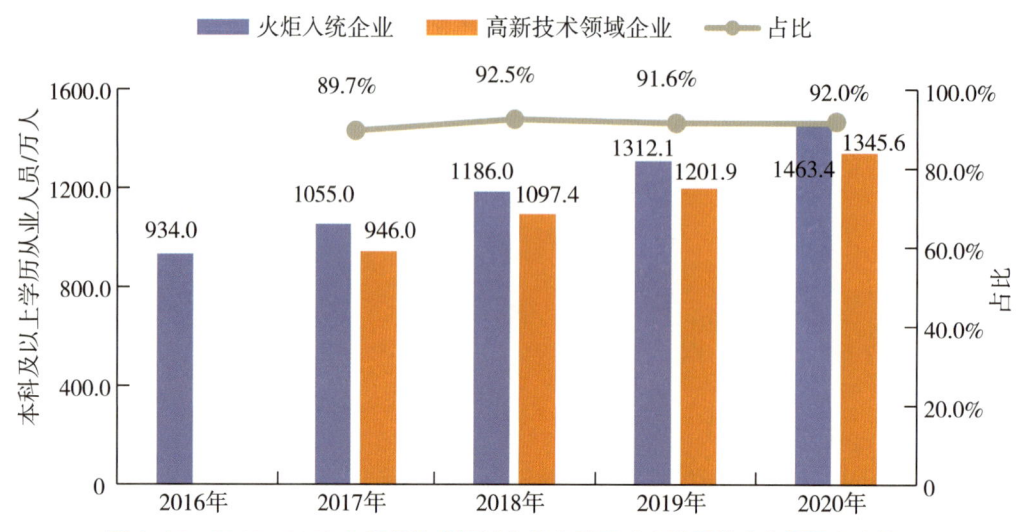

图 2-25　2016—2020 年高新技术领域企业本科及以上学历从业人员及占比情况

表 2-20　2016—2020 年各高新技术领域企业本科及以上学历从业人员人数情况

单位：万人

领域	2016 年	2017 年	2018 年	2019 年	2020 年	年均增长率
合计	934.0	1055.0	1186.0	1312.1	1463.4	11.9%
电子信息	—	328.2	369.6	401.2	443.8	10.6%
生物与新医药	—	80.6	89.8	97.6	108.1	10.3%
航空航天	—	20.9	23.4	24.7	26.9	8.8%
新材料	—	90.3	102.4	111.4	120.4	10.1%
高技术服务	—	166.7	219.9	251.9	296.7	21.2%
新能源与节能	—	49.0	54.9	60.7	71.3	13.3%
资源与环境	—	35.8	39.9	46.0	51.2	12.7%
先进制造与自动化	—	174.5	197.5	208.4	227.2	9.2%
未涉及	—	109.0	88.6	110.2	117.8	2.6%

国际化人才培养和引进力度不断加大，高新技术领域国际化人才数量逐年增长。2020 年，火炬入统企业留学归国人员、外籍常驻人员、引进外籍专家等国际化人才达到 36.9 万人，其中高新技术领域企业国际化人才 32.6 万人，占比 88.1%（图 2-26）。从各高新技术领域看，电子信息领域企业国际化人才超 10 万人，达到 13.3 万人；其次为高技术服务、先进制造与自动化领域，企业国际化人才均超过 5 万人；从增速看，高技术服务领域企业国际化人才年均增速达到 23.0%；新能源与节能领域企业国际化人才虽连续 3 年（2018—2020 年）实现增长，但仍未达到 2017 年的国际化人才水平（表 2-21）。

图 2-26　2016—2020 年高新技术领域企业国际化人才及占比情况

表 2-21　2016—2020 年各高新技术领域企业国际化人才人数情况

单位：万人

领域	2016 年	2017 年	2018 年	2019 年	2020 年	年均增长率
合计	27.0	28.9	32.3	33.2	36.9	8.1%
电子信息	—	10.0	10.9	11.8	13.3	10.0%
生物与新医药	—	2.0	2.1	2.3	2.5	7.7%
航空航天	—	0.5	0.5	0.6	0.6	6.3%
新材料	—	2.3	3.0	2.4	2.5	2.8%
高技术服务	—	3.6	5.0	5.9	6.7	23.0%
新能源与节能	—	1.5	1.0	1.1	1.2	−7.2%
资源与环境	—	0.6	0.6	0.6	0.7	5.3%
先进制造与自动化	—	4.7	6.3	5.0	5.1	2.8%
未涉及	—	3.7	2.9	3.5	4.3	5.1%

七、创新生态

（一）创业孵化机构蓬勃发展

科技企业孵化器和众创空间赋能中小微企业创新发展，成为科技成果转化的"助推器"、高新技术产业发展的"加速器"。从创业载体规模看，截至 2020 年底，共有众创空间 8507 个，科技企业孵化器 5843 个，分别为 2016 年的 2.0 倍和 1.8 倍。其中，国家级科技企业孵化器 1285 个，是 2016 年的 1.5 倍。从孵化器内企业情况看，2020 年，创业孵化机构服务企业数总体呈上升趋势，当年服务初创企业 21.8 万家，是 2016 年的 1.8 倍；创业孵化机构内在孵企业数达到 23.3 万家，累计毕业企业 18.9 万家，分别达到 2016 年的 1.8 倍和 2.1 倍（图 2-27）。

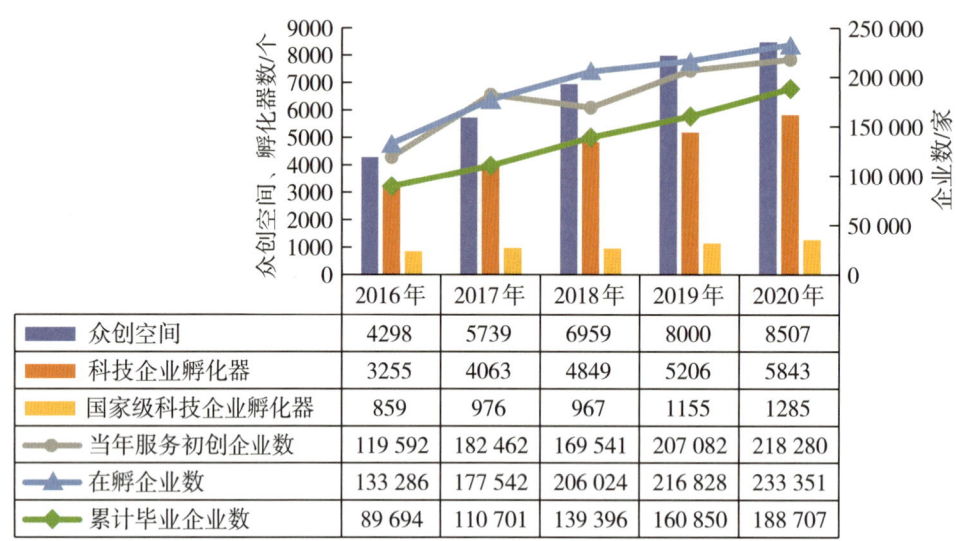

图 2-27　2016—2020 年众创空间及科技型企业孵化器情况

（二）技术转移机构稳步发展

技术转移机构是国家创新体系的重要组成，在推动知识流动、成果转化应用并实现经济与社会价值中发挥着重要作用。2020 年，国家技术转移机构总量保持稳定，为 425 家；从业人员稳步增长到 6.2 万人，较上年增长 40.0%，是 2016 年的 1.6 倍。从服务情况看，2020 年国家技术转移机构促成项目成交总项数 15 万项，促成项目成交总金额为 2007.9 亿元（图 2-28）。

图 2-28　2016—2020 年国家技术转移机构发展情况

（三）金融服务机构稳步增长

各类金融服务机构数量实现不同程度的增长，科技金融支撑科技创新、创业孵化与成果转化的力度逐年加大。截至2020年底，国家高新区内各类金融服务机构中，创业风险投资机构数量居首位，为6642家；科技金融服务机构位居第二，为6078家；银行位居第三，为5679家。从机构年均增长率看，"十三五"期间，科技金融服务机构、银行和科技融资租赁公司平均增速居前列，其中科技融资租赁公司年均增长率最高，为26.3%（表2-22）。

表2-22 2016—2020年国家高新区各类金融服务机构数量情况

单位：家

金融机构	2016年	2017年	2018年	2019年	2020年	年均增长率
创业风险投资机构	4843	5344	5000	5113	6642	8.2%
银行	2904	3470	4032	4777	5679	18.3%
科技支行	487	588	687	731	780	12.5%
保险代理机构	1952	2400	2902	3169	3653	17.0%
证券机构	822	995	1137	1262	1454	15.3%
担保公司	1033	1348	1481	1625	1688	13.1%
小额贷款公司	1019	1179	1318	1360	1429	8.8%
科技融资租赁公司	714	1115	1426	1491	1815	26.3%
科技金融服务机构	2492	3148	5550	5922	6078	25.0%

第三章
高新技术领域企业发展情况

高新技术产业是知识密集、技术密集、人才密集型产业，加快发展高新技术产业是传统产业转型升级、新兴产业发展壮大的重要途径，是实现科技自立自强和经济高质量发展的重要支撑。党中央、国务院提出提升企业科技创新主体地位，支持高新技术领域企业科技创新，高新技术领域企业作为高新技术产业高质量发展的核心支撑，在电子信息、生物与新医药、新材料、新能源与节能、资源与环境等领域自主创新能力不断提升，人才结构不断优化，创新产出不断增加，各项经济指标取得较好进展，为支撑创新型国家建设和现代化产业体系建设发挥了重要作用（表3-1）。

表3-1　2020年各高新技术领域主要指标发展情况

领域	企业数/家	高新技术企业/家	从业人员期末人数/万人	工业总产值/亿元	营业收入/亿元	净利润/亿元	实际上缴税费/亿元	科技活动经费/亿元	期末拥有有效专利/件	期末拥有有效发明专利/件
合计	367 099	277 862	4780.6	483 021.5	724 403.0	47 892.6	28 655.2	33 821.2	6 269 604	1 580 472
电子信息	96 566	81 429	1049.0	84 147.7	139 113.1	11 220.3	4394.8	10 906.3	1 511 978	587 340
生物与新医药	24 533	20 490	348.6	38 466.2	41 989.0	4602.5	2585.5	2476.1	394 678	128 548
航空航天	1934	1724	53.5	5337.3	7124.9	385.1	121.7	1016.4	93 748	44 726
新材料	45 337	40 858	801.5	119 701.5	125 927.3	7171.6	4326.7	4597.9	928 385	206 467
高技术服务	37 401	32 048	544.6	7935.2	99 287.8	5571.9	2954.6	4931.3	585 880	143 612
新能源与节能	13 726	12 140	252.6	30 522.4	49 844.8	2688.1	1511.9	1907.0	441 277	81 940
资源与环境	15 427	14 139	208.5	25 232.4	33 065.6	2272.3	1613.9	1287.8	310 620	53 518
先进制造与自动化	73 196	67 486	1110.1	135 867.6	140 812.9	8650.8	6011.5	6131.2	1 923 889	304 095
未涉及	58 979	7548	412.2	35 811.2	87 237.6	5330.0	5134.6	567.2	79 149	30 226

一、电子信息

电子信息技术具有技术含量高、附加值高、污染少等特征。随着互联网经济的快速发展，电子信息领域企业规模持续壮大，人才需求急剧增长，软件、新型电子元器件、通信技术等重点领域取得较好成效，带动产业发展水平和发展效益持续提升。

（一）产业规模

1. 企业规模不断壮大

截至 2020 年，电子信息领域企业规模持续壮大，达到 9.7 万个，居各高新技术领域首位，较上年增长 12.1%，是 2017 年的 1.8 倍，占高新技术领域企业总量的 31.3%。2020 年，电子信息领域企业实现工业总产值 8.4 万亿元，较上年增长 9.8%，是 2017 年的 1.3 倍，占高新技术领域企业工业总产值总量的 18.8%（图 3-1）。

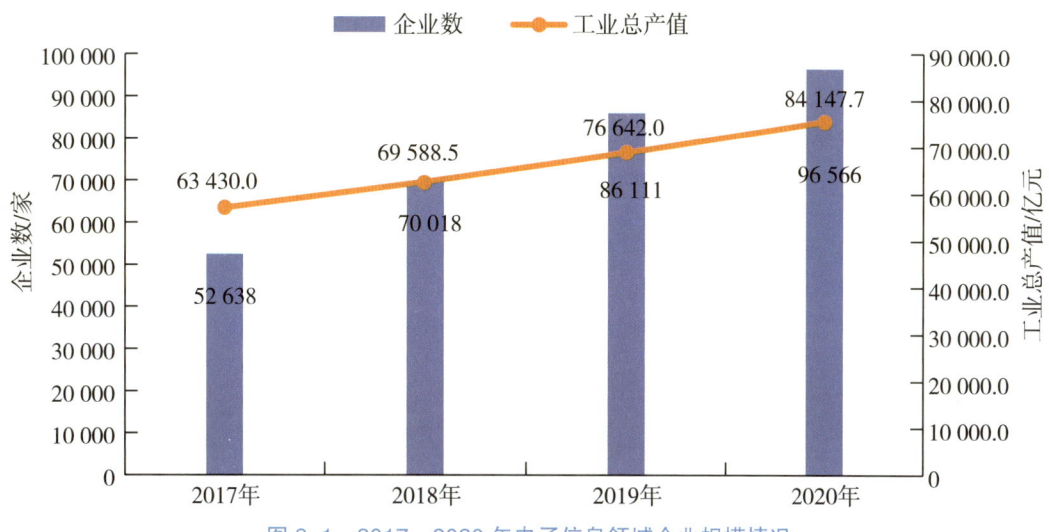

图 3-1　2017—2020 年电子信息领域企业规模情况

从从业人员规模看，数字电子线路、微电子、多媒体等领域均成为电子信息领域重要的就业方向，新兴就业岗位不断涌现。截至 2020 年底，电子信息领域从业人员期末人数为 1049.0 万人，仅次于先进制造与自动化领域，较上年增长 8.6%，是 2017 年的 1.3 倍；当年新增从业人员为 223.1 万人，较上年增长 8.1%，是 2017 年新增从业人员的 1.3 倍。整体来看，电子信息领域吸纳就业人数稳步增长（图 3-2）。

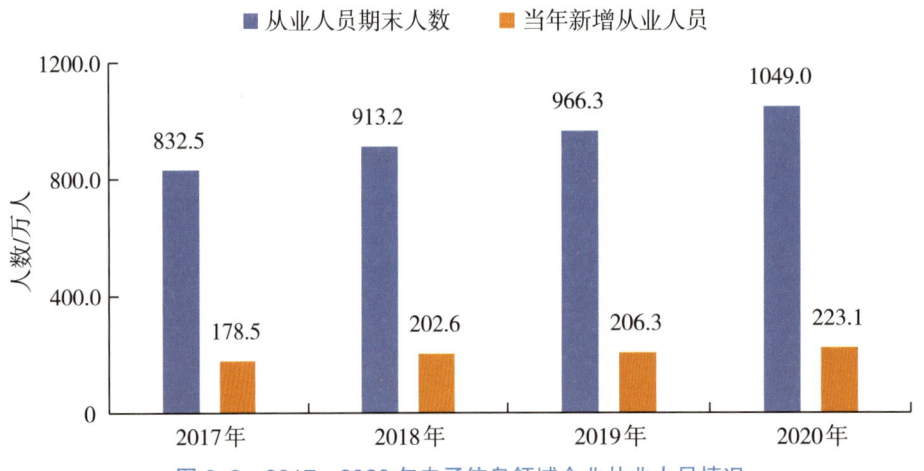

图 3-2　2017—2020 年电子信息领域企业从业人员情况

2. 高新技术企业大幅增长

电子信息领域高新技术企业实现快速增长，截至 2020 年，高新技术企业达到 8.1 万家，较上年增长 15.8%，占电子信息领域企业总量的 84.3%，是 2017 年的 2.0 倍。从趋势看，2017—2020 年，电子信息领域高新技术企业规模呈持续上升态势，平均增幅超 15%。其中，2019 年增幅最大，为 26.8%。

从各类上市企业看，2018 年我国各类上市企业数最多，达到 5011 家。2019—2020 年，受我国强化市场监管，提高上市公司质量的相关政策措施影响，各类上市企业数逐年减少，两年共减少 380 家。2020 年，我国各类上市企业数为 4631 家，占电子信息领域企业总量的 4.8%（图 3-3）。

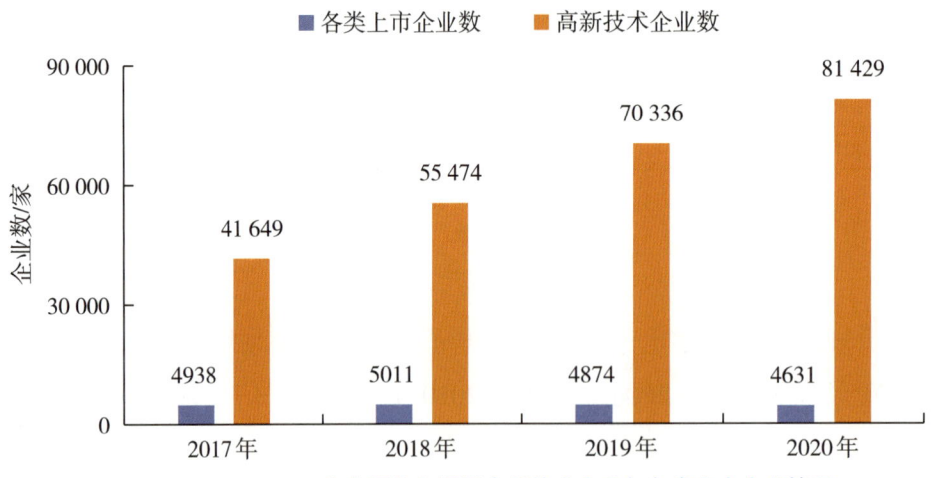

图 3-3　2017—2020 年电子信息领域高新技术企业与各类上市企业情况

3. 私人控股企业增长强劲

电子信息领域各类股权性质企业协同发展，其中，私人控股企业发展最为迅猛，规模居各类型首位。截至2020年，电子信息领域私人控股企业数为7.0万家，占电子信息领域企业总量的72.3%，较2017年增长128%；国有控股企业、港澳台商控股企业、外商控股企业均实现平稳增长，分别为2772家、1456家和1094家；集体控股企业数有所波动，连续两年（2019年、2020年）出现下滑（图3-4）。

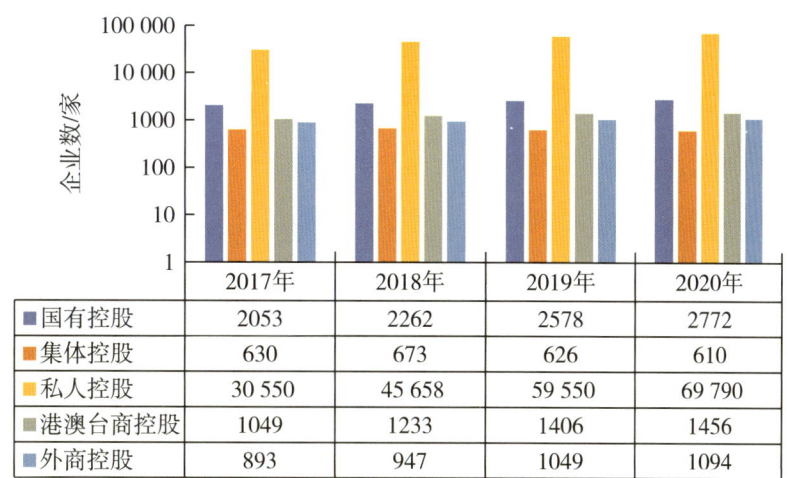

图3-4 2017—2020年电子信息领域企业股权性质

4. 高学历人员不断聚集

电子信息领域人才集聚程度逐年提高，人才结构不断优化。2020年，电子信息领域本科从业人员达到363.4万人，占该领域从业人员期末人数的34.6%；研究生学历人员达79.9万人，占比7.6%，其中博士研究生5.2万人，占比0.5%。从趋势看，电子信息领域本科从业人员较2017年增长了约34个百分点，研究生学历人员较2017年增长了约40个百分点（图3-5）。

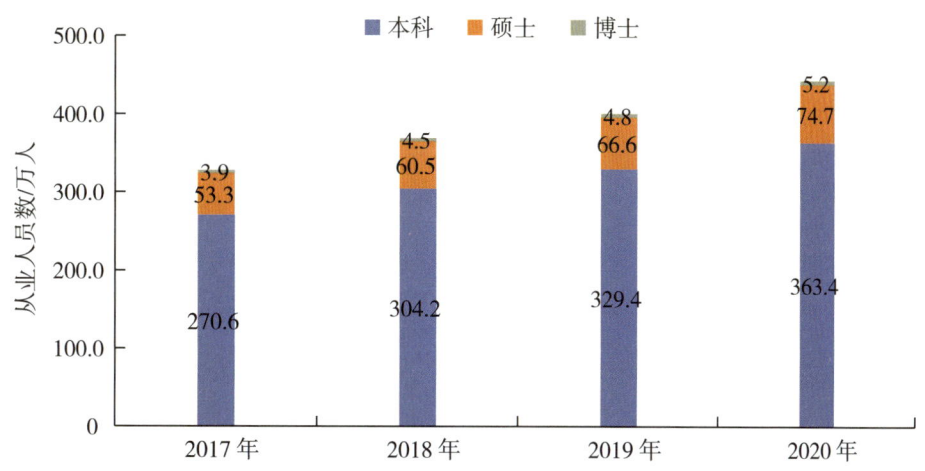

图3-5 2017—2020年电子信息领域企业本科及以上学历从业人员情况

从人才引进情况看，2020年电子信息领域留学归国人员达到9.6万人，占该领域从业人员期末人数的0.9%；外籍常驻人员和引进外籍专家分别为3.0万人和0.6万人，占比分别为0.3%和0.07%。从趋势看，留学归国人员较2017年增长约66个百分点，外籍常驻人员和引进外籍专家分别较2017年下降约9个百分点和24个百分点（图3-6）。

图3-6 2017—2020年电子信息领域企业人才引进情况

5. 经济效益稳步提升

电子信息领域企业取得较好经济效益，各项经济指标保持增长。2020年，电子信息领域企业营业收入为13.9万亿元，仅次于先进制造与自动化领域，较上年增长15.4%，是2017年的1.5倍；净利润为1.1万亿元，较上年增长42.3%，是2017年的1.6倍；实际上缴税费0.4万亿元，与上年基本持平。从占比情况看，电子信息领域营业收入、净利润、实际上缴税费分别占高新技术领域总量的21.8%、26.4%和18.7%（图3-7）。

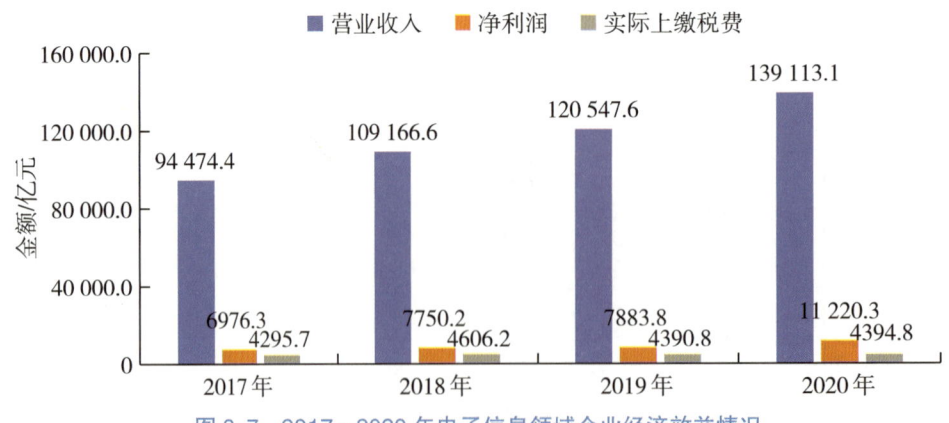

图3-7 2017—2020年电子信息领域企业经济效益情况

(二）技术分布

1. 软件企业数领先

电子信息领域各细分技术领域中，软件技术企业在国家鼓励和支持软件与信息技术服务业发展的政策环境下，实现快速发展，技术分布呈现出"软件独大"的发展态势。从企业数看，截至 2020 年底，软件领域企业发展到 5.7 万家，占电子信息领域企业总量的 59.5%；其次为新型电子元器件领域企业，为 0.9 万家，占比 9.1%；通信技术、计算机产品及其网络应用技术、微电子技术领域企业占比均超过 7%（图 3-8）。

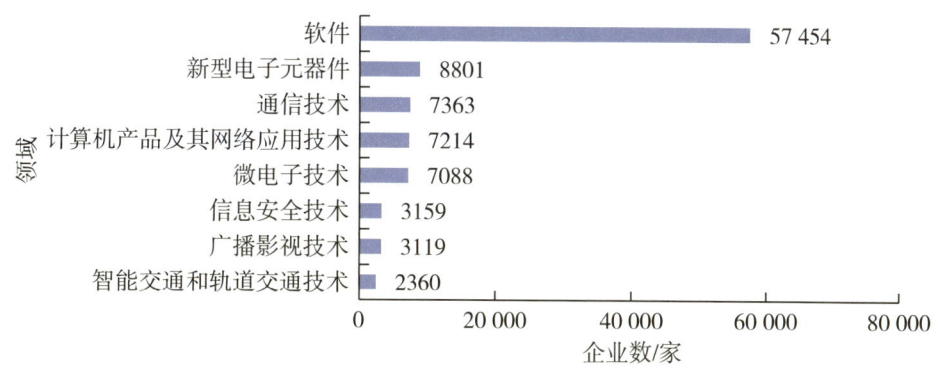

图 3-8　2020 年电子信息重点细分领域企业分布情况

2. 通信领域产值居首位

通信技术领域企业实现工业总产值超两万亿元，居电子信息领域中各细分技术领域首位。2020 年，通信技术领域企业实现工业总产值 2.2 万亿元，占电子信息领域企业工业总产值的 26.2%；新型电子元器件技术领域企业实现工业总产值 2.1 万亿元，占比 24.4%；计算机产品及其网络应用技术领域企业实现工业总产值 1.6 万亿元，占比 19.3%；微电子技术领域企业实现工业总产值 1.4 万亿元，占比 16.3%；软件领域企业虽然数量最多，但工业总产值居各细分技术领域第 5 位，为 0.5 万亿元（图 3-9）。

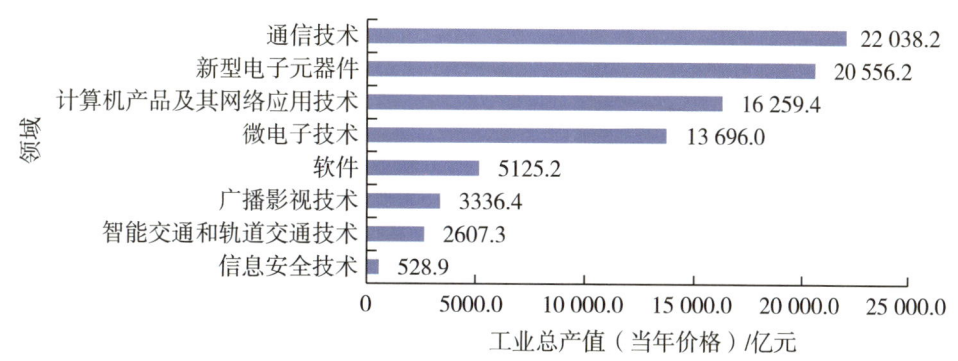

图 3-9　2020 年电子信息细分领域企业工业总产值情况

从实际上缴税费看,软件、通信技术、新型电子元器件领域企业贡献税收近七成。2020年,软件领域企业实际上缴税费最为突出,达到1476.8亿元,占电子信息领域企业实际上缴税费总量的33.6%;通信技术领域企业实际上缴税费993.2亿元,占比22.6%;新型电子元器件领域企业实际上缴税费603.7亿元,占比13.7%;微电子技术、智能交通和轨道交通技术等实际上缴税费占比均低于10%(图3-10)。

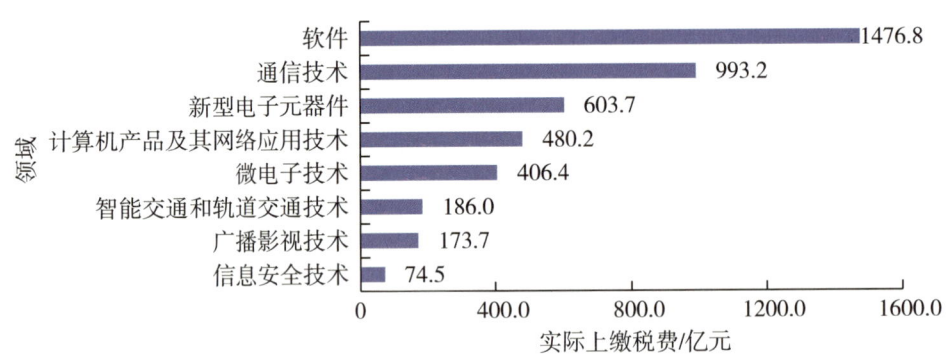

图3-10 2020年电子信息细分领域企业实际上缴税费情况

(三)创新产出

1. 创新投入明显提升

电子信息领域科技活动人员规模逐年扩大,科技活动经费投入力度持续增加。截至2020年底,电子信息领域科技活动人员共计312.5万人,较上年增长9.6%,是2017年的1.4倍;科技活动经费1.1万亿元,较上年增长18.1%,是2017年的1.7倍(图3-11)。从占比情况看,2020年电子信息领域企业科技活动人员数量占高新技术领域企业科技活动人员总量的31.6%,科技活动经费占高新技术领域企业科技活动费用总量的32.8%。

图3-11 2017—2020年电子信息领域企业创新投入情况

2. 专利产出大幅增加

2020年，电子信息领域专利申请量达到50.0万件，较上年增长14.9%，是2017年的1.5倍；电子信息领域专利授权量32.3万件，较上年增长24.9%，是2017年的2.0倍（图3-12）。

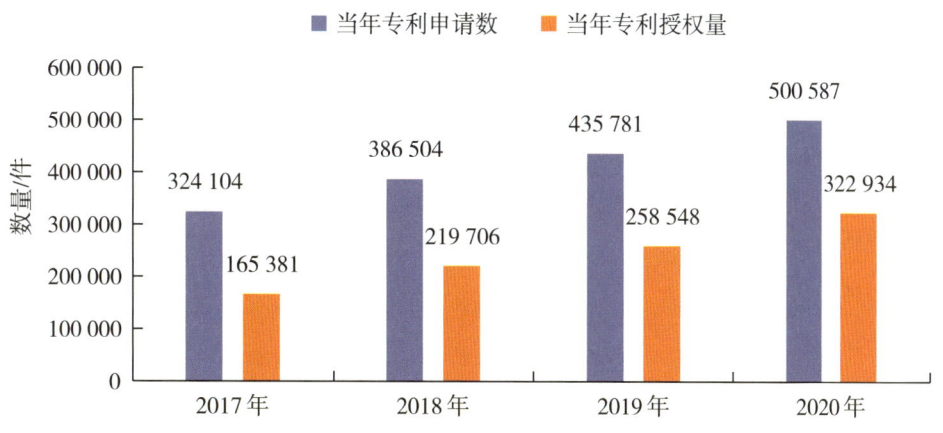

图3-12　2017—2020年电子信息领域专利申请与授权情况

从期末拥有专利情况看，2020年，电子信息领域期末拥有有效专利数超150万件，仅次于先进制造与自动化领域。其中，期末拥有发明专利数居各高新技术领域首位，达到30.4万件，较上年增长17.8%；拥有境外授权专利2.3万件，较上年增长20.7%。拥有境外授权专利中，欧美日专利达到1.3万件，占拥有境外授权专利的55.0%。从趋势看，各类专利类型均呈现出逐年增长的发展态势，其中拥有境外授权专利数大幅增长，平均增幅达53.8%（图3-13）。

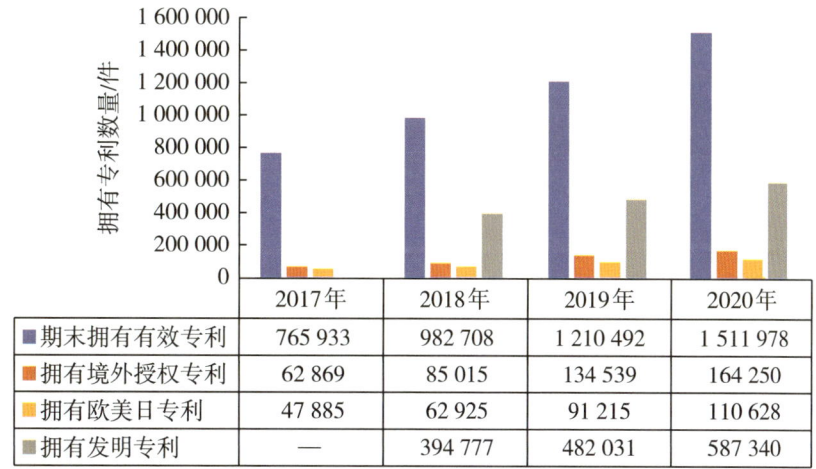

图3-13　2017—2020年电子信息领域专利拥有情况

3. 商标注册量稳步增长

电子信息领域企业期末拥有注册商标数居各领域首位，占高新技术领域企业期末拥有注册商标总量超三成。2020年，电子信息领域企业期末拥有注册商标53.1万件，较上年增长25.1%，是2017年的2.4倍；境外注册商标6.7万件，较上年增长20.9%，是2017年的2.6倍。当年注册商标与上年基本持平，为8.3万件，是2017年的1.8倍；当年境外注册商标下降明显，较上年下降19.2%，为8596件（图3-14）。

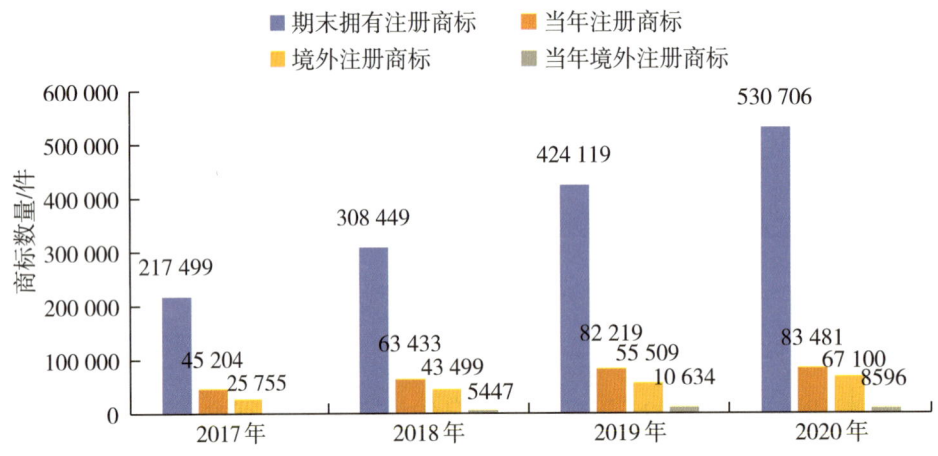

图3-14　2017—2020年电子信息领域企业注册商标情况

4. 标准建设稳步推进

截至2020年底，电子信息领域累计形成国家或行业标准1.8万件，累计形成国际标准1048件，较上年分别增长14.9%和24.9%。当年形成国家或行业标准2395件，较上年增长8.2%；当年形成国际标准246件，较上年增长22.4%（图3-15）。从占比情况看，2020年，电子信息领域累计形成国家或行业标准数量占高新技术领域总量的12.0%。

图3-15　2017—2020年电子信息领域形成标准情况

5. 产品销售收入保持稳定

随着以智能终端产品为代表的电子产品需求爆发式增长,电子信息领域产品销售收入实现较快增长。2020年,电子信息领域产品销售收入为9.8万亿元,较上年增长13.2%。其中,高新技术产品销售收入仅次于先进制造与自动化领域和新材料领域,为7.5万亿元,较上年增长13.2%,占产品销售收入的76.8%(图3-16)。

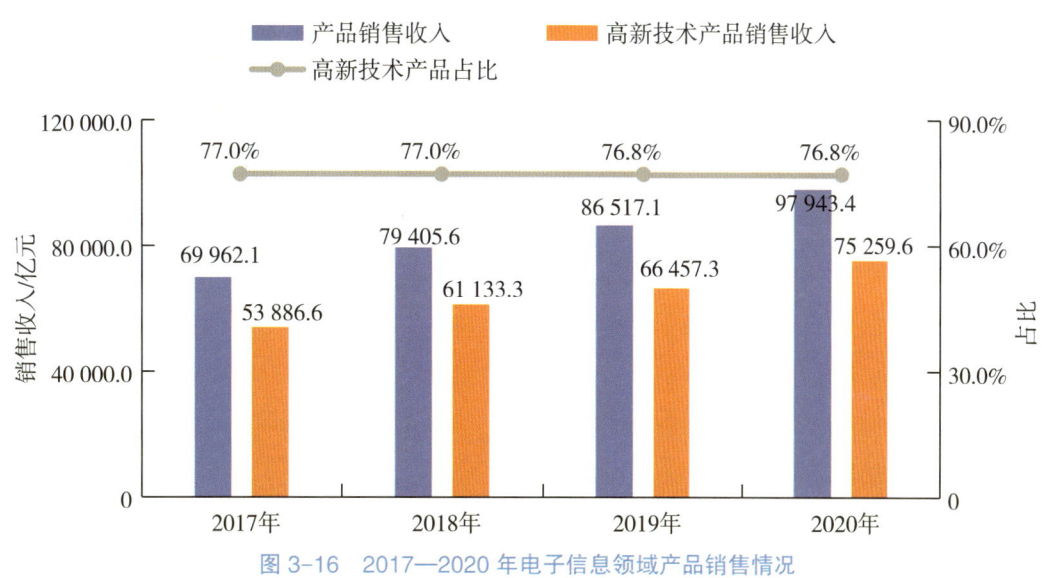

图3-16 2017—2020年电子信息领域产品销售情况

6. 高新技术产品出口略有下降

为应对全球竞争、降低生产成本,部分通信设备企业采取多制造基地策略,电子信息领域高新技术产品出口有所回落。2020年,电子信息领域进出口总额达到5.6万亿元,其中出口总额3.2万亿元,占比57.9%。出口总额中,高新技术产品出口总额2.3万亿元,占出口总额的70.7%。从趋势看,高新技术产品出口总额虽逐年增长,但占出口总额的比重有所下滑,虽2020年占比达到70.7%,已转降为升,但占比仍未达到2017年水平(图3-17)。

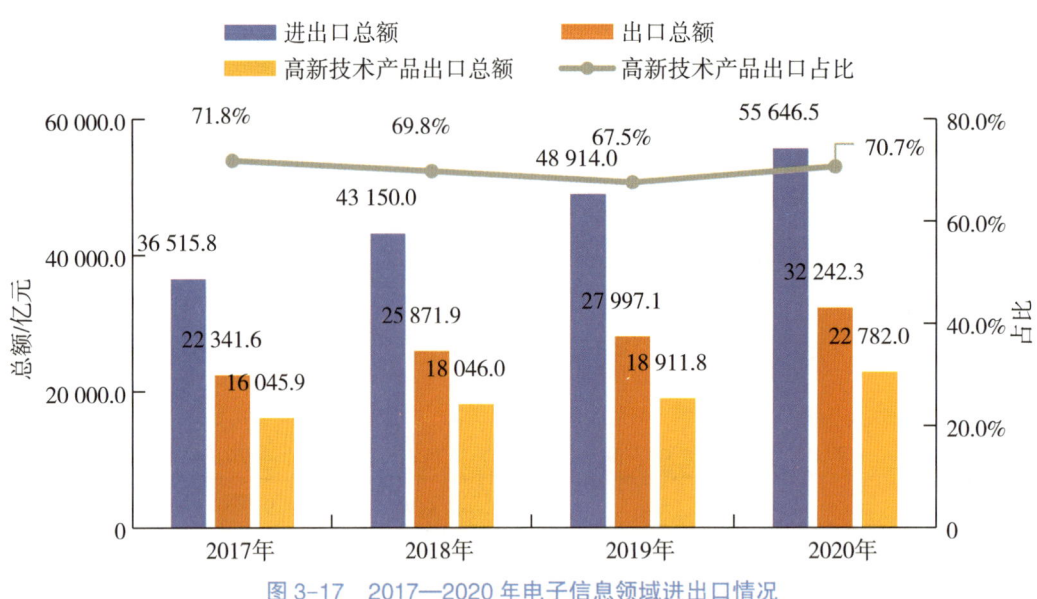

图3-17　2017—2020年电子信息领域进出口情况

（四）区域分布

1. 东部地区优势明显

东部地区电子信息领域企业规模庞大，为电子信息产业发展注入创新动能。截至2020年底，东部地区电子信息领域企业数为6.9万家，占电子信息领域企业总量的71.5%；中部地区电子信息领域企业数为1.2万家，占比12.9%；西部地区电子信息领域企业数为1.1万家，占比11.4%；东北地区电子信息领域企业数为0.4万家，占比仅4.2%（图3-18）。

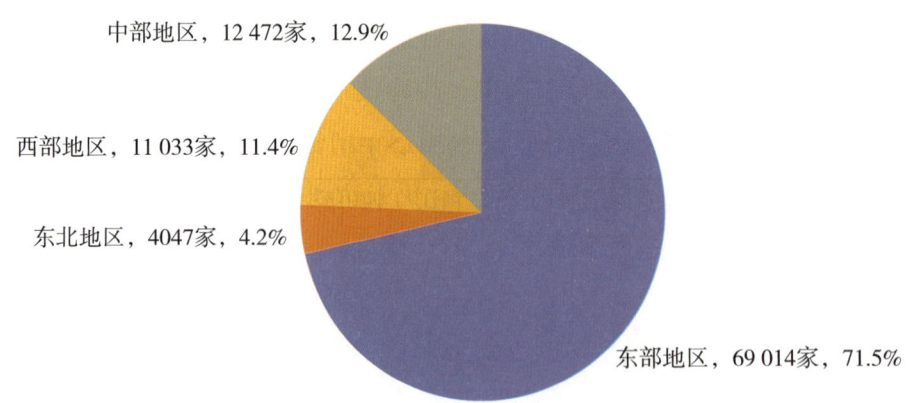

图3-18　2020年电子信息领域企业地区分布情况

2. 长三角、粤港澳、京津冀并驾齐驱

从重点城市群分布看，长三角、粤港澳、京津冀城市群电子信息领域企业数遥遥领先其他城市群。截至2020年底，长三角城市群电子信息领域企业最多，为2.1万家，占电子信息

领域企业总量的 22.3%；其次为粤港澳和京津冀城市群，电子信息领域企业数分别为 2.0 万家和 1.9 万家，占比分别为 21.1% 和 19.8%；成渝、长江中游、中原城市群电子信息领域企业数占比均低于 10%（图 3-19）。

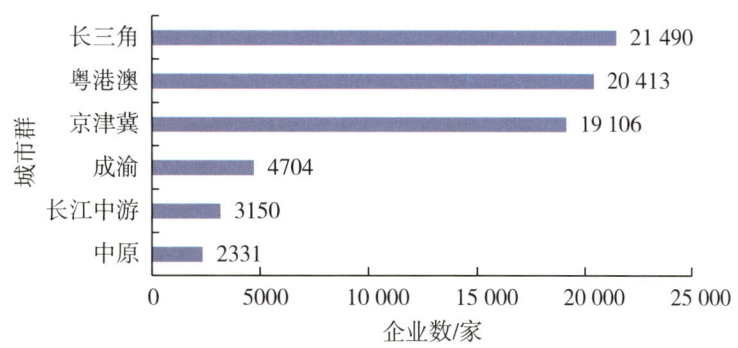

图 3-19 2020 年电子信息领域企业重点城市群分布情况

3. 广东、北京、江苏企业蓬勃发展

从省市分布看，截至 2020 年底，广东电子信息领域企业数为 2.2 万家，占电子信息领域企业总量的 22.7%，居各省市首位。北京、江苏电子信息领域企业数分别为 1.5 万家和 0.9 万家，占比分别为 15.7% 和 9.7%，分别位居第二、第三（图 3-20）。

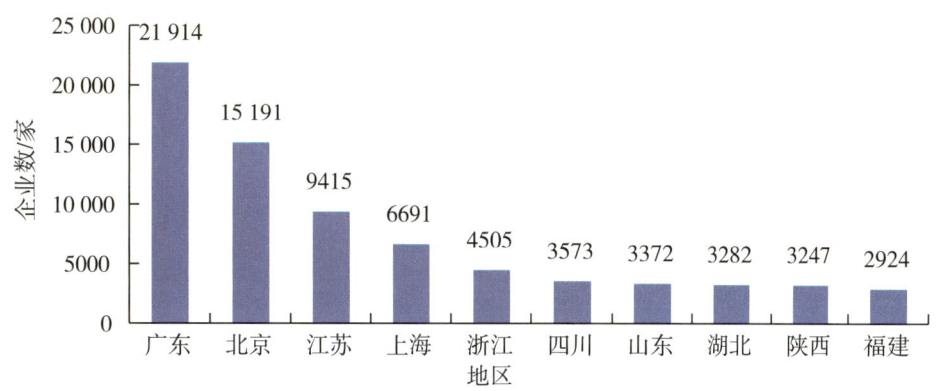

图 3-20 2020 年电子信息领域企业数位居前十的省市

4. 广东产业引领带动作用显著

电子信息领域工业总产值位居前三的省市为广东、江苏和山东。2020 年，广东科技型企业快速发展，计算机服务和软件行业企业数增长迅猛，带动电子信息领域企业工业总产值达到 3.1 万亿元，位居各省市第一；江苏、山东工业总产值分别为 1.1 万亿元和 0.5 万亿元，分别位居第二、第三。四川、浙江、福建、北京、安徽、湖北、江西工业总产值跻身全国前十（图 3-21）。

图 3-21　2020 年电子信息领域企业工业总产值位居前十的省市

电子信息领域实际上缴税费主要集中在广东、北京、江苏 3 省市，实际上缴税费合计占比过半。2020 年，广东电子信息领域企业实际上缴税费为 1133.2 亿元，位居各省市第一，占电子信息领域企业实际上缴税费的 25.8%；其次是北京和江苏，实际上缴税费分别为 696.1 亿元和 450.9 亿元，占比分别为 15.8% 和 10.2%；上海、浙江、山东、四川、安徽、湖北、陕西跻身全国前十，电子信息领域企业实际上缴税费均超百亿元（图 3-22）。

图 3-22　2020 年电子信息领域企业实际上缴税费位居前十的省市

二、生物与新医药

生物医药产业是关乎国计民生与国家安全的战略性新兴产业。在国际形势不稳定性、不确定性因素增多的背景下，大力发展生物医药产业是我国抢占国际竞争制高点、实现高水平科技自立自强的关键。近年来，生物与新医药领域基础研究取得重大原创性突破，产业规模快速发展壮大，取得显著经济效益。

(一) 产业规模

1. 企业规模持续扩张

生物与新医药领域企业集聚度进一步提升，工业总产值实现稳步增长。截至2020年底，生物与新医药领域企业数为2.5万家，较上年增长11.7%，是2017年的1.6倍，占高新技术企业总量的8.8%；生物与新医药领域实现工业总产值3.8万亿元，较上年增长10.4%，是2017年的1.4倍，占高新技术领域工业总产值总量的8.6%（图3-23）。

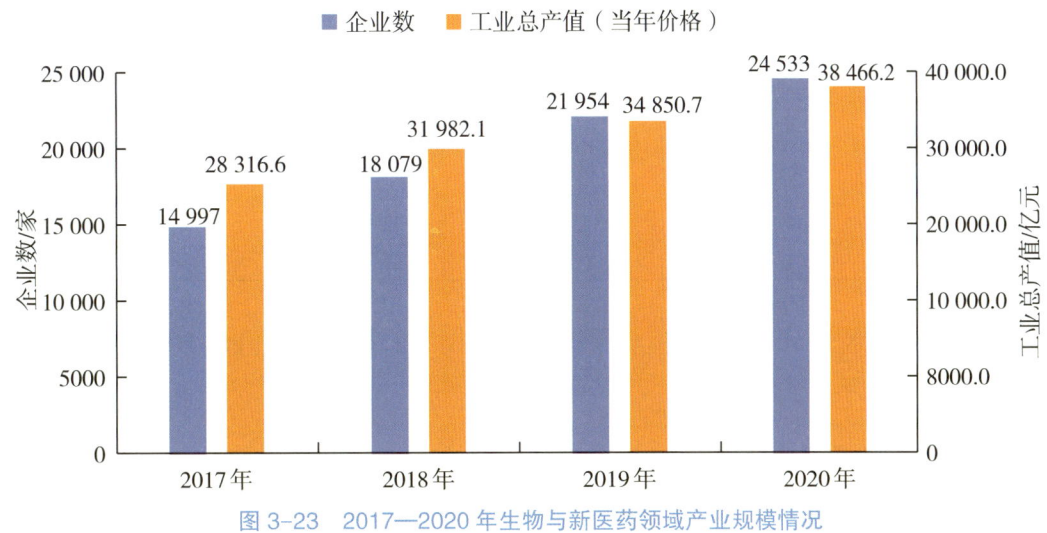

图3-23　2017—2020年生物与新医药领域产业规模情况

从从业人员看，生物与新医药领域新增就业人员大幅提升。2020年，生物与新医药领域从业人员期末人数为348.6万人，较上年增长8.2%，是2017年的1.2倍；当年新增从业人员51.4万人，较上年增长13.1%，是2017年的1.4倍（图3-24）。从占比看，2020年生物与新医药领域从业人员期末人数、当年新增从业人员分别占高新技术领域总量的8.0%和7.7%。

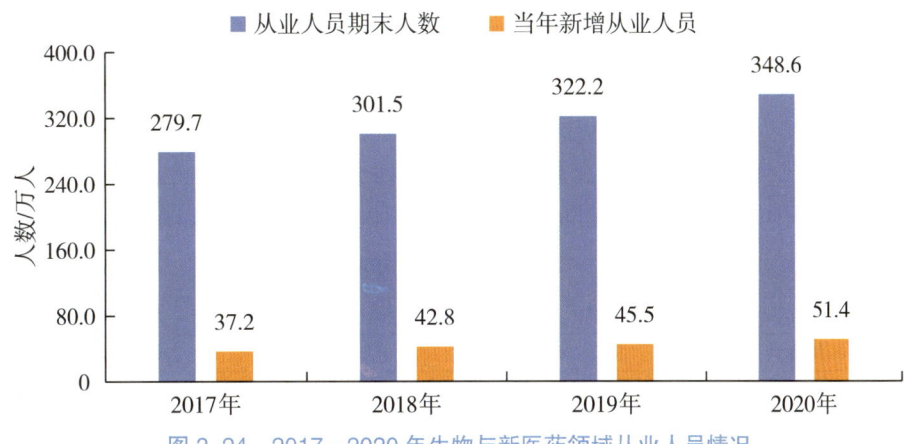

图3-24　2017—2020年生物与新医药领域从业人员情况

2. 高新技术企业加速集聚

生物与新医药领域企业快速成长，一批高新技术企业加速聚集。截至2020年底，生物与新医药领域高新技术企业2.0万家，占生物与新医药领域企业总量的83.5%，较上年增长15.6%，较2017年增长72.2%。从上市企业看，生物与新医药领域各类上市企业出现波动，2018年以来持续下降，2020年达到1874家，占生物与新医药领域企业总量的7.6%（图3-25）。

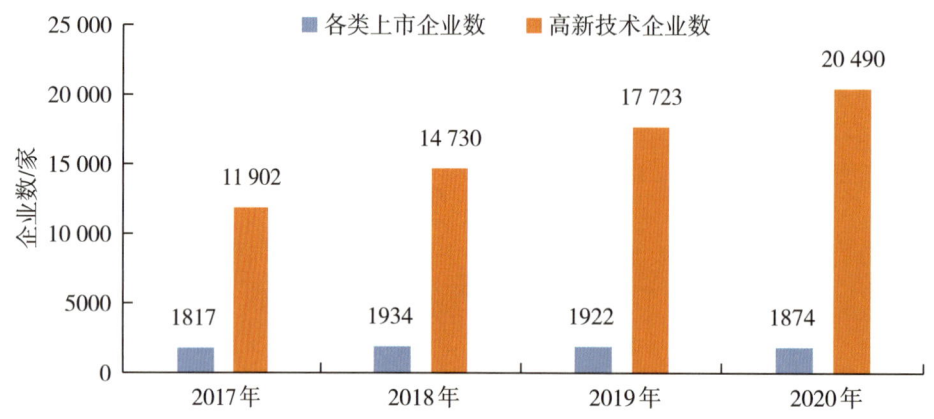

图3-25　2017—2020年生物与新医药领域高新技术企业与各类上市企业情况

3. 私人控股企业占主导地位

生物与新医药领域各类股权性质企业数均实现不同程度的增长，私人控股企业占比最大。生物与新医药领域私人控股企业不断增长，2020年达到1.7万家，较上年增长16.8%，占生物与新医药领域企业总量的67.8%。从趋势看，集体控股企业增长不稳定，2019年、2020年出现下滑；私人控股企业持续增长态势明显，规模还将继续扩大（图3-26）。

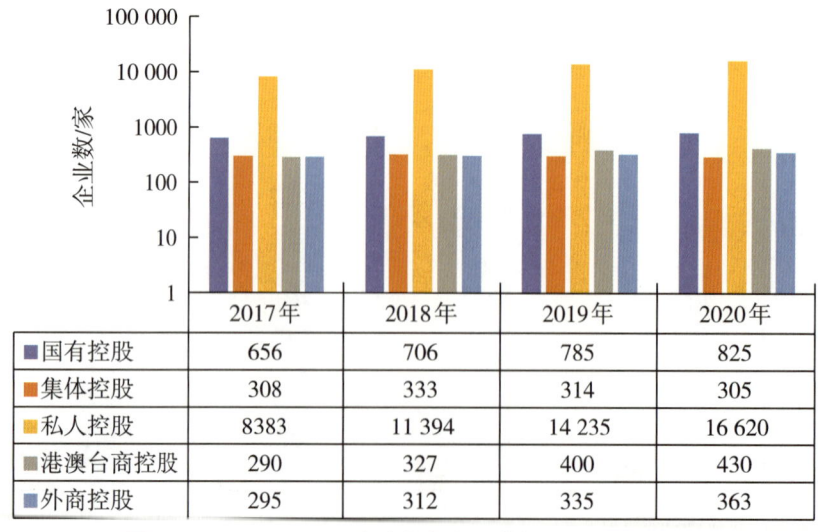

图3-26　2017—2020年生物与新医药领域企业股权性质

1. 高学历从业人员逐年增加

截至 2020 年底，生物与新医药领域企业从业人员中本科学历 87.7 万人，占该领域从业人员期末人数的 25.2%，是 2017 年的 1.3 倍；研究生学历人员 20.1 万人，占比 5.8%，其中博士研究生 2.8 万人，占比 0.8%。从趋势看，生物与新医药领域企业从业人员期末人数整体呈上升趋势，2017—2019 年处于平稳增长期，增速为 8% 左右；到 2020 年，硕士研究生和博士研究生增速均超 12%，比本科生增幅高 2 个百分点（图 3-27）。

图 3-27　2017—2020 年生物与新医药领域本科及以上学历从业人员情况

从留学归国人员及外籍从业人员看，截至 2020 年底，生物与新医药领域企业留学归国人员 1.8 万人，占从业人员期末人数的 0.5%；外籍常驻人员和引进外籍专家分别为 4689 人和 2118 人，占比分别为 0.1% 和 0.06%。从趋势看，留学归国人员与外籍从业人员形成鲜明反差。2017—2020 年，生物与新医药领域留学归国人员占比大幅增长，达到 17.0%；外籍专家、外籍常驻人员数量先升后降，2020 年外籍常驻人员较上年减少 23.4%（图 3-28）。

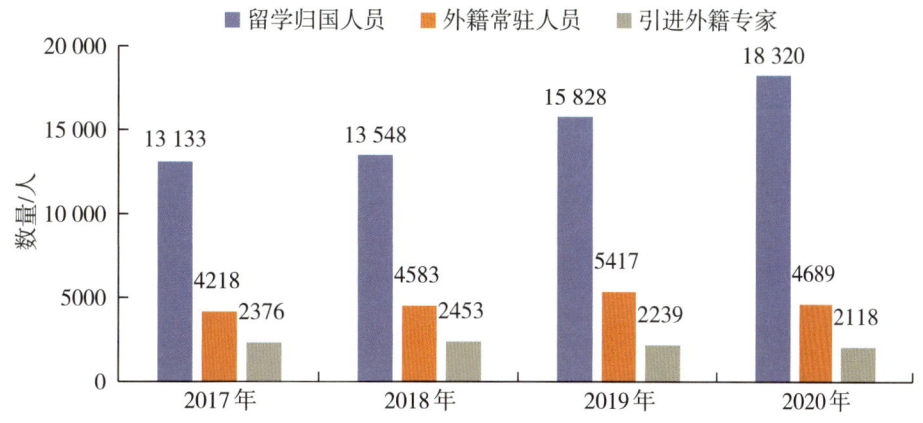

图 3-28　2017—2020 年生物与新医药领域企业留学及外籍从业人员情况

5. 经济效益不断提升

生物与新医药领域取得较好经济效益，营业收入与净利润实现持续增长。2020年，生物与新医药领域企业营业收入达到4.2万亿元，较上年增长11.0%，是2017年的1.4倍；净利润达到0.5万亿元，较上年增长23.8%，是2017年的1.4倍。从实际上缴税费看，生物与新医药领域实际上缴税费有所减少，为0.3万亿元，是2017年的1.1倍。从占比情况看，生物与新医药领域营业收入、净利润和实际上缴税费分别占高新技术领域总量的6.7%、10.8%和11.0%（图3-29）。

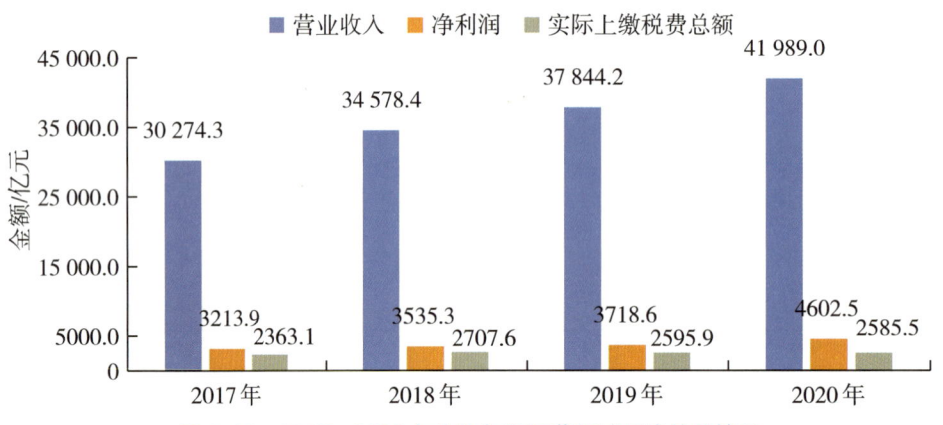

图3-29　2017—2020年生物与新医药领域经济效益情况

（二）技术分布

1. 农业生物技术企业数最多

从生物与新医药各细分技术领域看，企业主要分布在农业生物技术领域。截至2020年底，农业生物技术领域企业数为5891家，占生物与新医药领域企业总量的24.0%；其次为轻工和化工生物技术领域，企业数为5024家，占比20.5%；医疗仪器、设备与医学专用软件领域企业4305家，占比17.5%医药生物技术，化学药研发技术和中药、天然药物领域企业数分别为3610家、2320家和2276家，占比分别为14.7%、9.5%和9.3%；药物新剂型与制剂创制技术领域企业相对较少，为1107家，占比不足5%（图3-30）。

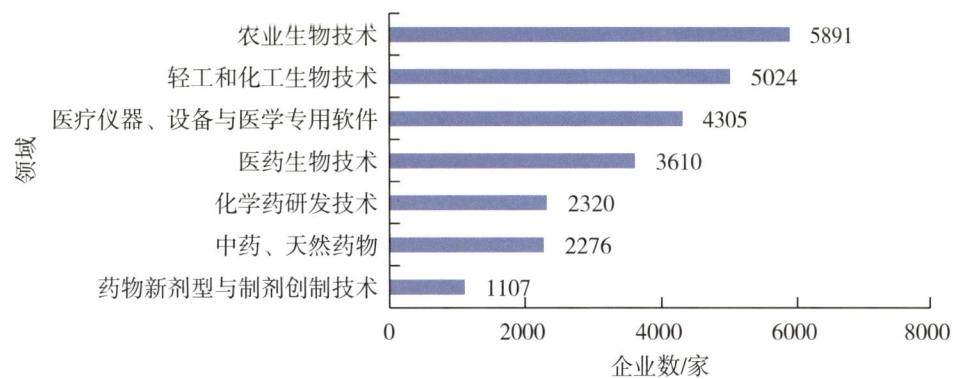

图 3-30　2020 年生物与新医药领域细分领域企业分布情况

2. 轻工和化工生物技术领域产业规模最大

生物与新医药领域各细分领域中，轻工和化工生物技术领域产值最高。从工业总产值看，轻工和化工生物技术领域企业工业总产值近万亿元，占生物与新医药领域的比重达到25.8%；其次为农业生物技术、化学药研发技术领域，企业工业总产值基本持平，占比均为20.4%；医疗仪器、设备与医学专用软件领域企业数占生物与新医药领域企业总量的17.5%，但企业工业总产值较低，占比仅为6.8%（图3-31）。

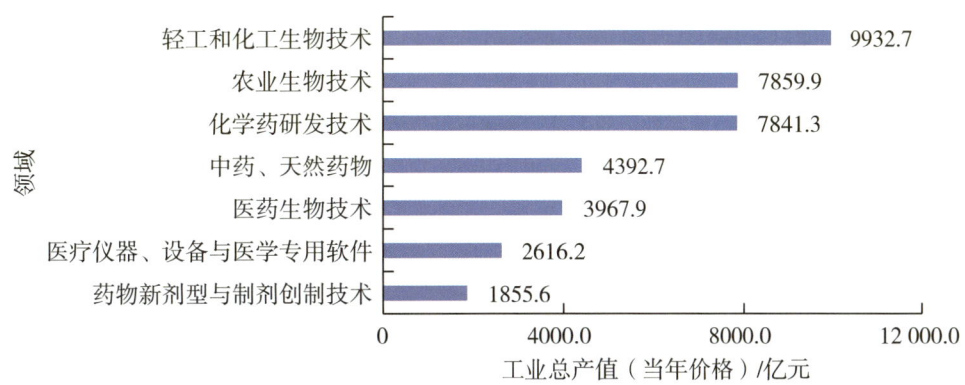

图 3-31　2020 年生物与新医药细分领域企业工业总产值情况

从实际上缴税费看，轻工和化工生物技术、化学药研发技术领域企业实际上缴税费最多。2020 年，轻工和化工生物技术领域企业实际上缴税费为 744.8 亿元，占生物与新医药领域企业实际上缴税费的 28.8%；化学药研发技术领域企业实际上缴税费为 669.1 亿元，占比 25.9%；农业生物技术领域企业数虽居各细分领域首位，但盈利能力较弱，实际上缴税费仅为 159.4 亿元，占比仅为 6.2%（图 3-32）。

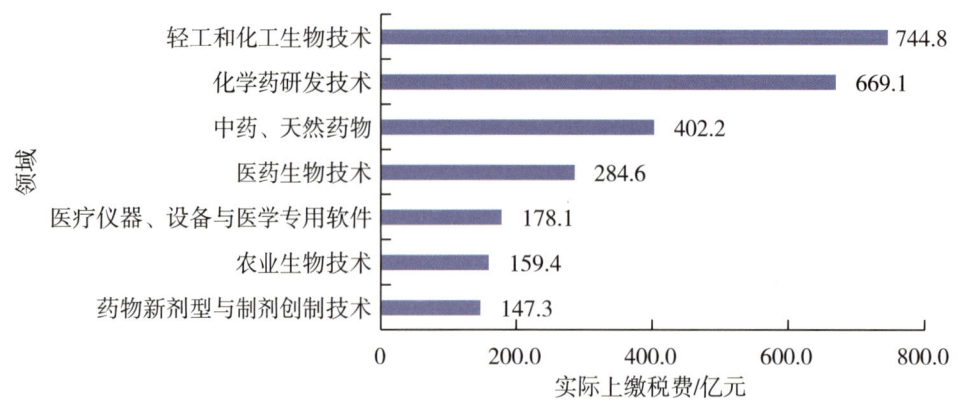

图3-32　2020年生物与新医药细分领域企业实际上缴税费情况

（三）创新产出

1. 创新财力投入大幅增长

生物与新医药领域科技创新投入大幅增加，科技活动人员和科技活动费用均呈上升趋势，但总量仍然偏低。截至2020年底，生物与新医药领域科技活动人员为71.3万人，较上年增长8.7%；全年科技活动费用增长20.5%，达到0.2万亿元（图3-33）。从占比情况看，2020年，生物与新医药领域科技活动人员数量占高新技术领域科技活动人员总量的7.2%，科技活动费用占高新技术领域科技活动费用总量的7.4%。

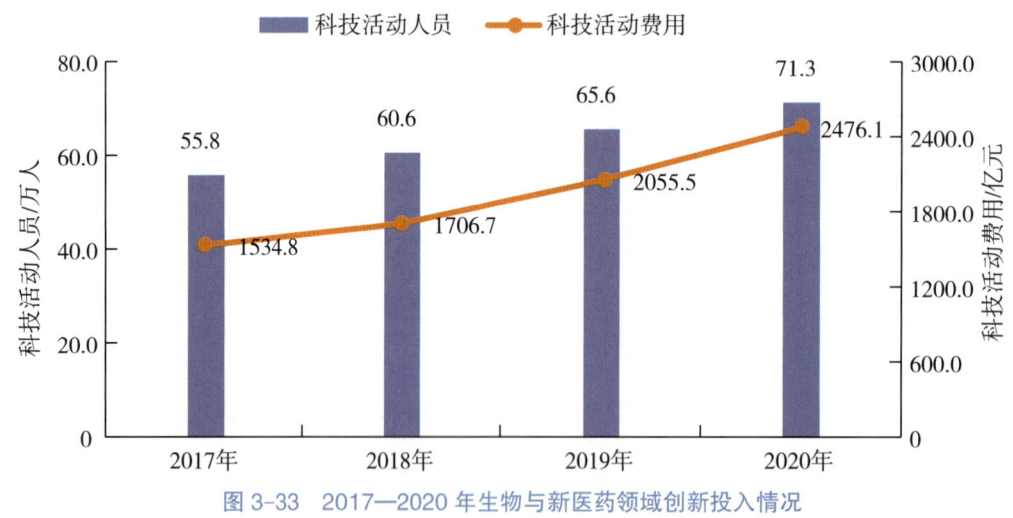

图3-33　2017—2020年生物与新医药领域创新投入情况

2. 专利产出稳步提升

生物与新医药领域专利创造能力显著提升，期末拥有有效发明专利数量大幅跃升。2020年，生物与新医药领域专利申请量为11.2万件，较上年增长24.2%，较2017年增长64.1%；

生物与新医药领域专利授权量为 7.6 万件，较上年增长 33.1%，较 2017 年翻了一番（图 3-34）。

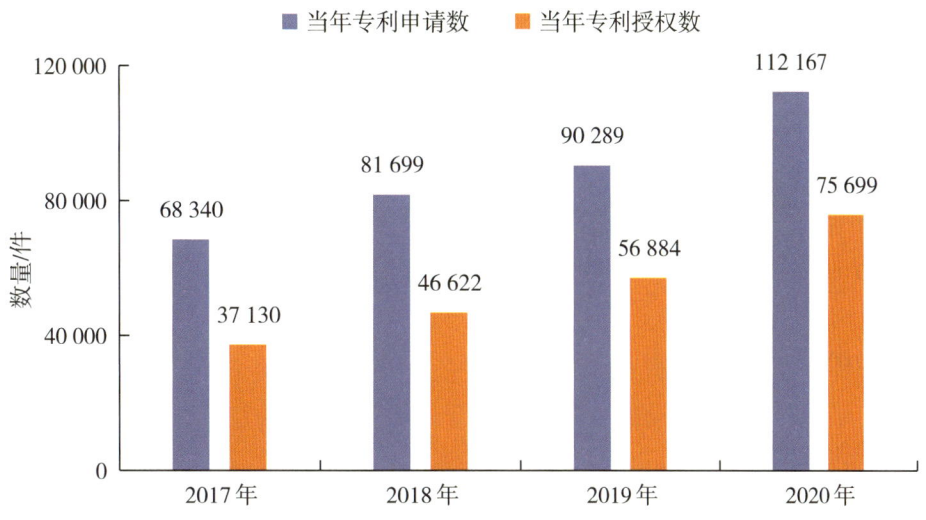

图 3-34　2017—2020 年生物与新医药领域专利申请与授权情况

从期末拥有有效专利看，2020 年生物与新医药领域期末拥有有效专利 39.5 万件，较上年增长 25.5%，是 2017 年的 1.9 倍；其中，期末拥有有效发明专利 12.9 万件，较上年增长 16.4%；拥有境外授权专利 1.4 万件，较上年增长 26.8%。各类境外授权专利中，欧美日专利占比近半，达到 0.7 万件，连续 4 年实现持续增长（图 3-35）。

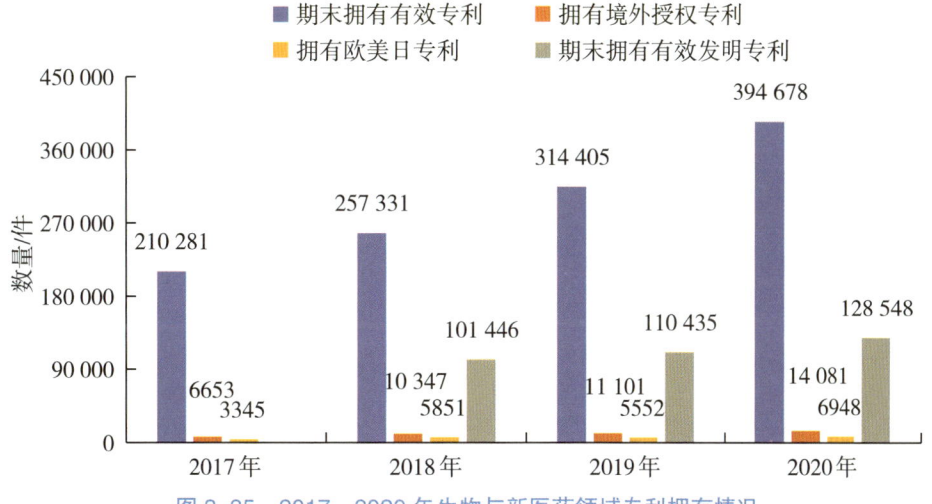

图 3-35　2017—2020 年生物与新医药领域专利拥有情况

3. 商标注册量增长较快

生物与新医药领域产品创新能力不断增强，自主品牌商标注册数量呈逐年增长趋势。

2020年，生物与新医药领域期末拥有注册商标38.5万件，较上年增长20.9%。其中，境外注册商标达到2.1万件，较上年增长10.0%。从注册商标看，生物与新医药领域当年注册商标4.7万件，较上年增长17.9%。其中，产品境外品牌影响力不断提升，当年境外注册商标2347件，较上年增长26.0%（图3-36）。

图3-36　2017—2020年生物与新医药领域注册商标情况

4. 标准建设持续推进

生物与新医药领域标准建设成果丰硕，国际标准制定实现跨越式发展。截至2020年底，生物与新医药领域累计制定形成国家或行业标准1.2万件，国际标准337件，较上年分别增长28.6%和114.6%；当年形成国家或行业标准1570件，较上年增长16.9%，是2017年的85.0%；当年形成国际标准71件，较上年增长91.9%，是2017年的78.0%（图3-37）。

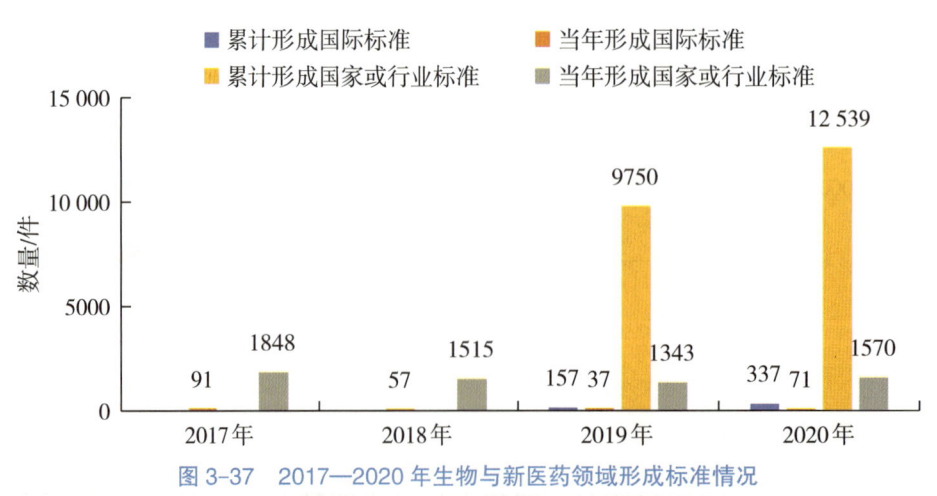

图3-37　2017—2020年生物与新医药领域形成标准情况

5. 高新技术产品销售收入占比明显提升

从产品销售收入看，生物与新医药领域产品销售保持持续向好的发展势头，产品销售收入逐年增长。2020年，生物与新医药领域产品销售收入为3.9万亿元，较上年增长10.2%，是2017年的1.4倍；其中，高新技术产品销售收入为2.7万亿元，占生物与新医药领域产品销售收入的比重增长到70.0%，比2017年提高了4.8个百分点（图3-38）。

图3-38　2017—2020年生物与新医药领域产品销售情况

6. 高新技术产品出口持续增长

生物与新医药领域进出口总额增长明显，高新技术产品出口额均呈增长态势。2020年，生物与新医药领域进出口总额为0.5万亿元，其中，出口总额为0.4万亿元，较上年增长31.4%，是2017年的1.6倍，占生物与新医药领域进出口总额近80%；高新技术产品出口优势明显，出口额达到0.3万亿元。从占比情况看，2020年，该领域高新技术产品出口额占出口总额的69.5%（图3-39）。

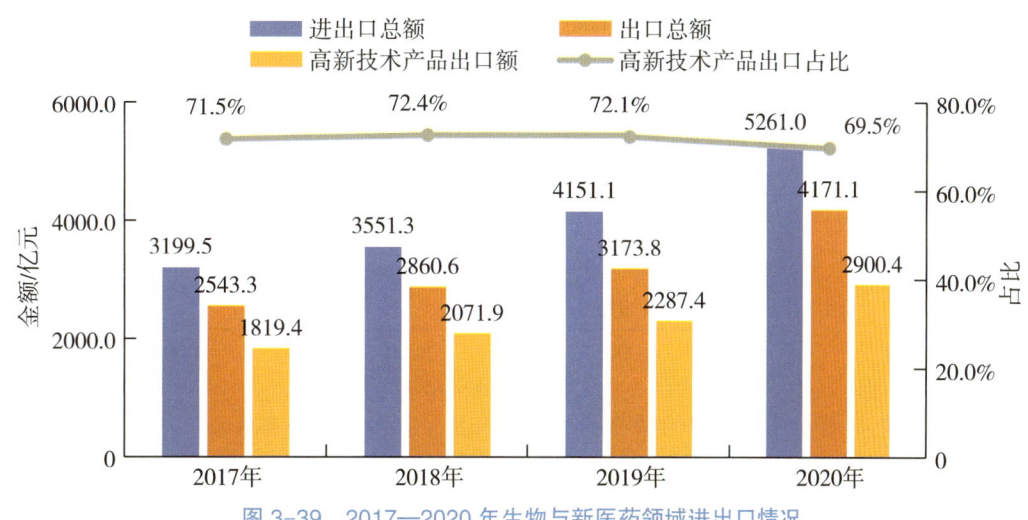

图3-39　2017—2020年生物与新医药领域进出口情况

(四)区域分布

1. 东部地区保持领先优势

从区域分布看,生物与新医药领域企业集聚于科研院所汇聚和创新能力较强的东部地区,中部地区占比超两成,西部和东北地区占比较低,区域发展不平衡仍然突出。截至2020年底,东部地区生物与新医药领域企业占比近六成,达到59.0%;中部地区5419家,占比为22.1%;西部地区3383家,占比为13.8%;东北地区1245家,占比为5.1%(图3-40)。

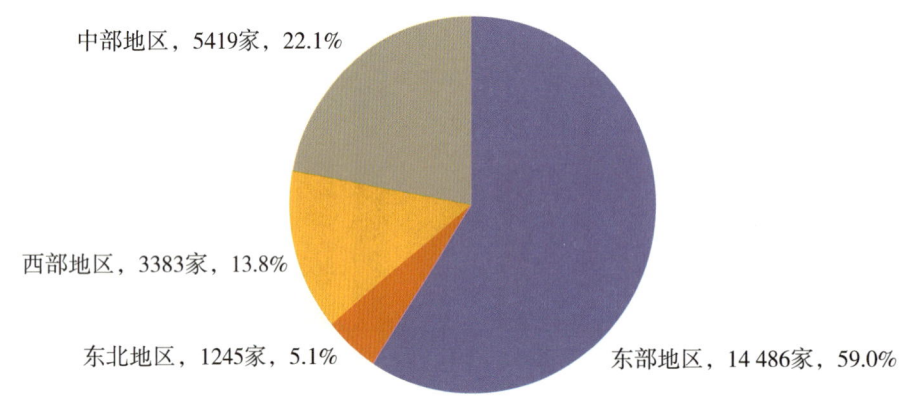

图3-40 2020年生物与新医药领域企业地区分布情况

2. 长三角城市群更具吸引力

从重点城市群分布看,长三角城市群生物与新医药领域企业相对较多。截至2020年底,长三角城市群生物与新医药领域企业数为4471家,占生物与新医药领域企业总量的18.2%;其次为京津冀城市群和粤港澳城市群,生物与新医药领域企业数分别为3666家和3010家,占比分别为14.9%和12.3%;成渝城市群、长江中游城市群、中原城市群生物与新医药领域企业数占比均低于10%(图3-41)。

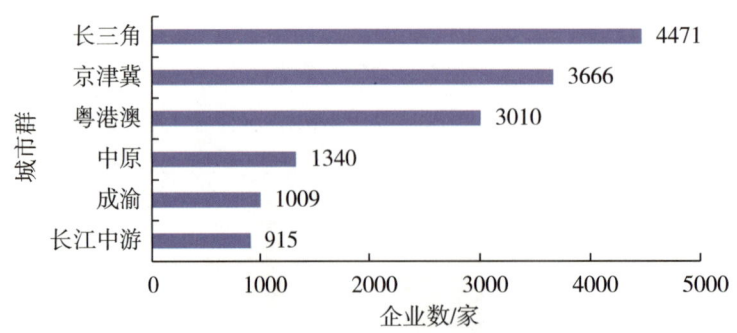

图3-41 2020年生物与新医药领域企业重点城市群分布情况

3. 广东、江苏、北京企业最为密集

从省市分布看,广东生物与新医药领域企业最为集聚,北京和江苏紧随其后。截至2020年底,广东生物与新医药领域企业数最多,为3473家,占生物与新医药领域企业总量的14.2%;江苏和北京的生物与新医药领域企业数分别为2305家和2156家,占比分别为9.4%和8.8%;山东、上海、湖南、浙江、湖北、江西、河北的生物与新医药领域企业数跻身全国前十(图3-42)。

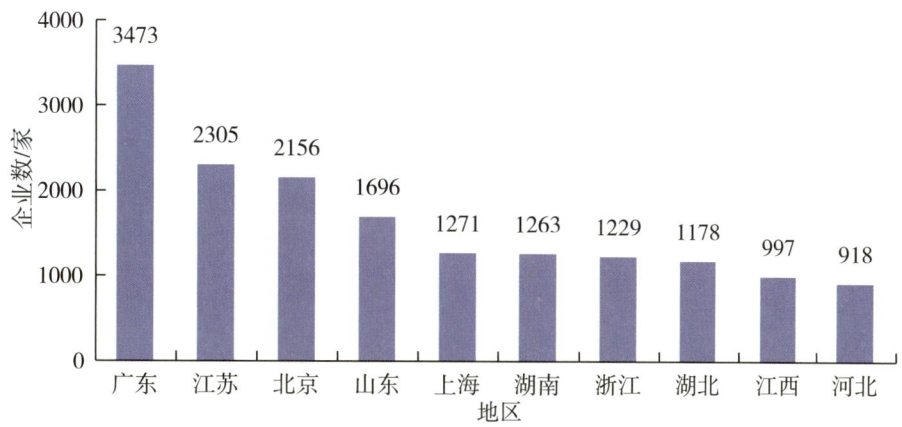

图 3-42　2020 年生物与新医药领域企业数位居前十的省市

4. 江苏、广东、山东产业规模全国领先

从工业总产值看,江苏生物与新医药产业居全国首位。2020年,江苏生物与新医药产业工业总产值为4848亿元,位居第一;其次为广东和山东,工业总产值分别为4567亿元和4367亿元;浙江、江西、四川、湖北、河北、北京、安徽紧随其后,工业总产值均超千亿元(图3-43)。

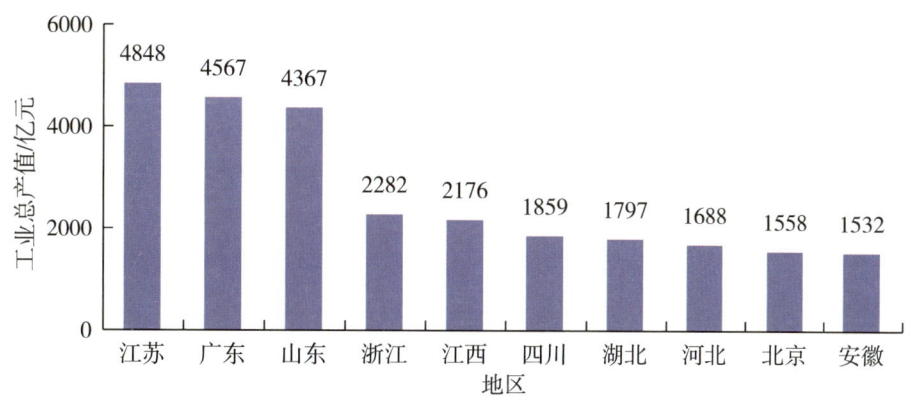

图 3-43　2020 年生物与新医药领域工业总产值位居前十的省市

从实际上缴税费看，江苏生物与新医药领域发展迅猛，实际上缴税费全国领先。2020年，江苏生物与新医药产业领先优势明显，实际上缴税费达351亿元，居全国首位；安徽和广东实际上缴税费分别为303亿元和291亿元，分别位居第二、第三；广东、山东的生物与新医药产业实际上缴税费均超200亿元（图3-44）。

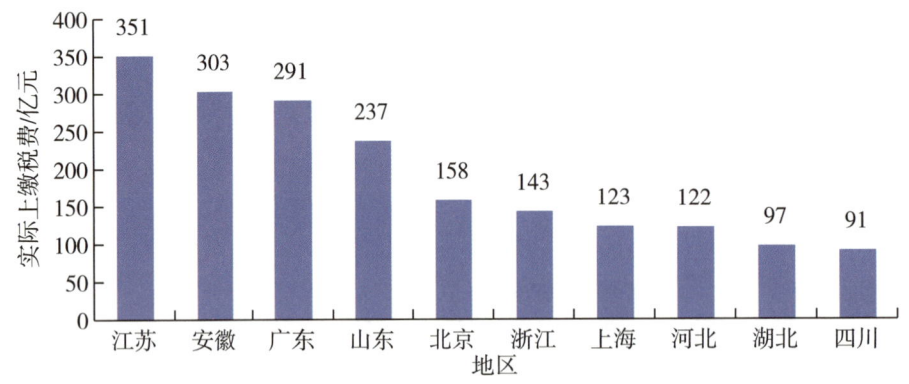

图3-44　2020年生物与新医药领域实际上缴税费总额位居前十的省市

三、航空航天

航空航天领域的发展是世界各国科技实力与经济实力的体现，是关系国家安全和国民经济命脉的战略性产业。近年来，我国航空航天领域创新成果不断涌现，民用飞机、载人航天、新一代运载火箭、大容量通信卫星等快速发展，航空航天产业规模持续攀升。

（一）产业规模

1. 企业规模不断扩大

航空航天领域企业规模逐年扩大，但总量在各类高新技术领域中处于低位。截至2020年底，航空航天领域企业数为1934家，较上年增长14.1%，是2017年的1.9倍，占高新技术领域企业总量的0.6%；实现工业总产值为5337.3亿元，较上年增长22.1%，是2017年的1.5倍，占高新技术领域工业总产值总量的1.2%（图3-45）。

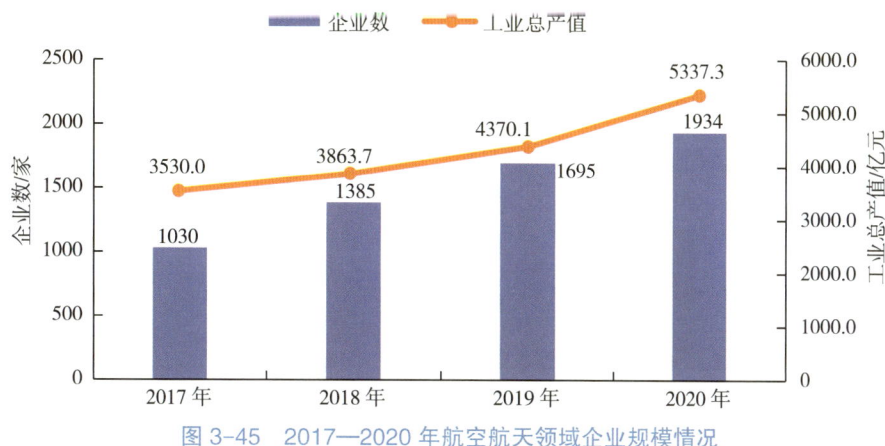

图 3-45　2017—2020 年航空航天领域企业规模情况

航空航天领域新增就业出现下滑。从从业人员规模看，2020 年航空航天领域企业从业人员期末人数为 53.5 万人，较上年小幅增长。其中，当年新增从业人员 4.5 万人，较上年下降 4.3%。从占比看，2020 年，航空航天领域从业人员期末人数占高新技术领域企业从业人员期末人数总量的 1.2%，当年新增从业人员占高新技术领域企业新增从业人员总量的 0.7%（图 3-46）。

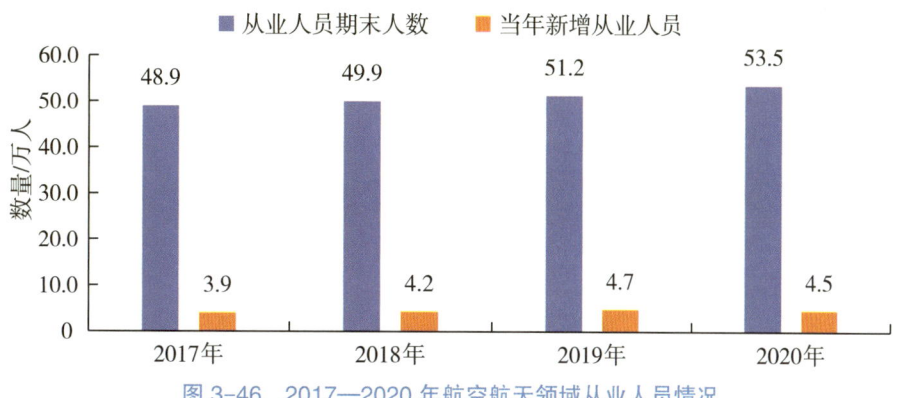

图 3-46　2017—2020 年航空航天领域从业人员情况

2. 高新技术企业规模显著增长

航空航天领域中高新技术企业占比居各高新技术领域前列。截至 2020 年底，航空航天领域高新技术企业达 1724 家，较上年增长 17.0%，占航空航天领域企业总数的 89.1%，居各高新技术领域第 3 位。各类上市企业 95 家，与上年持平，比 2017 年增加 7 家，占高新技术领域企业中各类上市企业总量的 0.5%（图 3-47）。

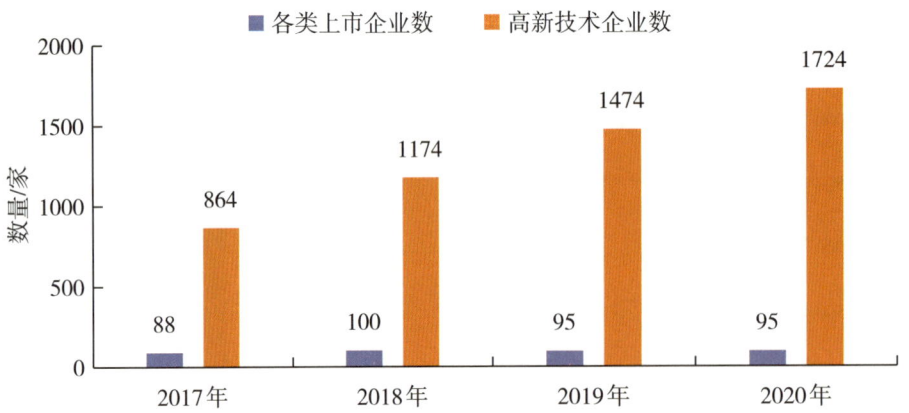

图 3-47　2017—2020 年航空航天领域高新技术企业与各类上市企业情况

3. 私人控股企业凸显竞争实力

从企业股权性质看，航空航天领域私人控股企业数最多。截至 2020 年底，由私人控股的航空航天企业共有 1149 家，占航空航天领域企业总量的 59.4%；其次为国有控股企业，共 407 家，占比为 21.0%。其他股权性质的企业数较少，集体控股、港澳台商控股、外商控股企业数均低于 50 家。2017—2020 年，私人控股和国有控股企业数均实现持续快速增长，私人控股企业数较 2017 增长 173.09%（图 3-48）。

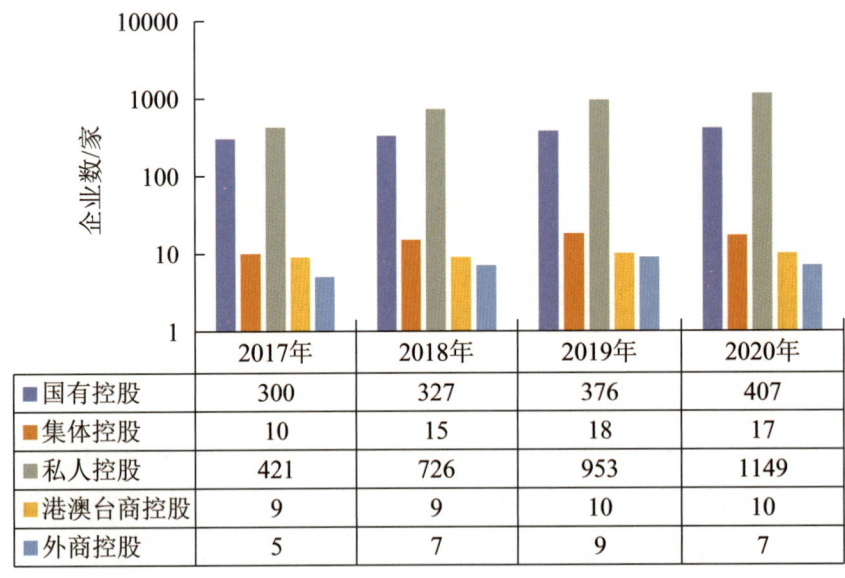

	2017年	2018年	2019年	2020年
国有控股	300	327	376	407
集体控股	10	15	18	17
私人控股	421	726	953	1149
港澳台商控股	9	9	10	10
外商控股	5	7	9	7

图 3-48　2017—2020 年航空航天领域企业股权性质

4. 从业人员高学历高素质特征明显

航空航天领域企业从业人员学历水平显著高于其他高新技术领域。从从业人员学历结构看，截至 2020 年底，航空航天领域企业本科学历人员为 18.1 万人，占该领域从业人员总数的33.8%；研究生学历人员8.8万人，占比为16.4%，居各高新技术领域首位。其中，博士研究生为0.9万人，占该领域从业人员总数的1.6%，高于其他高新技术领域。从趋势看，航空航天领域企业从业人员高学历高素质趋势明显，研究生学历人员增速高于本科从业人员增速，研究生学历人员数量是2017年的1.4倍（图3-49）。

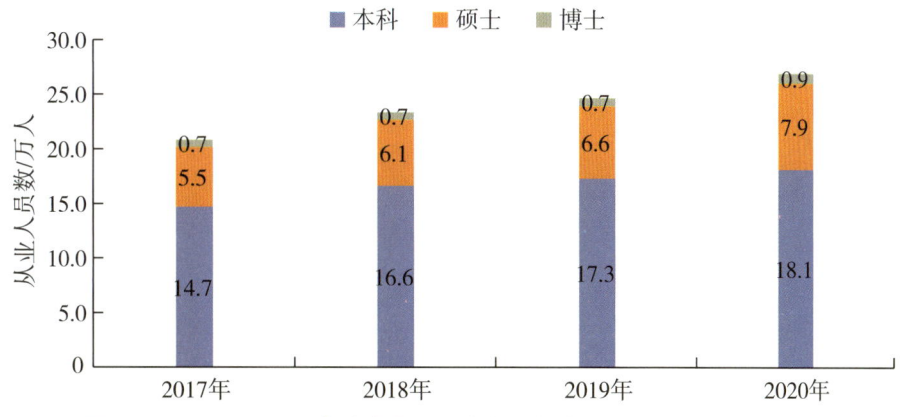

图3-49　2017—2020年航空航天领域企业本科及以上学历从业人员情况

从留学归国人员和外籍从业人员看，截至2020年底，航空航天领域留学归国人员5715人，占从业人员期末人数的1.1%；外籍常驻人员、引进外籍专家分别为317人和183人，其中外籍常驻人员较上年减少56人。从趋势看，航空航天领域留学归国人员呈现出持续增长态势，外籍常驻人员和引进外籍专家人数有所波动（图3-50）。

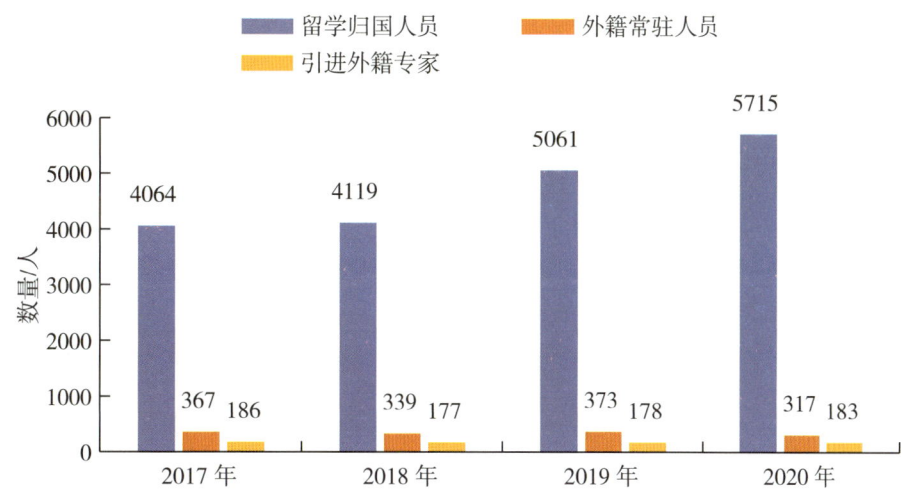

图3-50　2017—2020年航空航天领域留学归国人员及外籍从业人员情况

5. 经济效益稳步提升

航空航天领域企业在技术创新方面取得显著进步，产品性能和市场占有率不断提高，带动了航空航天领域产值和利润逐年攀升。2020年，航空航天领域企业营业收入为7124.9亿元，较上年增长21.8%；净利润为385.1亿元，较上年增长8.0%；实际上缴税费为121.7亿元，较上年小幅增长。2020年，航空航天领域营业收入、净利润、实际上缴税费分别占高新技术领域企业总量的1.1%、0.9%和0.5%。从趋势看，2017—2020年，航空航天领域企业净利润率始终保持在5%～6%；实际上缴税费有所波动，企业发展存在一定的不稳定性（图3-51）。

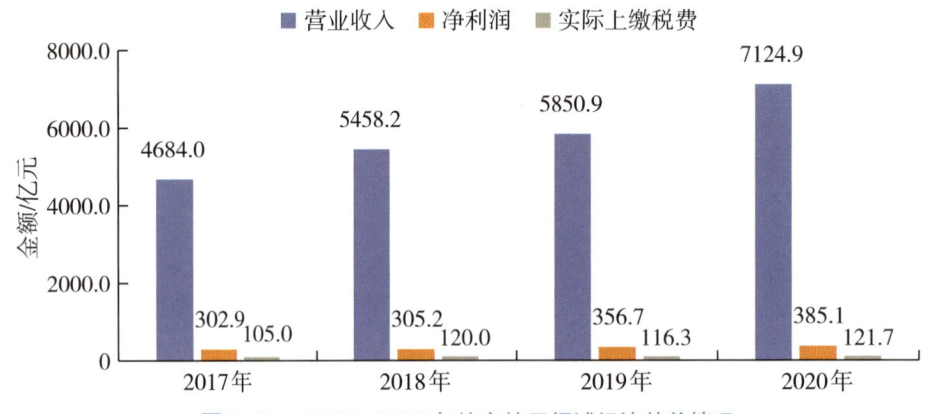

图3-51　2017—2020年航空航天领域经济效益情况

（二）技术分布

1. 航空技术领域发展迅速

在航空市场需求和国防建设需求拉动下，国家持续加强航空工业建设，飞机材料、航电系统、发动机等技术不断创新，以大型飞机为代表的航空技术领域发展迅速。截至2020年底，航空技术领域企业数为1407家，占航空航天领域企业总量的72.8%。航天技术领域企业达到527家，技术应用更为广泛，覆盖卫星通信、卫星导航、地球观测等多个领域，占比为27.2%。随着商业运载火箭顶层设计出台，航天技术领域发展空间巨大（图3-52）。

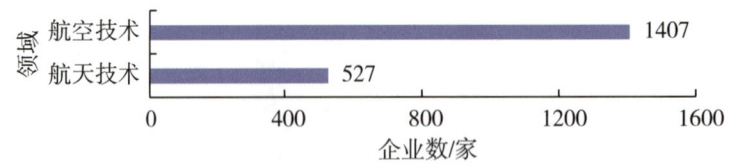

图3-52　2020年航空航天细分领域企业分布情况

2. 航空技术领域产业效应突出

2020年，航空技术领域工业总产值为4133.5亿元，占比为77.4%；航天技术领域企业工业总产值为1203.8亿元，占比为22.6%（图3-53）。航空技术领域由于产业链长，产业规模大，具有更为强大的产业效应，对于促进经济增长和创造社会价值起着不可替代的作用。航天技术领域科技创新和知识创造将进一步提速，航天技术应用和商业化发展空间巨大。

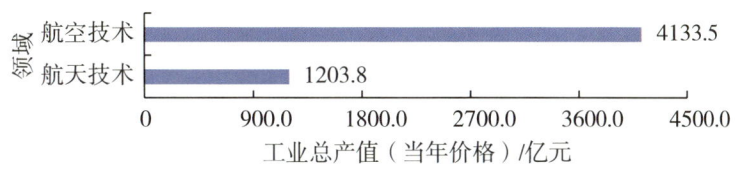

图 3-53　2020 年航空航天细分领域工业总产值情况

从实际上缴税费看，2020 年，航空技术领域企业实际上缴税费为 90.3 亿元，占比为 74.2%；航天技术领域企业实际上缴税费为 31.4 亿元，占比为 25.8%（图 3-54）。航空航天细分领域企业实际上缴税费分别占各高新技术领域企业实际上缴税费的 0.4% 和 0.1%。随着国家持续加大航空航天技术领域支持力度，这对我国航空航天产业发展将有积极的推动作用。

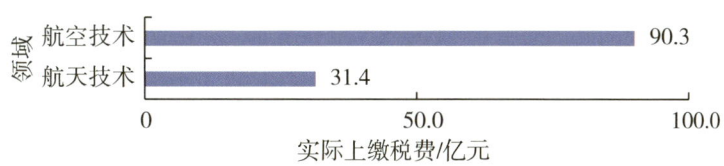

图 3-54　2020 年航空航天细分领域企业实际上缴税费情况

（三）创新产出

1. 创新投入大幅增长

航空航天领域不断加大研发投入，推动航空航天技术向更高层次迈进。2020 年，航空航天领域科技活动人员为 19.4 万人，较上年增长 9.6%，是 2017 年的 1.2 倍；航空航天领域科技活动费用为 1016.4 亿元，较上年增长 29.5%，是 2017 年的 1.8 倍（图 3-55）。从占比情况看，2020 年航空航天领域科技活动人员数量和科技活动费用占高新技术领域总量的比重分别为 2.0% 和 3.1%。

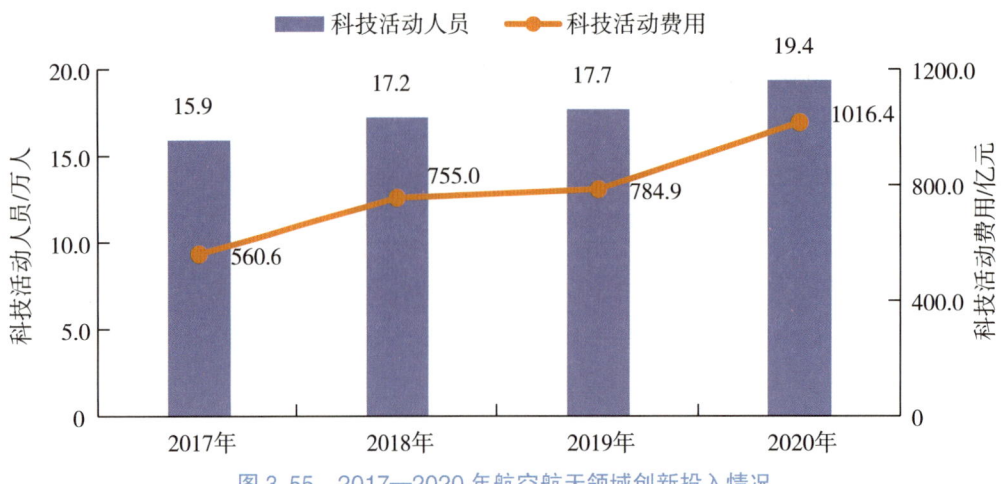

图 3-55　2017—2020 年航空航天领域创新投入情况

2. 专利产出成果丰硕

航空航天领域创新产出稳步攀升，各类专利拥有量均达到 2017 年的 2 倍以上。从专利申请与授权情况看，2020 年，专利申请量为 3.3 万件，较上年增长 7.7%，是 2017 年的 1.6 倍；专利授权量为 1.9 万件，较上年增长 27.1%，是 2017 年的 1.7 倍（图 3-56）。

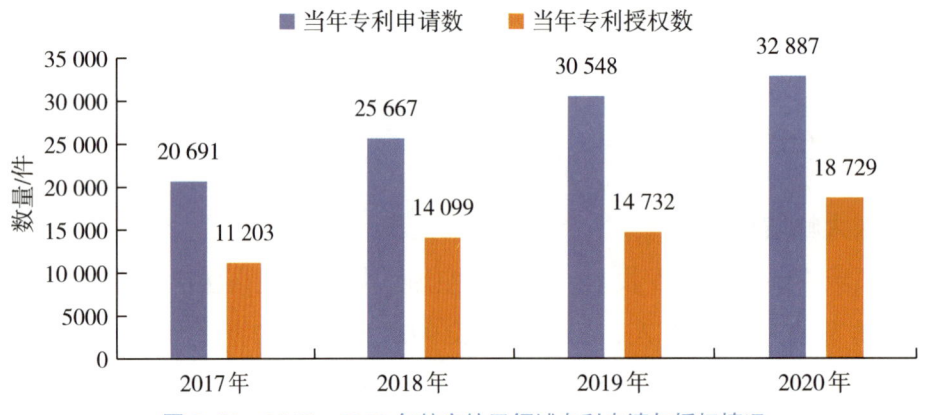

图 3-56　2017—2020 年航空航天领域专利申请与授权情况

从期末拥有有效专利情况看，航空航天领域发明专利创造表现突出。2020 年，航空航天领域期末拥有有效专利 9.4 万件，较上年增长 21.7%。其中，期末拥有有效发明专利大幅增长，达到 4.5 万件，较上年增长 30.2%；拥有欧美日专利 1610 件，较上年增长 24.7%，较 2017 年增长超 2 倍。拥有境外授权专利 1887 件，较上年减少 23.8%（图 3-57）。

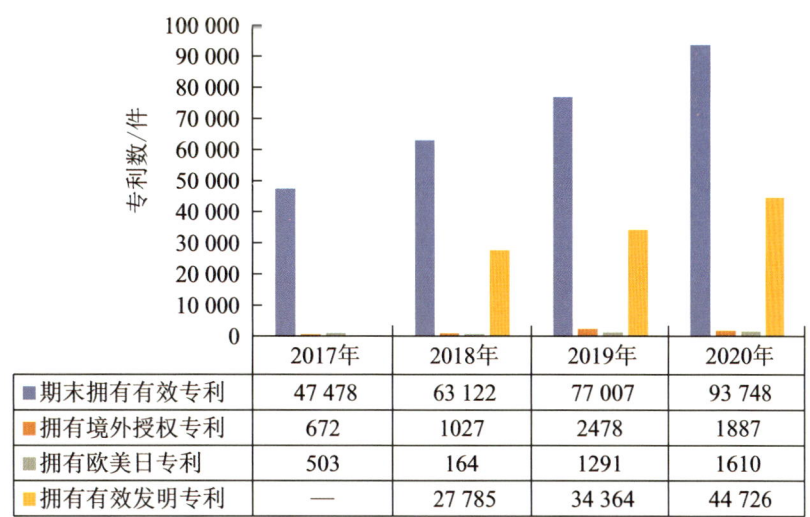

图 3-57 2017—2020 年航空航天领域专利拥有情况

3. 商标注册量稳步攀升

航空航天领域商标注册量逐年攀升，首次突破 1 万件。2020 年，航空航天领域期末拥有注册商标 10 291 件，较上年增长 28.9%；当年注册商标中，境外注册商标表现优秀，达到 170 件，较上年增长 95.4%，占当年注册商标的 16.8%。从趋势看，航空航天领域境外注册商标发展较不稳定，商标数量随不同时期变化而波动明显，2017—2019 年期末拥有境外注册商标持续稳定增长，但 2020 年出现明显下滑，较上年下降 15.8%；当年境外注册商标于 2017 年和 2019 年出现下滑，2020 年大幅增长（图 3-58）。

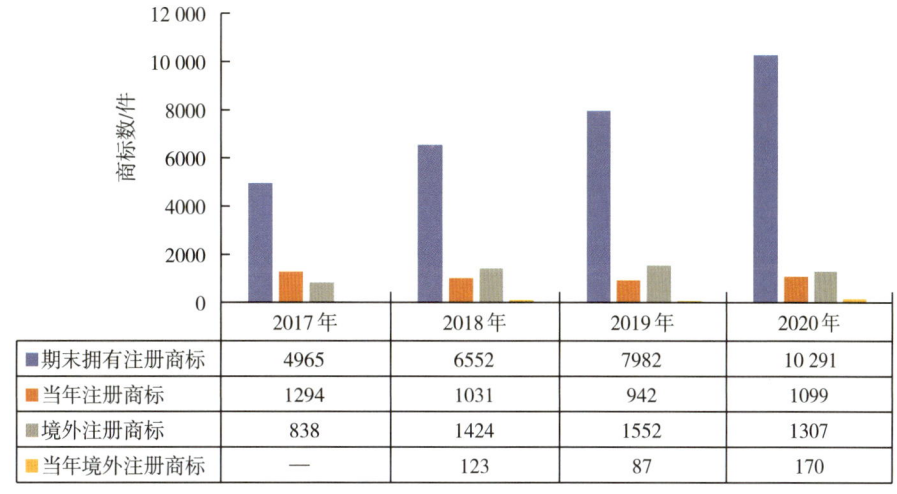

图 3-58 2017—2020 年航空航天领域注册商标情况

4. 国家和行业标准引领产业发展

随着标准化建设工作的深入推进，航空航天领域各类标准制定均取得较大进展。截至

2020年底，航空航天领域累计形成国家或行业标准5284件，较上年增长39.2%；累计形成国际标准44件，与上年持平；当年形成国家或行业标准813件，较上年增长168.3%，是2017年的1.4倍；当年形成国际标准16件，较上年增长100%，是2017年的1.3倍。从占比情况看，2020年航空航天领域累计形成国家或行业标准数量占高新技术领域总量的3.6%（图3-59）。

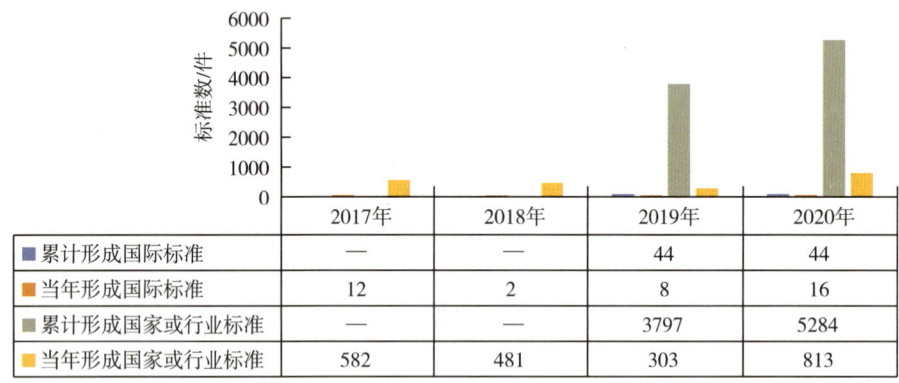

图3-59　2017—2020年航空航天领域形成标准情况

5. 高新技术产品销售收入持续增长

我国航空航天领域进入国际领先阵营，国产大飞机、卫星、载人航天等领域在国内外市场中占据重要地位。从产品销售收入看，2020年，航空航天领域产品销售收入为5858.3亿元，较上年增长24.8%，是2017年的1.6倍；其中，高新技术产品销售收入为4790.7亿元，占航空航天领域产品销售收入的81.8%。从趋势看，航空航天领域高新技术产品销售收入与产品销售收入的比重始终保持在80%左右，并呈现逐年上升的趋势。2020年，这一比重达到81.8%，较2017年增长2.2个百分点（图3-60）。

图3-60　2017—2020年航空航天领域产品销售情况

6. 高新技术产品出口占比明显提升

随着我国航空航天产品品质和性能的不断提高，国际市场的认可度也大幅提升。从进出口情况看，受国际形势影响，2017 年以来航空航天领域进出口总额一路下滑，2020 年达到 635.5 亿元，较 2017 年下降 9.1%。但出口逆势上扬，自 2018 年以来保持持续增长，2020 年达到 440.9 亿元，占进出口总额的 69.4%。出口贸易中，高新技术产品出口为拉动航空航天领域出口贸易发挥了重要作用，占出口总额的比重从 2017 年的 67.9% 上升到 2020 年的 78.8%，提升了 10.9 个百分点（图 3-61）。

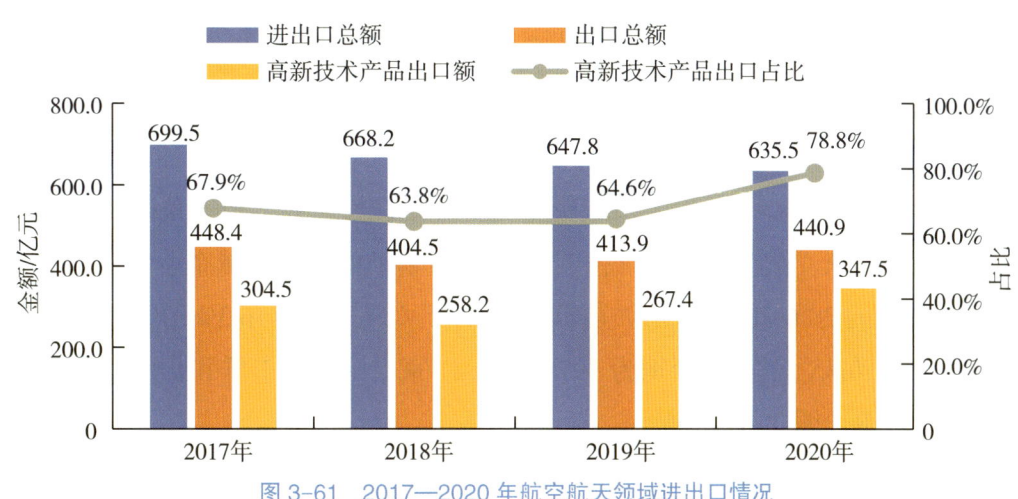

图 3-61 2017—2020 年航空航天领域进出口情况

（四）区域分布

1. 东部地区企业集聚突出

航空航天领域企业分布呈现不均衡的情况，东部地区航空航天领域企业过半。从区域分布看，航空航天领域企业主要集中在东部地区和西部地区，截至 2020 年底，东部地区以北京和上海为代表，企业达到 1006 家，占航空航天领域企业总量的 52.0%；西部地区以西安、成都为代表，企业为 491 家，占比为 25.4%；中部地区和东北地区分别为 301 家和 136 家，占比分别为 15.6% 和 7.0%（图 3-62）。

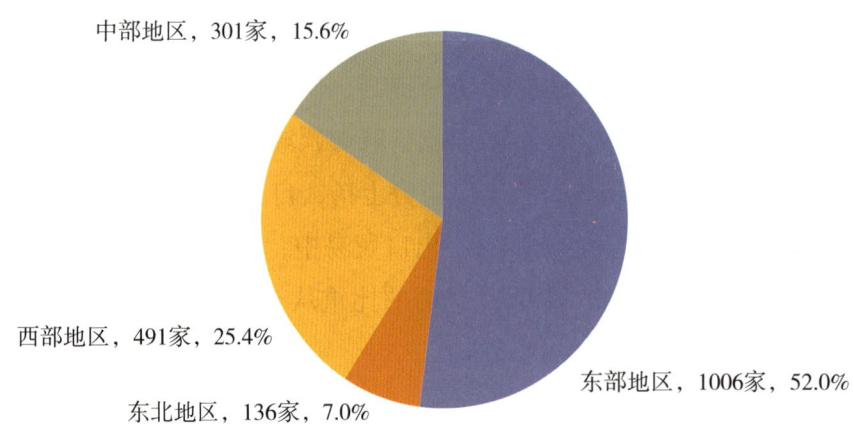

图 3-62　2020 年航空航天领域企业地区分布情况

2. 京津冀地区企业规模领先

从重点城市群分布看,航空航天领域企业主要分布在京津冀、长三角两大城市群,航空航天企业数均超 300 家。截至 2020 年底,京津冀城市群航空航天领域企业数达到 399 家,占航空航天企业总量的 20.6%;长三角城市群数为 316 家,占比为 16.3%;粤港澳城市群和成渝城市群位居第三梯队,企业数分别为 197 家和 181 家,中原城市群和长江中游城市群航空航天领域企业数较少(图 3-63)。

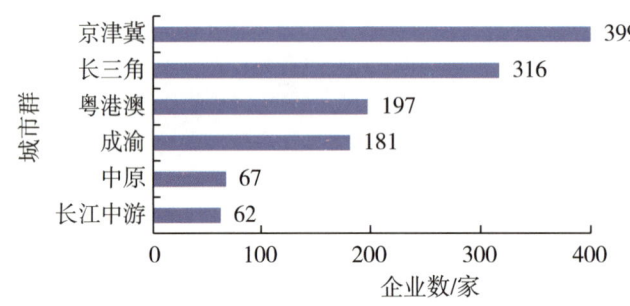

图 3-63　2020 年航空航天领域企业重点城市群分布情况

3. 北京、陕西、广东企业数领跑全国

从省市分布看,航空航天领域企业主要分布在北京、陕西和广东,企业数位居前三。北京以研发和生产发动机、导弹、卫星等为主,是我国航空航天领域的重要基地之一。2020 年,北京航空航天领域企业数达到 291 家。陕西以研发和生产航空发动机、直升机、飞机等为主,企业数达到 217 家。广东以研发和生产通信卫星、商业卫星、导弹、飞机零部件为主,企业数为 204 家(图 3-64)。

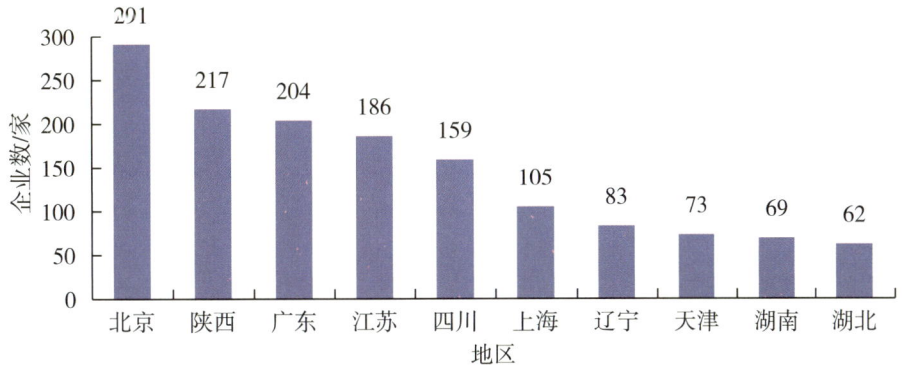

图 3-64　2020 年航空航天领域企业数位居前十的省市

4. 北京、陕西、四川产业规模全国领先

从产业规模看，北京汇聚了全国 50% 以上的商业航空航天独角兽企业，2020 年航空航天领域工业总产值达到 698 亿元，位居第一；陕西拥有较强的航空航天科研实力，研发产品具有高技术含量和良好市场前景，工业总产值为 678 亿元，位居第二；四川在国内航空业的地位急速上升，工业总产值达到 675 亿元，位居第三；辽宁、广东、江西、上海、黑龙江、贵州、湖北航空航天领域工业总产值跻身全国前十（图 3-65）。

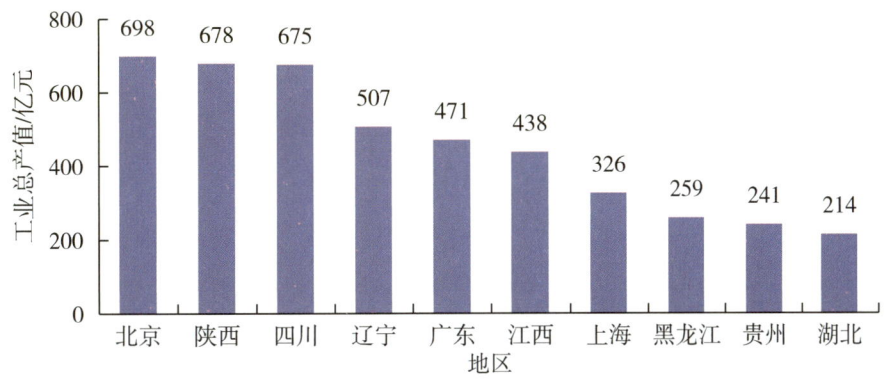

图 3-65　2020 年航空航天领域工业总产值位居前十的省市

从实际上缴税费看，北京在卫星设计制造、卫星通信、军用飞机等领域优势明显，实际上缴税费 24 亿元，位居第一；广东在北斗导航、民用无人机等方面优势突出，实际上缴税费位居第二，为 21 亿元；陕西、四川航空航天领域实际上缴税费均超 10 亿元；山东、辽宁、江苏、上海等省市航空航天领域实际上缴税费达 5 亿元（图 3-66）。

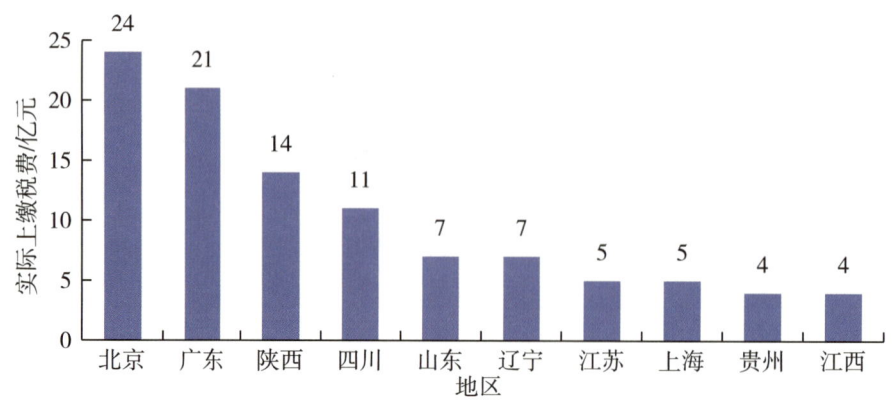

图 3-66　2020 年航空航天领域实际上缴税费位居前十的省市

四、新材料

新材料是我国产业结构优化升级和提升装备制造业水平的保障，是战略新兴产业发展的基石。新材料产业在人工智能、生物医药、新能源汽车、航空航天等诸多领域的广泛应用，助推了新技术新产品快速迭代和应用场景创新，助推新材料产业持续快速发展，产业规模保持增长态势，产业发展空间巨大。

（一）产业规模

1. 企业规模显著增长

我国拥有全球门类最齐全、规模第一的材料产业体系，新材料领域企业规模庞大，工业总产值持续增长。截至 2020 年底，新材料领域企业数为 4.5 万个，较上年增长 16.2%，是 2017 年的 1.8 倍。从占比看，2020 年新材料领域企业数占高新技术领域企业总量的 14.7%；工业总产值仅次于先进制造与自动化领域，为 12.0 万亿元，较上年增长 10.5%，占高新技术领域工业总产值总量的 26.8%（图 3-67）。

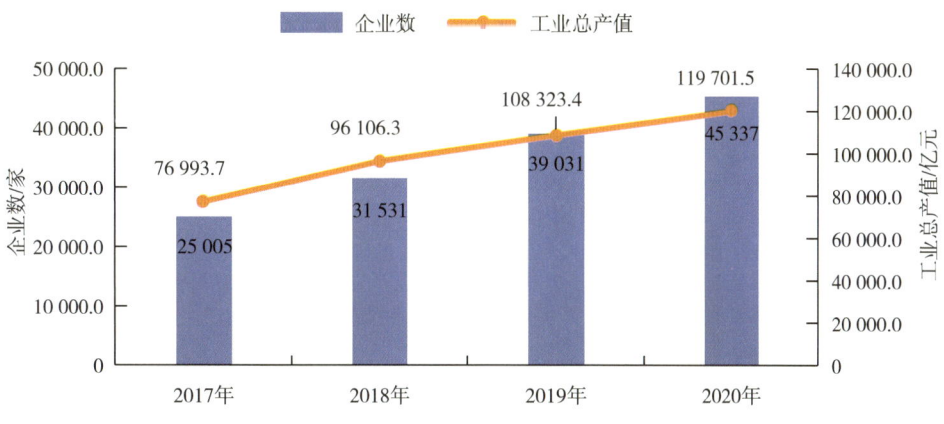

图 3-67　2017—2020 年新材料领域企业规模情况

从从业人员规模看，新材料领域从业人员期末人数仅次于先进制造与自动化和电子信息领域，吸纳了 16.3% 的高新技术领域就业人口。2020 年，新材料领域企业从业人员期末人数为 801.5 万人，较上年增长 9.9%，是 2017 年的 1.4 倍；当年新增从业人员为 98.2 万人，较上年增长 10.6%，是 2017 年的 1.3 倍。从占比情况看，2020 年新材料领域从业人员期末人数占高新技术领域从业人员期末人数总量的 18.3%，当年新增从业人员占高新技术领域新增从业人员总量的 14.6%（图 3-68）。

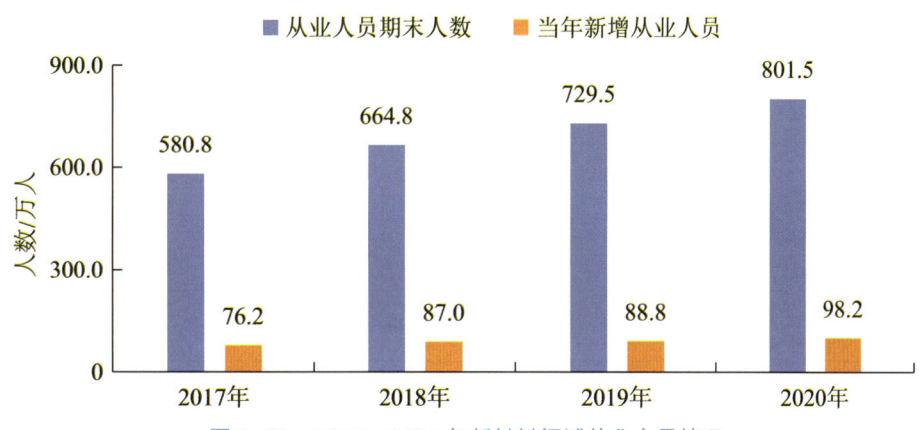

图 3-68　2017—2020 年新材料领域从业人员情况

2. 高新技术企业数逐年增加

截至 2020 年底，新材料领域高新技术企业为 4.1 万家，较上年增长 19.7%，占新材料领域企业总量的 90.1%，是 2017 年的 1.9 倍；从各类上市企业看，2020 年，新材料领域各类上市企业为 3023 家，较上年新增 30 家，是 2017 年的 1.1 倍，占高新技术领域各类上市企业总量的 22.0%（图 3-69）。

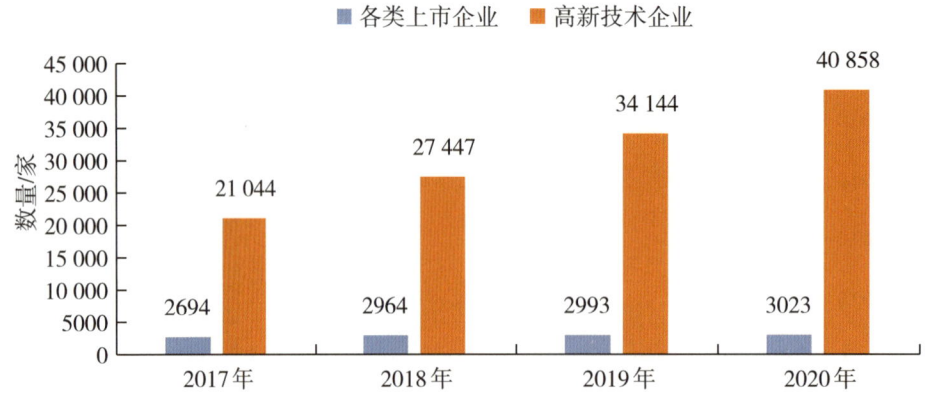

图 3-69　2017—2020 年新材料领域高新技术企业与各类上市企业情况

3. 私人控股企业占绝对优势

私人控股企业发展进入快车道，企业数遥遥领先。从企业股权性质看，截至 2020 年底，新材料领域私人控股企业数最多，达到 3.3 万家，占新材料领域企业总量的 73.8%；港澳台商控股企业增长较快，为 1225 家，是 2017 年的 1.4 倍。从趋势看，各类股权性质企业较 2017 年均实现不同程度增长，其中私人控股企业 2020 年较 2017 增长 130.6%（图 3-70）。

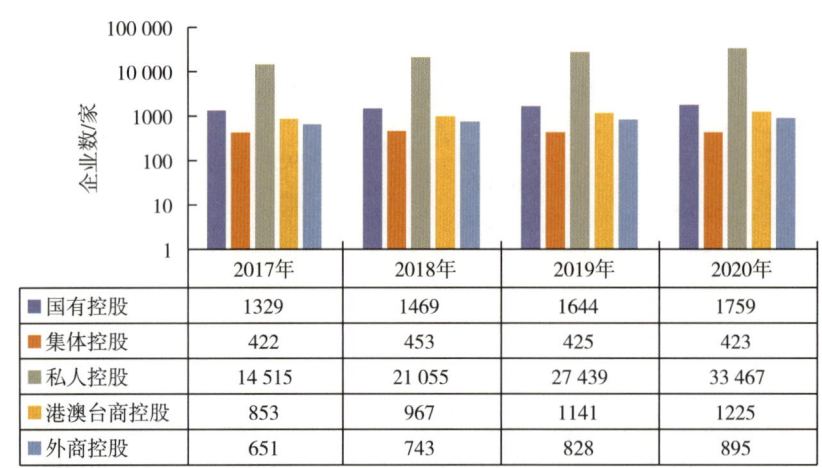

图 3-70　2017—2020 年新材料领域企业股权性质

4. 人员学历层次不断提高

从学历结构看，截至 2020 年底，新材料领域企业从业人员中各学历层次人员均实现不同程度增长。其中，本科学历人员 105.9 万人，较上年增长 8.1%，占新材料领域企业从业人员期末人数总量的 13.2%；研究生学历人员 14.1 万人，较上年增长 6.8%，其中博士学历人员 2.1 万人，较上年增长 5.0%。从趋势看，2017—2020 年，新材料领域企业中本科、硕士、博士从业人员保持持续稳定增长态势，2020 年人员数量分别为 2017 年的 1.3 倍、1.3 倍和 1.2 倍（图 3-71）。

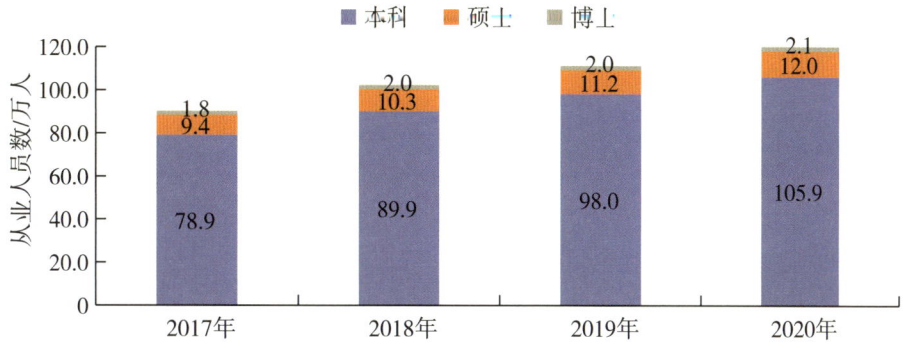

图 3-71 2017—2020 年新材料领域本科及以上学历从业人员情况

从留学归国人员和外籍从业人员看，新材料领域留学归国人员逐年增加，截至 2020 年底，达到 1.3 万人，较上年增长 10.3%；外籍常驻人员波动较大，2018 年达到 1.6 万人，2020 年下降到 9683 人，且呈继续下降的趋势；引进外籍专家逐年递减，2020 年为 2120 人，较 2017 年减少 532 人（图 3-72）。

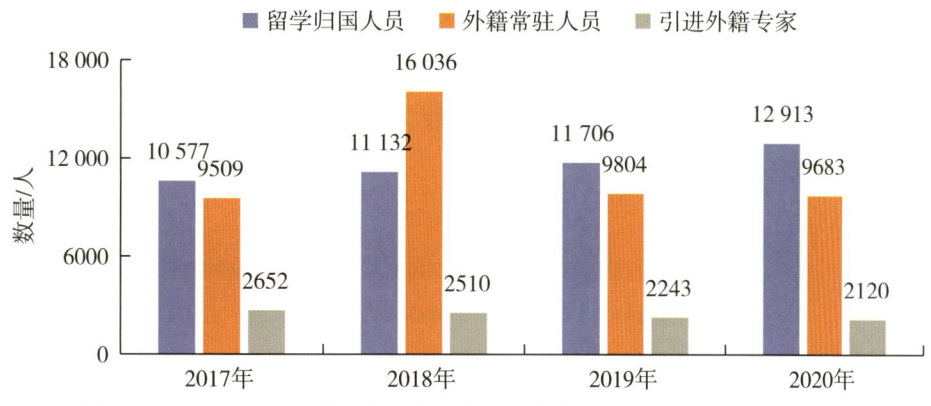

图 3-72 2017—2020 年新材料领域企业留学归国人员及外籍从业人员情况

5. 经济效益持续增长

新材料领域营业收入、净利润与实际上缴税费占高新技术领域比重均高于企业数占比，产业发展取得较好经济效益。2020 年，新材料领域营业收入为 1.3 万亿元，较上年增长 9.8%，是 2017 年的 1.6 倍；净利润 0.7 万亿元，实际上缴税费 0.4 万亿元，分别是 2017 年的 1.5 倍和 1.2 倍（图 3-73）。从占比情况看，2020 年新材料领域企业营业收入占高新技术领域营业收入总量的 19.8%，净利润和实际上缴税费占高新技术领域总量的比重分别为 16.8% 和 18.4%，表现出较好的盈利能力和发展后劲。

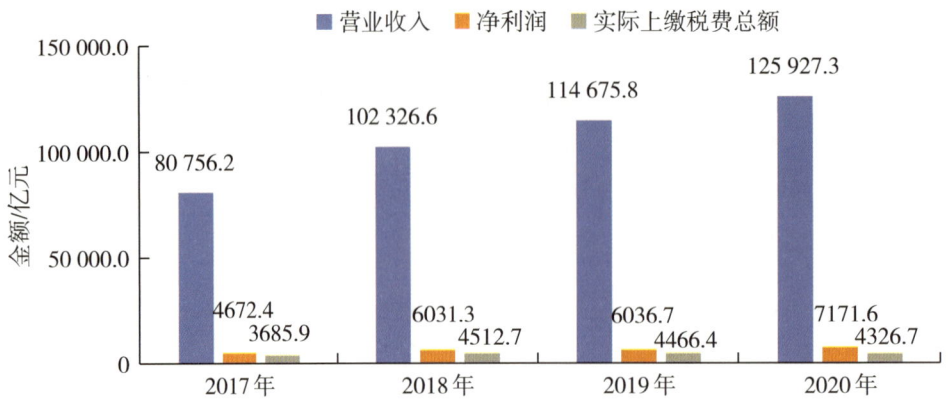

图 3-73　2017—2020 年新材料领域经济效益情况

（二）技术分布

1. 高分子材料领域企业数最多

高分子材料企业基于生产方面具有的成本优势，在不断增长的高分子材料市场需求中保持了快速发展。从细分领域企业数看，截至 2020 年底，新材料领域中高分子材料领域企业数位居第一，为 1.8 万家，占新材料领域企业总量的 40.7%；其次是金属材料领域，企业数为 1.3 万家，占比为 28.0%；无机非金属材料领域企业数为 7973 家，占比为 17.6%。三者数量之和占新材料领域企业总量的比重近九成（图 3-74）。

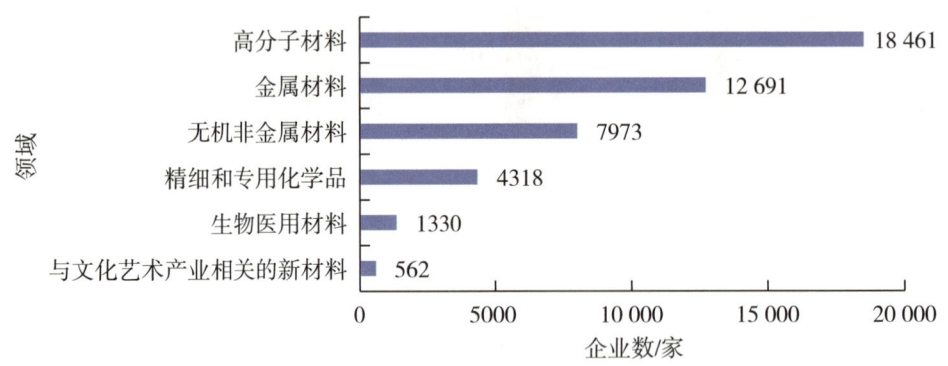

图 3-74　2020 年新材料细分领域企业分布情况

2. 金属材料领域产业规模最大

随着金属材料企业数的不断增加，企业产能不断增强，金属材料领域产业规模继续保持增长势头。从工业总产值看，2020 年金属材料领域企业工业总产值为 6.2 万亿元，居细分领域第一，占新材料领域企业工业总产值总量的 51.8%；高分子材料领域企业工业总产值为 3.5 万亿元，占比为 29.4%；无机非金属材料领域企业工业总产值为 1.2 万亿元，占比为 9.8%；

其他领域企业工业总产值占比均低于9%（图3-75）。

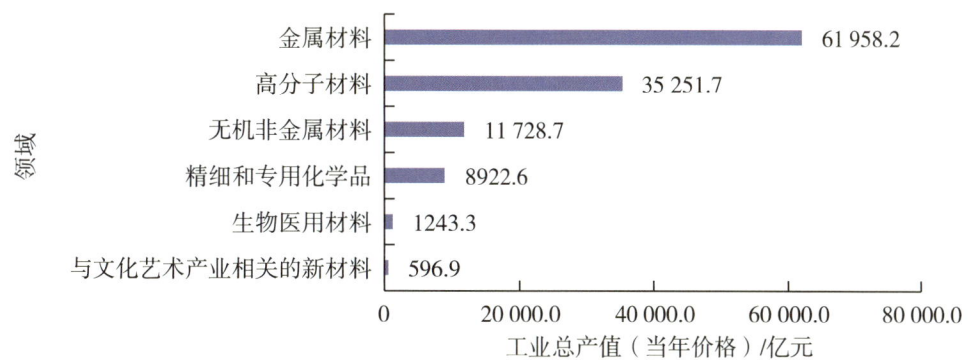

图3-75　2020年新材料细分领域企业工业总产值分布情况

金属材料、高分子材料细分领域企业实际上缴税费占新材料领域企业实际上缴税费总量的比重均超三成。从实际上缴税费看，2020年，金属材料领域企业实际上缴税费1646.2亿元，占新材料领域企业实际上缴税费的38.0%；高分子材料领域企业实际上缴税费1639.8亿元，占比为37.9%；无机非金属领域企业实际上缴税费520.5亿元，占比为12.0%；其他领域企业实际上缴税费占比均低于12%（图3-76）。

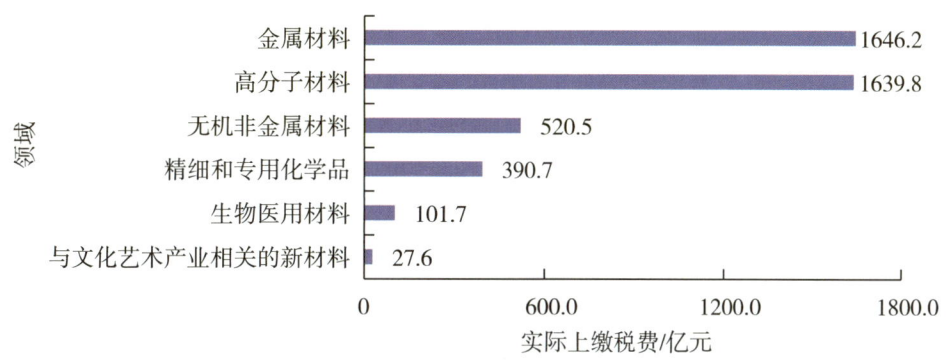

图3-76　2020年新材料细分领域企业上缴税费情况

（三）创新产出

1. 创新投入稳步增长

随着材料领域轻量化、智能化需求的日益增长，新材料产业的创新投入不断增加，新材料企业的研发能力不断增强。2020年，新材料领域科技活动人员稳步增长到138.3万人，较上年增长8.2%；科技活动费用持续增长到4597.9亿元，较上年增长11.4%（图3-77）。从占比情况看，2020年，新材料领域科技活动人员数量占高新技术领域科技活动人员总量的

14.0%，科技活动费用占高新技术领域科技活动费用总量的 13.8%。

图 3-77　2017—2020 年新材料领域创新投入情况

2. 专利产出持续攀升

新材料作为战略性产业发展和各国科技竞争的关键领域，近年来研发投入和市场开发的力度逐年加大，新材料领域创新成果产出大幅攀升。从新材料领域专利申请与授权情况看，2020 年，专利申请量为 25.5 万件，较上年增长 23.1%，是 2017 年的 1.7 倍；新材料领域专利授权量为 19.6 万件，较上年增长 40.8%，是 2017 年的 2.1 倍（图 3-78）。

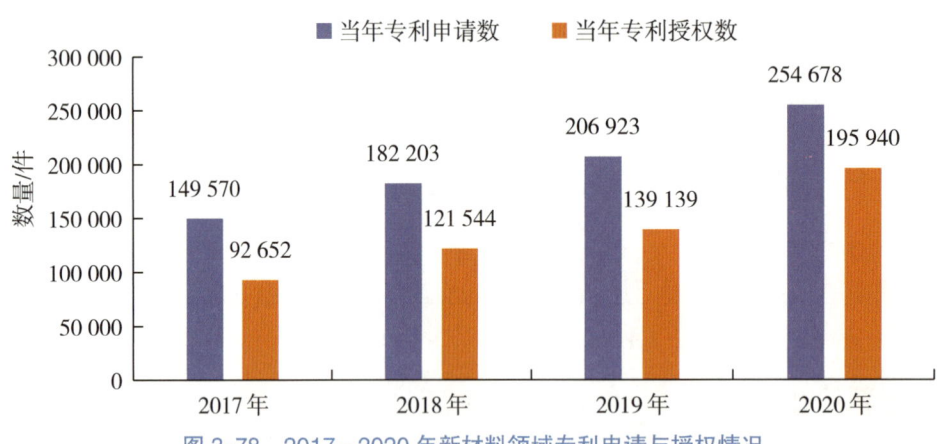

图 3-78　2017—2020 年新材料领域专利申请与授权情况

从期末拥有有效专利情况看，2020 年，新材料领域期末拥有有效专利 92.8 万件，其中发明专利 20.6 万件，较上年增长 16.5%；境外授权专利 1.2 万件，较上年增长 14.2%。新材料领域获得欧美日专利逐年增长，境外授权专利中，取得的欧美日专利达 6402 件，占比 54.6%。总体来看，新材料领域发明创造能力显著增强，欧美日国家产业技术话语权正在逐步增强（图 3-79）。

第三章
高新技术领域企业发展情况

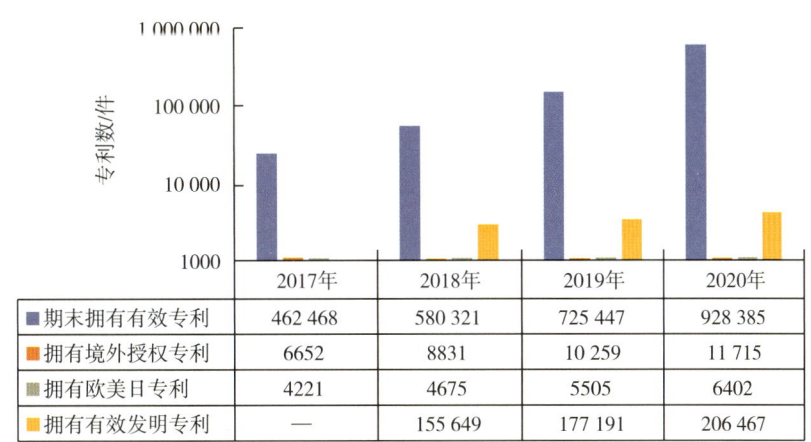

图 3-79 2017—2020 年新材料领域专利拥有情况

3. 商标注册总量不断增长

新材料领域创新产品不断涌现，企业品牌影响力和市场竞争力不断提升。2020 年，新材料领域期末拥有注册商标 23.5 万件，较上年增长 24.6%，是 2017 年的 2 倍；其中境外注册商标 2.2 万件，较上年增长 16.2%，是 2017 年的 2 倍。当年注册商标 2.6 万件，较上年增长 15.3%，是 2017 年的 1.8 倍；其中当年境外注册商标 1678 件，较上年下降 17.9%。从占比看，2020 年，新材料领域期末拥有注册商标数量占高新技术领域期末拥有注册商标总量的 13.3%（图 3-80）。

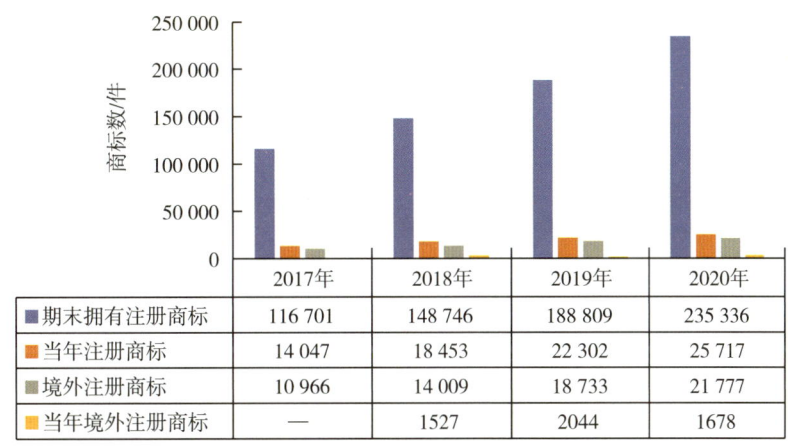

图 3-80 2017—2020 年新材料领域企业注册商标情况

4. 标准建设持续推进

新材料领域企业积极参与标准制定和应用，通过标准引领高质量、高效率发展，企业的核心能力和社会形象得到进一步提升。截至 2020 年底，新材料领域累计形成国家或行业标准

2.8万件，累计形成国际标准527件，分别较上年增长16.6%和31.1%。当年形成国家或行业标准3459件，较上年增长7.6%；当年形成国际标准110件，较上年增长20.9%。从占比看，2020年，新材料领域累计形成国家或行业标准数量占高新技术领域总量的19.1%（图3-81）。

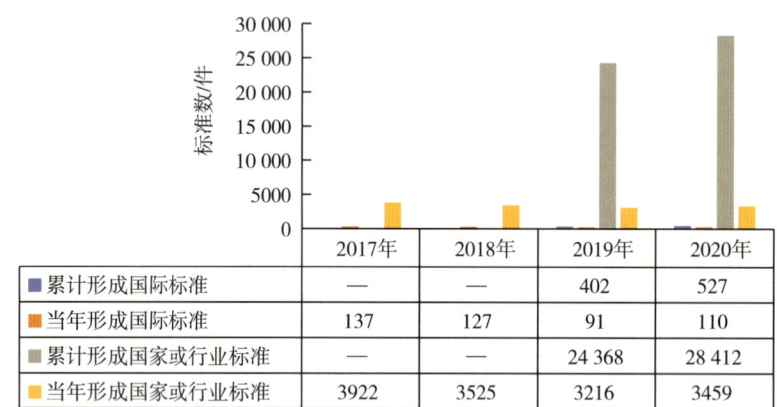

图3-81　2017—2020年新材料领域形成标准情况

5. 高新技术产品销售收入保持高占比

新材料领域高性能复合材料、纳米材料、先进钢铁与合金材料、功能性陶瓷材料等广泛应用于航空航天、能源、化工、环保等领域，高新技术产品市场销量已成规模。从产品销售收入看，2020年，新材料领域产品销售收入为11.8万亿元，较上年增长10.4%，是2017年的1.6倍；其中高新技术产品销售收入8.3万亿元，较上年增长9.5%。新材料领域高新技术产品销售收入占产品销售收入的比重一直保持在65%～70%，2020年达到70.3%，较2017年上升4.4个百分点（图3-82）。

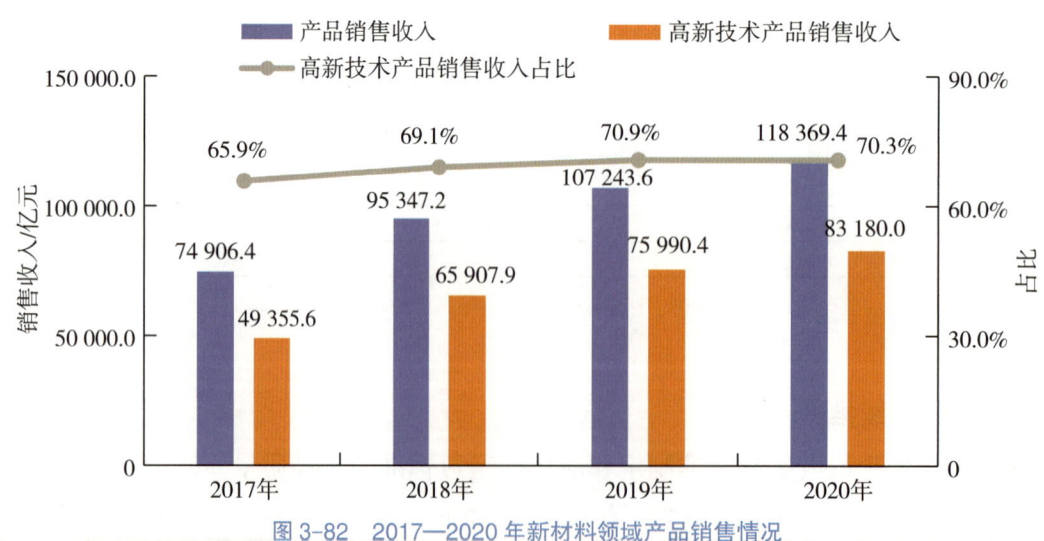

图3-82　2017—2020年新材料领域产品销售情况

6. 高新技术产品出口占比增加

随着新材料产业发展规划的深入实施，部门细分领域产业技术水平不断提升，新材料领域高新技术产品出口占比持续增加。2020年，新材料领域进出口总额为1.6万亿元，其中，出口总额为1.1万亿元，占进出口总额的比重为69.7%。出口总额中，高新技术产品出口额为0.8万亿元，占新材料领域出口总额的71.4%。从趋势看，高新技术产品出口比重从2017年的68.8%上升到2020年的71.4%，提升了2.6个百分点（图3-83）。

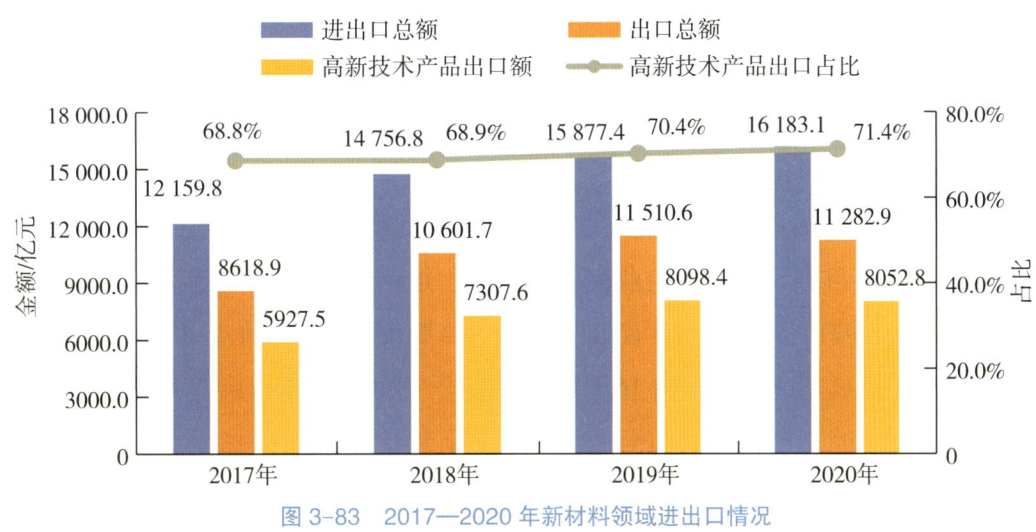

图 3-83　2017—2020 年新材料领域进出口情况

（四）区域分布

1. 东部地区产业竞争力突出

从区域分布看，东部地区新材料产业优势突出，集聚了众多新材料领域企业，企业数领先中部地区和西部地区。截至2020年底，东部地区新材料企业数超过3万家，占新材料领域企业总量的67.6%；中部地区8937家，占比为19.7%；西部地区4177家，占比为9.2%；东北地区1591家，占比仅为3.5%（图3-84）。

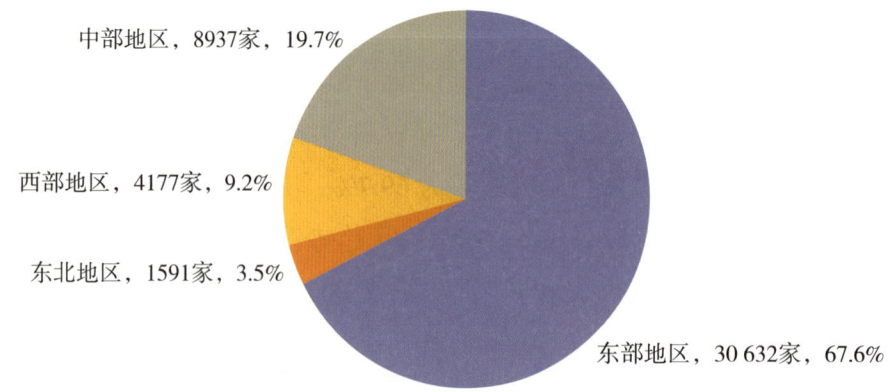

图 3-84　2020 年新材料领域企业地区分布情况

2. 长三角引领带动作用明显

从重点城市群分布看，长三角城市群、粤港澳城市群新材料领域企业数占比近四成。2020 年，长三角城市群新材料领域企业突破 1 万家，达到 10 296 家，占新材料领域企业总量的 22.7%，领先其他城市群；粤港澳城市群和京津冀城市群紧随其后，新材料领域企业数分别为 7306 家和 4111 家，占比分别为 16.1% 和 9.1%；中原、成渝、长江中游城市群占比均低于 5%（图 3-85）。

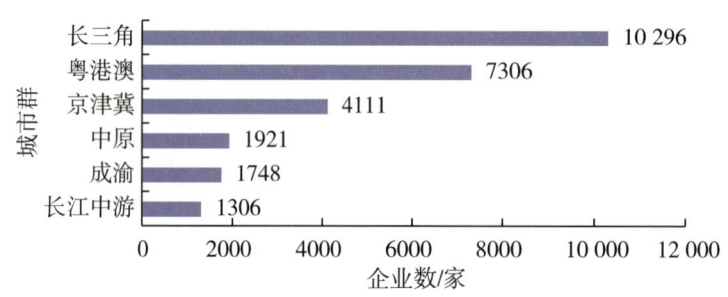

图 3-85　2020 年新材料领域企业重点城市群分布情况

3. 广东企业数最为集聚

从省市分布看，广东、江苏和浙江等东部省份新材料领域企业数均超过 5000 家，企业数合计占新材料领域企业总量的 45.6%。截至 2020 年底，广东新材料领域企业数最多，为 8265 家，占新材料领域企业总量的 18.2%；其次是江苏和浙江，新材料领域企业数分别为 7324 家和 5022 家，占比分别为 16.2% 和 11.1%；山东、江西、河北、安徽、湖北、湖南、上海新材料领域企业数位居全国前十（图 3-86）。

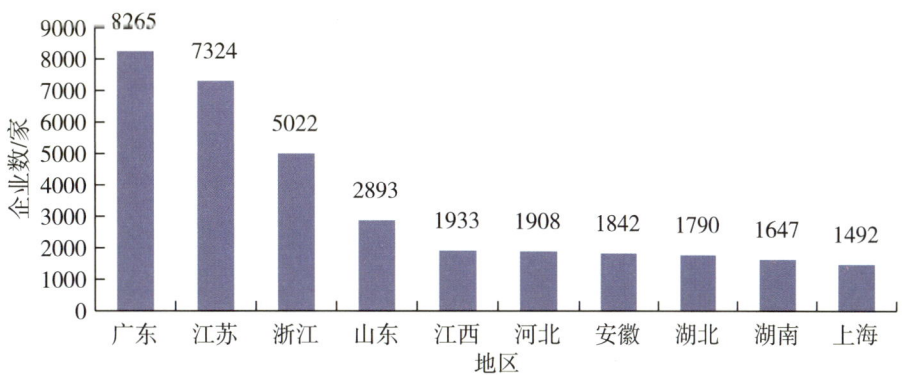

图 3-86　2020 年新材料领域企业数位居前十的省市

4. 江苏产业规模居领先地位

江苏碳纤维、纳米材料、石墨烯三大前沿领域等居全国领先地位，新材料产业规模保持领先。2020 年，江苏工业总产值为 1.7 万亿元，占新材料领域工业总产值总量的 14.4%，位居全国第一；其次为广东和浙江，工业总产值均超万亿元，分别达到 1.3 万亿元和 1.1 万亿元；河北、山东、江西、湖北、河南、湖南、安徽的新材料产业工业总产值跻身全国前十（图 3-87）。

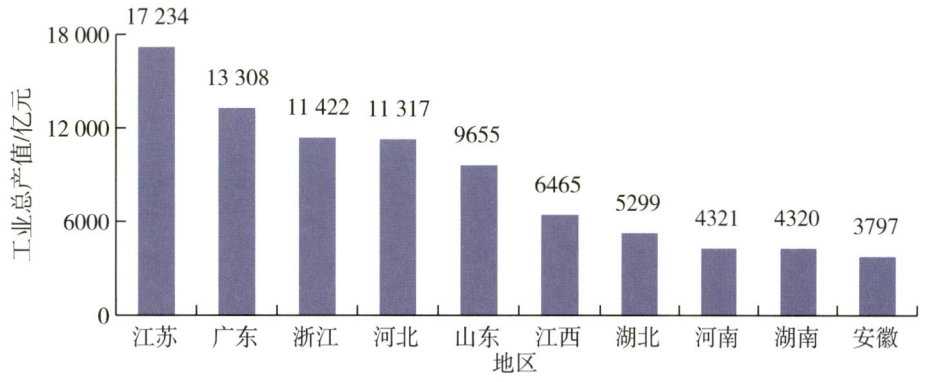

图 3-87　2020 年新材料领域工业总产值位居前十的省市

从实际上缴税费看，江苏新材料领域实际上缴税费快速攀升，2020 年达到 621 亿元，占新材料领域实际上缴税费的 14.4%，位居第一；广东实际上缴税费位居第二，为 449 亿元；山东、浙江、河北、辽宁、江西、陕西等省市的新材料产业实际上缴税费均超过 200 亿元（图 3-88）。

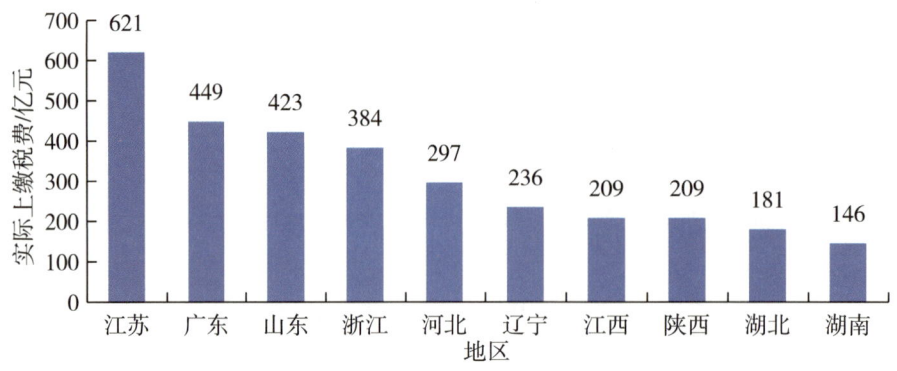

图 3-88　2020 年新材料领域实际上缴税费位居前十的省市

五、高技术服务

高技术服务业是现代服务业的重要组成部分，加快发展高技术服务业是实现经济转型升级和可持续发展的重要举措。近年来，我国高技术服务需求日益增长，服务质量和水平不断提升，科技创新服务对经济社会发展的支撑作用日益突出，新服务新产品新业态不断涌现，高技术服务业呈现出良好发展势头。

（一）产业规模

1. 企业规模持续扩大

高技术服务业是现代服务业的重要内容和高端环节，涵盖研发设计、检验检测、信息技术服务、知识产权服务等多个领域。截至 2020 年底，高技术服务领域企业数达到 3.7 万家，较上年增长 23.4%，占高新技术领域企业总量的 12.1%；受高技术服务"轻资产"特性的影响，其工业总产值占高新技术领域工业总产值的比重较低，仅为 1.8%。从趋势看，高技术服务领域企业规模持续扩大，平均增速在各高新技术领域中居首位。2020 年企业数是 2017 年企业数的 2.4 倍（图 3-89）。

图 3-89 2017—2020 年高技术服务领域企业规模情况

从从业人员规模看，高技术服务领域吸纳就业人员持续增长。2020 年，高技术服务领域从业人员期末人数为 544.6 万人，较上年增长 16.0%，是 2017 年的 1.7 倍；当年新增从业人员为 92.4 万人，较上年增长 12.5%，是 2017 年的 1.7 倍。从占比情况看，2020 年高技术服务领域从业人员期末人数占高新技术领域从业人员期末人数总量的 12.5%，当年新增从业人员占高技术服务领域当年新增从业人员总量的 13.8%（图 3-90）。

图 3-90 2017—2020 年高技术服务领域从业人员情况

2. 高新技术企业数大幅提升

高技术服务领域不断发展壮大，高新技术企业实现快速增长。从企业类型看，截至 2020 年底，高技术服务领域高新技术企业为 3.2 万家，较上年增长 28.7%，是 2017 年的 2.6 倍，占高技术服务领域企业总数的 85.7%；从各类上市企业看，2020 年，高技术服务领域各类上市企业数有所减少，为 1757 家，较上年减少 42 家，占高新技术领域中各类上市企业总量的 10.0%（图 3-91）。

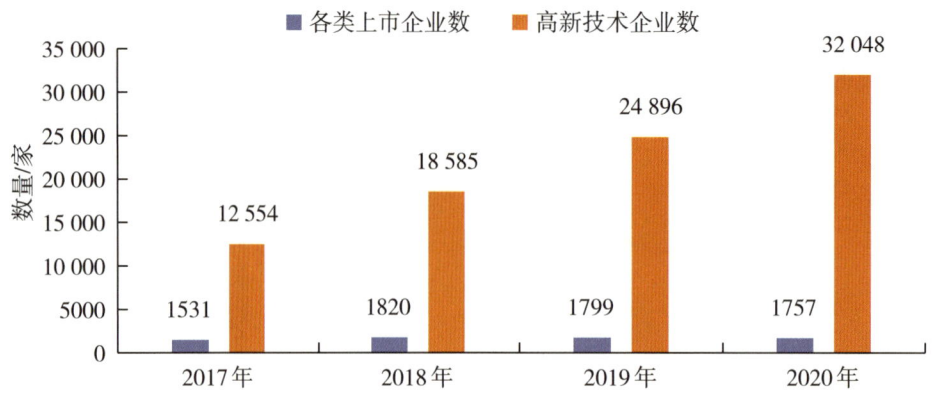

图 3-91　2017—2020 年高技术服务领域高新技术企业与各类上市企业情况

3. 私人控股企业竞争力凸显

从企业股权性质看，高技术服务领域私人控股企业占比超六成。截至 2020 年底，高技术服务领域私人控股企业为 2.5 万家，占高技术服务领域企业总量的 66.2%；国有控股企业为 3577 家；集体控股企业、港澳台商控股企业、外商控股企业均低于 500 家。各类股权性质企业数均实现逐年递增，其中，私人控股企业数是 2017 年的 3.1 倍，港澳台商控股企业数是 2017 年的近 2 倍（图 3-92）。

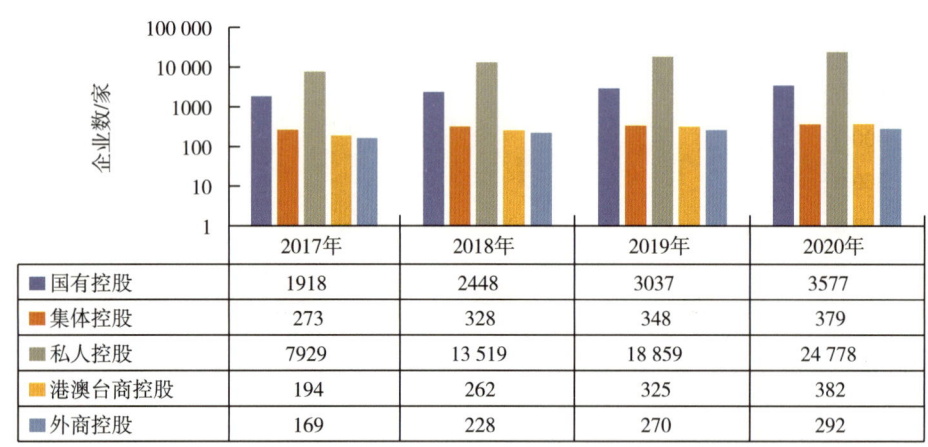

图 3-92　2017—2020 年高技术服务领域企业股权性质

4. 从业人员学历层次较高

从本科及以上学历从业人员看，2020 年高技术服务领域企业本科学历从业人员达到 247.1 万人，占该领域从业人员期末人数总量的 45.4%；研究生学历人员 49.3 万人，占该领域从业人员期末人数总数的 9.1%，其中博士从业人员 3.1 万人，实现小幅增长，占研究生学历人员的比重为 6.3%。从趋势看，2020 年，本科从业人员是 2017 年的 1.8 倍，研究生学历人员是 2017 年的 1.7 倍（图 3-93）。

图 3-93　高技术服务领域本科及以上学历从业人员情况

从留学归国人员及外籍从业人员看，2020 年高技术服务领域留学归国人员大幅增加，达到 5.6 万人，占高技术服务领域企业从业人员期末人数总量的 1.0%；高技术服务领域外籍常驻人员、引进外籍专家分别为 9020 人和 2005 人，较上年均有所下降。从趋势看，2017—2019 年外籍常驻人员和引进外籍专家人员持续增长，但受国际贸易和突发疫情等因素影响，2020 年均出现下滑（图 3-94）。

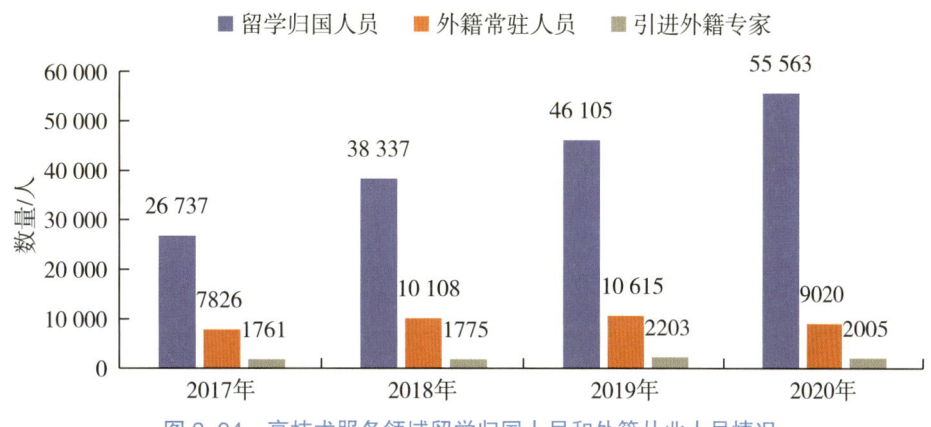

图 3-94　高技术服务领域留学归国人员和外籍从业人员情况

5. 营业收入快速增长

高技术服务领域经济效益保持持续增长，为支撑战略性新兴产业发展提供了强力支撑。2020 年，高技术服务领域营业收入达到 9.9 万亿元，较上年增长 18.4%，是 2017 年的 2.0 倍；净利润 0.5 万亿元，实际上缴税费 0.3 万亿元，较上年均实现不同程度的增长，分别是 2017 年的 1.5 倍和 1.4 倍（图 3-95）。从占比情况看，2020 年高技术服务领域营业收入占高新技术领域营业收入总量的 15.6%，净利润和实际上缴税费分别占高新技术领域总量的 13.1% 和 12.6%。

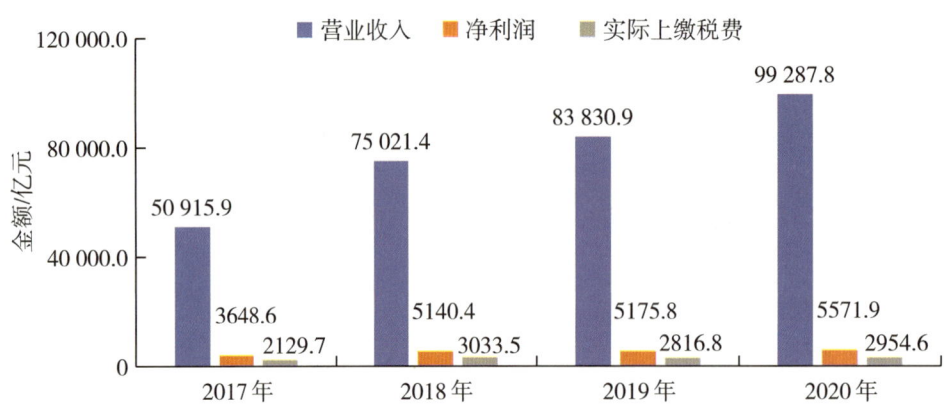

图 3-95　2017—2020 年高技术服务领域经济效益情况

（二）技术分布

1. 研发与设计服务企业规模最大

研发与设计服务、信息技术服务、高技术专业化服务为高技术服务细分领域中，企业发展最快、企业规模最为突出的 3 个领域。从企业数看，截至 2020 年底，研发与设计服务企业为 1.3 万家，占高技术服务领域企业总量的 33.7%；其次为信息技术服务领域，企业数为 9599 家，占比为 25.7%；高技术专业化服务企业数为 5255 家，占比为 14.1%；检验检测认证与标准服务、文化创意产业支撑技术、城市管理与社会服务、知识产权与成果转化、电子商务与现代物流技术等领域服务企业占比均低于 10%（图 3-96）。

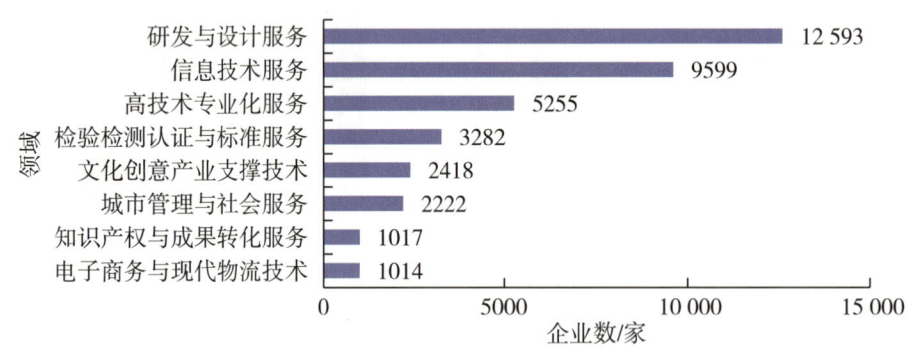

图 3-96　2020 年高技术服务细分领域企业分布情况

2. 研发与设计服务产值大幅跃升

从工业总产值看，2020 年，研发与设计服务领域企业实现工业总产值 5057.6 亿元，占高技术服务领域企业工业总产值总量的 63.7%，位居第一；高技术专业化服务领域企业实现工业总产值 1466.6 亿元，位居第二。从平均实现工业总产值看，研发与设计服务领域平均每家企业实现工业总产值为4016.2万元，遥遥领先各细分领域；知识产权与成果转化服务领域表现突出，平均每家企业实现工业总产值3555.6万元，位居第二。高技术服务领域高附加值的特性在知识产权与成果转化细分领域充分体现，企业通过专业化、高端化知识产权与成果转化服务，为自身带来可观的经济效益（图3-97）。

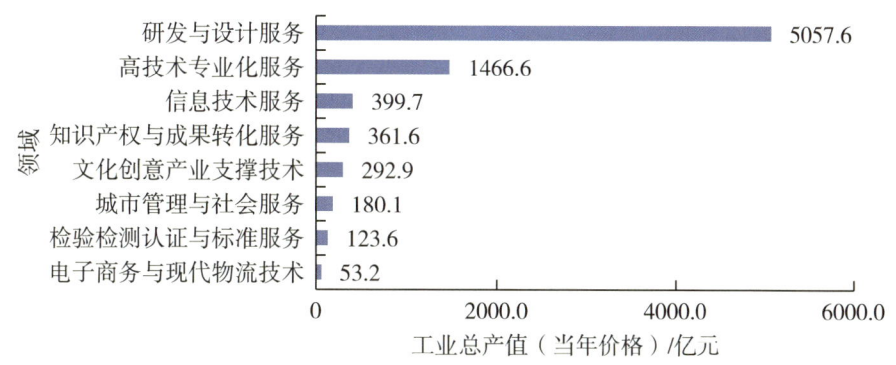

图3-97 2020年高技术服务细分领域工业总产值情况

从实际上缴税费看，研发与设计服务、信息技术服务、高技术专业化服务领域实际上缴税费最多。2020年，研发与设计服务领域实际上缴税费1368.3亿元，占高技术服务领域企业实际上缴税费总额的46.3%；信息技术服务领域和高技术专业化服务领域实际上缴税费分别为720.7亿元和497.4亿元，占比分别为24.4%和16.8%；在国家鼓励科技成果转化的税收政策支持下，知识产权与成果转化服务实际上缴税费最少（图3-98）。

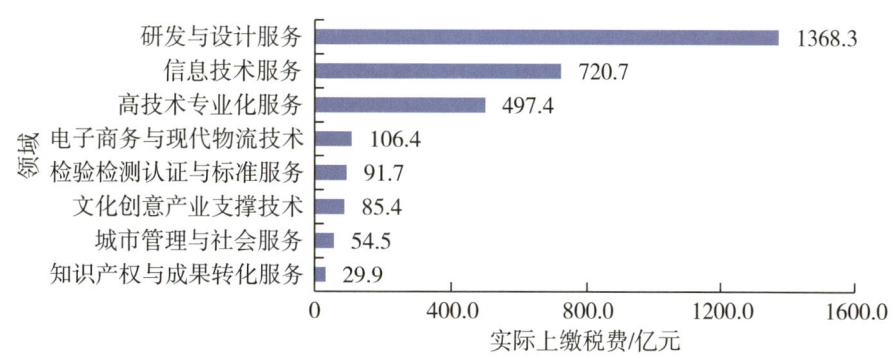

图3-98 2020年高技术服务细分领域实际上缴税费情况

（三）创新产出

1. 创新投入持续增加

高技术服务业具有技术含量高、附加值高、专业化程度高等特征，对科技人员与科技费用等创新投入需求强劲。2020年，高技术服务领域科技活动费用为0.5万亿元，是2017年的近2倍；科技活动人员144.8万人，较上年增长14.5%，是2017年的1.6倍。从占比情况看，2020年，高技术服务领域科技活动人员数量占高新技术领域科技活动人员总量的14.6%，科技活动费用占高新技术领域科技活动费用总量的14.8%（图3-99）。

图3-99　2017—2020年高技术服务领域创新投入情况

2. 拥有专利总量大幅攀升

高技术服务领域创新产出增幅明显，专利申请量和授权量同步增长。2020年，高技术服务领域申请专利20.1万件，较上年增长31.3%，是2017年的2.1倍；专利授权量为13.9万件，较上年增长50.1%，是2017年的2.5倍（图3-100）。

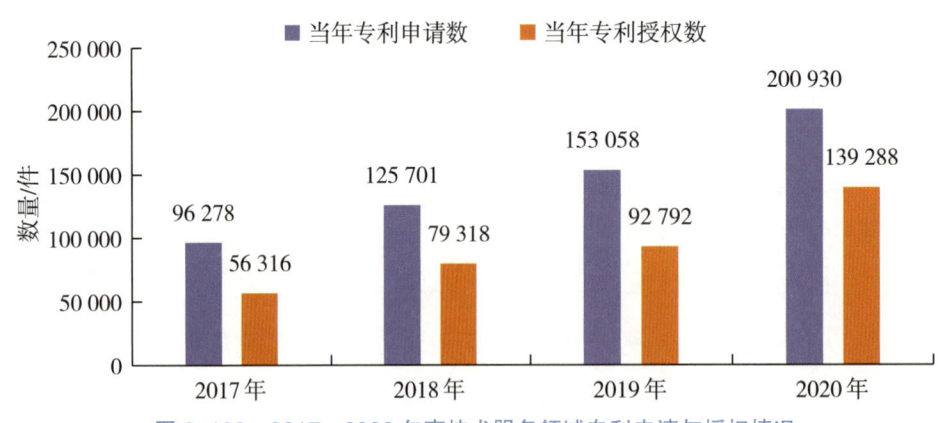

图3-100　2017—2020年高技术服务领域专利申请与授权情况

从期末拥有有效专利情况看，2020年，高技术服务领域期末拥有有效专利58.6万件，较上年增长31.5%；期末拥有有效发明专利14.3万件，较上年增长15.2%；拥有境外授权专利1万件，较上年增长11.2%。从趋势看，高技术服务领域期末拥有有效专利是2017年的2.3倍；境外授权专利和欧美日专利数均为2017年的4倍以上（图3-101）。

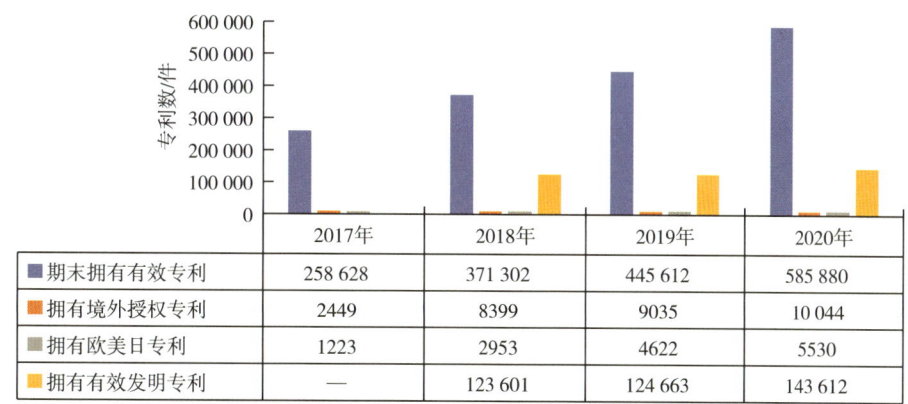

图3-101　2017—2020年高技术服务领域专利拥有情况

3. 商标注册快速增长

高技术服务领域企业商标意识逐步增强，国内外注册商标均实现大幅增长。从商标注册情况看，2020年，高技术服务领域期末拥有注册商标21.9万件，较上年增长46.4%，是2017年的2.9倍；境外注册商标0.9万件，较上年增长40.8%，是2017年的3.4倍。从占比情况看，2020年，高技术服务领域期末拥有注册商标数量占高新技术领域期末拥有注册商标总量的12.4%（图3-102）。

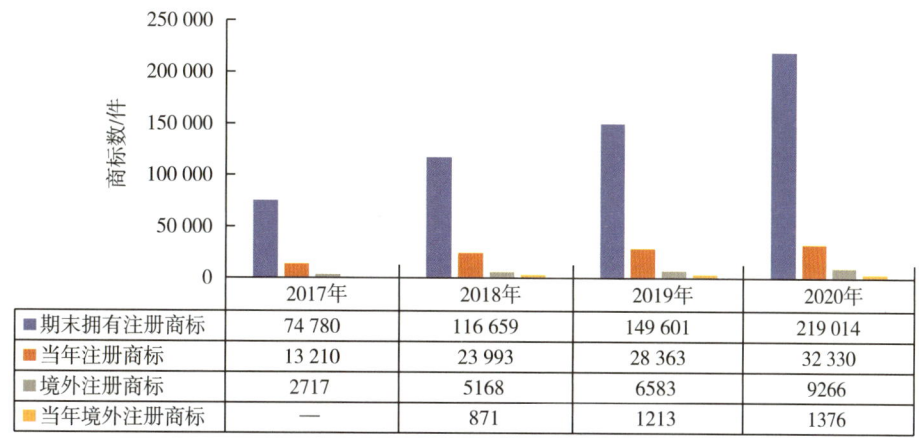

图3-102　2017—2020年高技术服务领域注册商标情况

4. 标准建设持续加强

高技术服务领域企业注重国际标准制定，在国际市场中抢占产业主动权。截至2020年底，高技术服务领域累计形成国家或行业标准 3.2 万件，累计形成国际标准 594 件，分别较上年增长 19.1% 和 55.5%，国际标准数量显著增加。从占比情况看，2020 年，高技术服务领域累计形成国家或行业标准数量占高新技术领域总量的 21.3%（图 3-103）。

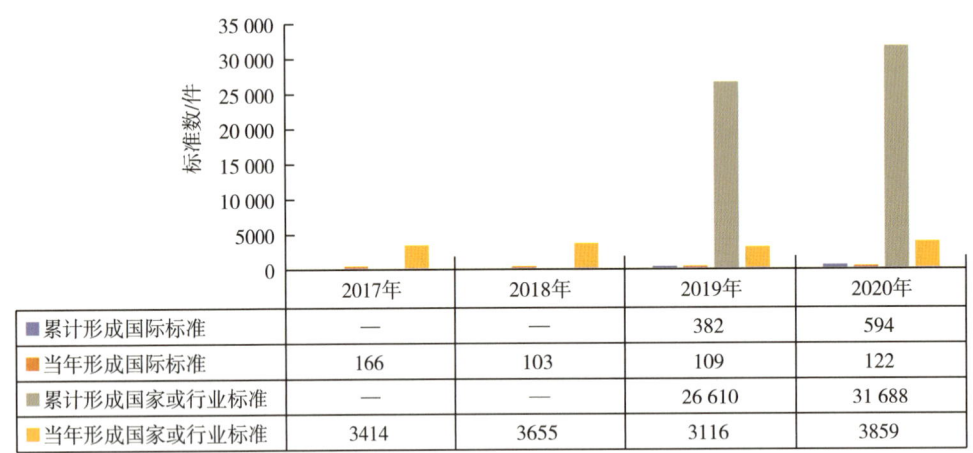

图 3-103　2017—2020 年高技术服务领域形成标准情况

5. 高新技术产品销售收入持续增长

以市场为导向的高新技术产品研发服务需求不断增强，高新技术产品销售收入持续增长。2020 年，高技术服务领域产品销售收入增加到 4.3 万亿元，较上年增长 14.9%；其中，高新技术产品销售收入为 2.8 万亿元，占比达到 65.3%，较上年增长 17.4%。从趋势看，高新技术产品销售收入在 2017—2020 年持续波动，2018 年最高，占比达到 67.0%；2019 年最低，占比下降到 63.9%（图 3-104）。

图 3-104　2017—2020 年高技术服务领域产品销售情况

6. 进出口总额出现下滑

高技术服务领域虽发展较快,但受高端技术服务与国外存在差距、服务产品难以标准化,以及语言、文化等因素影响,在国际竞争中仍处于劣势,国际市场拓展难度较大。从进出口情况看,2020年,高技术服务领域进出口总额、出口总额及高新技术产品出口额均出现下降。进出口总额为2450.5亿元,较上年下降7.2%。其中,出口总额1860.9亿元,占进出口总额的比重近八成,但仍低于上年水平。出口总额中,高新技术产品出口额为690.0亿元,较上年下降7.0%(图3-105)。

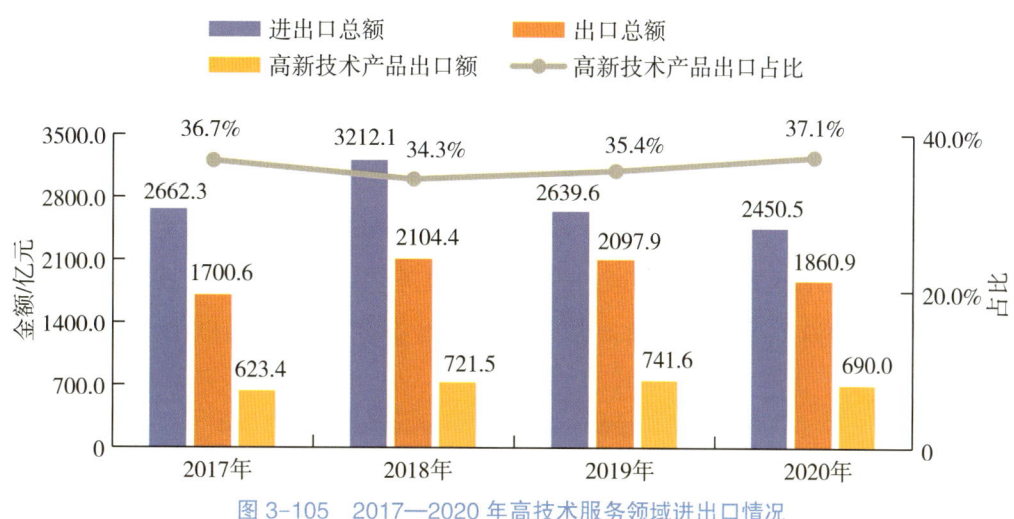

图3-105 2017—2020年高技术服务领域进出口情况

(四)区域分布

1. 企业区域分布不平衡

从区域分布看,高技术服务领域企业地区分布差距明显,东部地区集聚了超七成的高技术服务领域企业。截至2020年底,东部地区高技术服务领域企业数最多,为2.5万家,占高技术服务领域企业总量的67.2%;中部和西部地区高技术服务领域企业分别为5733家和4853家,占比分别为15.3%和13.0%;东北地区高技术服务领域企业最少,为1694家(图3-106)。

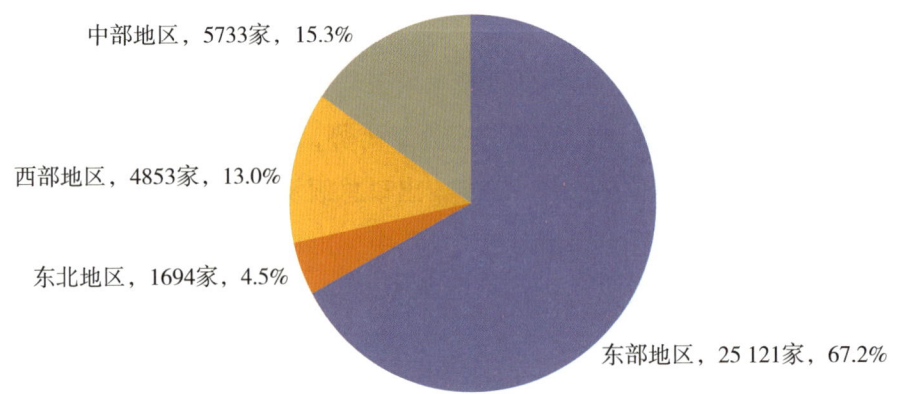

图 3-106　2020 年高技术服务领域企业地区分布情况

2. 长三角城市群企业聚集

从重点城市群分布看，截至 2020 年底，长三角城市群高技术服务领域企业最多，达到 8364 家，占高技术服务领域企业总量的 22.4%；其次为京津冀、粤港澳城市群，高技术服务领域企业数分别为 8126 家和 5542 家，占高技术服务领域企业总量的比重分别为 21.7% 和 14.8%；成渝、长江中游、中原城市群高技术服务领域企业占比均低于 10%（图 3-107）。

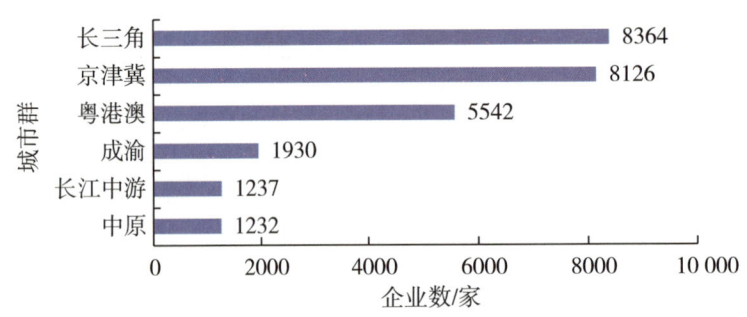

图 3-107　2020 年高技术服务领域企业重点城市群分布情况

3. 广东和北京产业引领作用突出

从省市分布看，2020 年，广东和北京高技术服务领域企业处于领先地位，数量均超 5000 家，两地高技术服务领域企业数合计占比超三成；江苏和上海分别位居第三和第四，高技术服务领域企业数为 3189 家和 3140 家；浙江、山东、四川、天津、湖北和河北的高技术服务企业数跻身全国前十（图 3-108）。

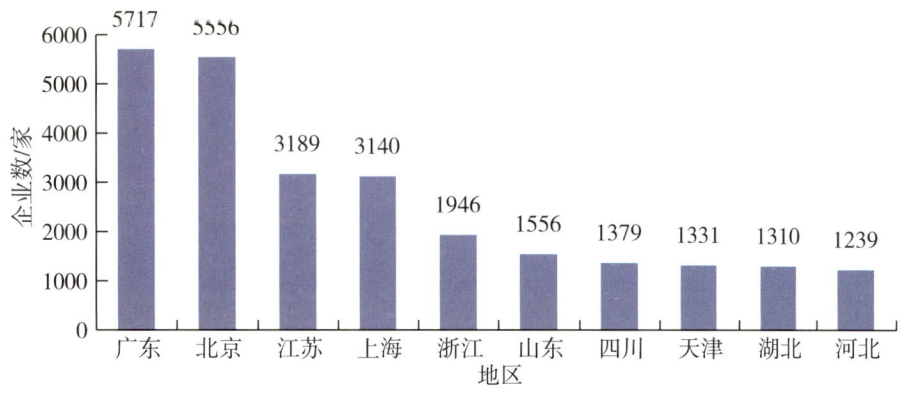

图 3-108　2020 年高技术服务领域企业数位居前十的省市

4. 上海、广东和北京产业规模全国领先

高技术服务领域企业主要集中在东部地区的广东、北京、江苏和上海等地。从工业总产值情况看，2020 年，上海、广东、北京高技术服务领域工业总产值位列前三，体量基本持平，均超过 700 亿元；江苏、湖南、山西工业总产值均超过 500 亿元；浙江、湖北、山东、天津等省市高技术服务领域工业总产值均超过 300 亿元（图 3-109）。

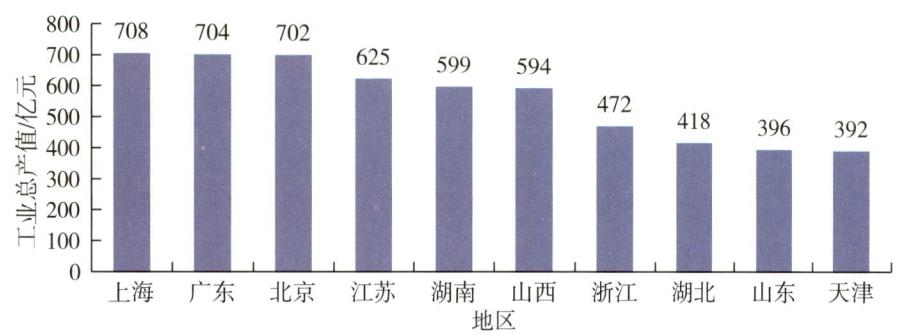

图 3-109　2020 年高技术服务领域工业总产值位居前十的省市

广东高技术服务领域以专业化多样化发展、产业链条完整、服务国内国外两个市场等为主要特征，高技术服务领域企业取得较好效益。从实际上缴税费看，2020 年，广东高技术服务领域实际上缴税费 444 亿元，位居第一；北京研发设计、检验检测、高技术专业化服务优势明显，实际上缴税费位居第二，为 419 亿元；上海跨国公司总部和研发中心集聚，高技术服务领域实际上缴税费位居第三，为 368 亿元；浙江、江苏、湖北、四川、天津、湖南、山东高技术服务领域实际上缴税费跻身全国前十（图 3-110）。

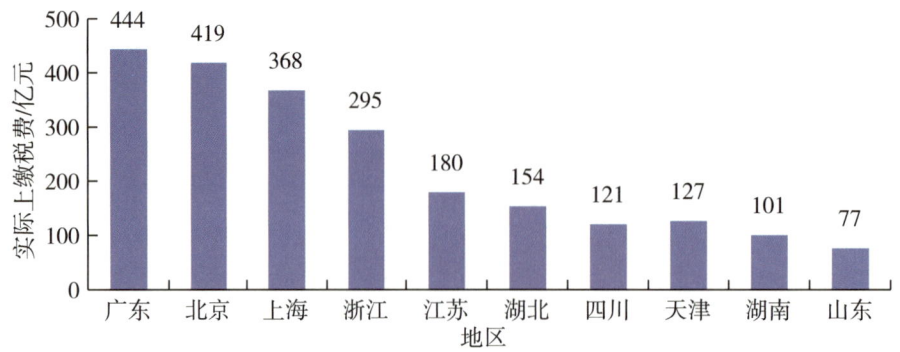

图 3-110　2020 年高技术服务领域实际上缴税费位居前十的省市

六、新能源与节能

新能源和节能环保产业是国家加快培育和发展的战略性新兴产业之一。在政策和市场的推动下，太阳能、风能、地热能、生物质能等新能源在我国的应用呈现井喷式增长，节能技术、节能产品的研发创新和产业化应用渐成规模，新能源与节能产业正在成为未来绿色经济的重要支柱。

（一）产业规模

1. 企业规模连年扩张

随着我国经济的快速增长和环境保护力度的加大，新能源与节能领域企业发展势头良好，通过技术创新和制造工艺升级产业规模实现较快增长。截至 2020 年底，新能源与节能领域企业数为 1.4 万家，较上年增长 15.7%，是 2017 年的 1.7 倍，占高新技术领域企业总数的 4.5%；工业总产值达到 3.1 万亿元，较上年增长 7.4%，是 2017 年的 1.3 倍，占高新技术领域工业总产值的 6.8%（图 3-111）。

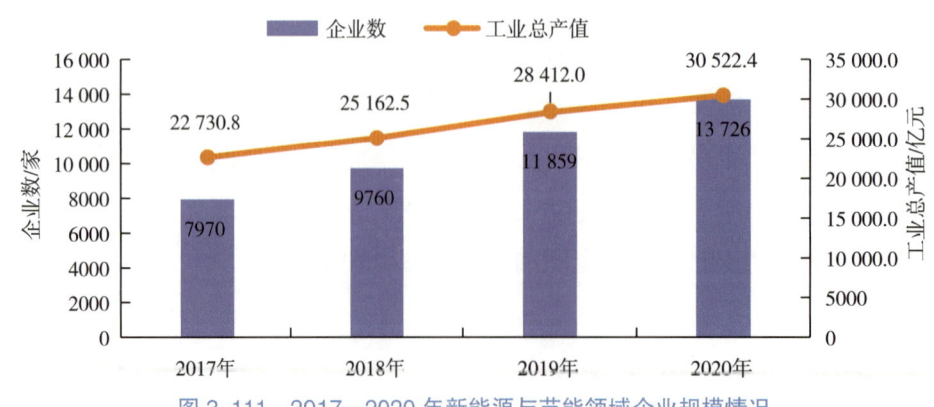

图 3-111　2017—2020 年新能源与节能领域企业规模情况

新能源与节能领域新增就业居各高新技术领域首位。从从业人员规模看，2020年，新能源与节能领域从业人员期末人数为252.6万人，较上年增长14.2%；其中，当年新增从业人员41.1万人，较上年增长23.8%，居各高新技术领域首位。新能源与节能领域从业人员期末人数占高新技术领域从业人员期末人数的5.8%，当年新增从业人员占高新技术领域新增从业人员的6.1%（图3-112）。

图3-112　2017—2020年新能源与节能领域从业人员情况

2. 高新技术企业快速发展

新能源与节能领域企业科技创新能力不断增强，高新技术企业占比仅次于航空航天技术领域，位居第二。2020年，新能源与节能领域高新技术企业数达到1.2万家，较上年增长18.4%，占新能源与节能领域企业总量的88.4%。2017—2020年，高新技术企业平均增速超过20%。从各类上市企业看，2020年，新能源与节能领域各类上市企业为891家，较上年略有减少。各类上市企业数占高新技术领域中各类上市企业总数的5.1%（图3-113）。

图3-113　2017—2020年新能源与节能领域高新技术企业与各类上市企业情况

3. 私人控股企业占主导地位

国家鼓励发展新能源和节能产业的一系列政策措施，为民营企业投资该领域提振了信心，私人控股新能源和节能企业规模快速扩大。从企业股权性质看，2020年，新能源与节能领域私人控股企业数最多，达到9708家，占新能源与节能领域企业总数的70.7%。与2017年相比，私人控股企业数是2017年的2.1倍。国有控股新能源与节能企业数位居第二，为899家；外商控股企业、集体控股企业相对较好，均低于200家（图3-114）。

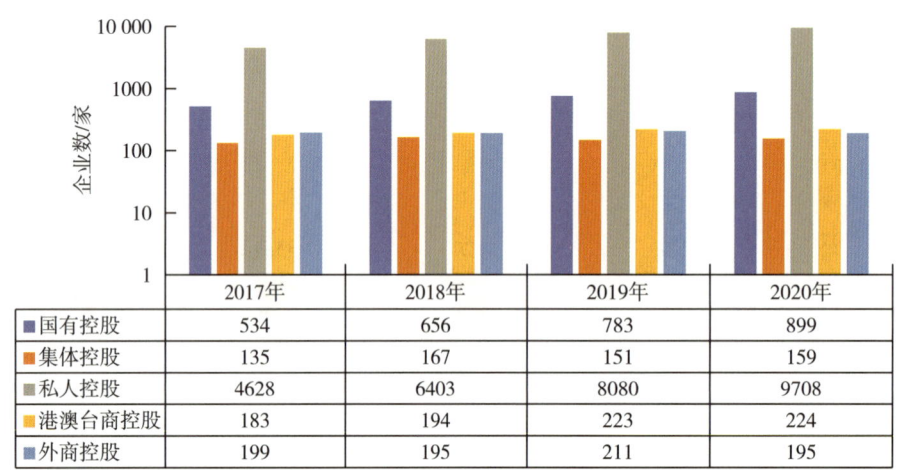

图 3-114　2017—2020 年新能源与节能领域企业股权性质

4. 本科及以上学历人才不断汇聚

新能源与节能领域从业人员素质不断提高，学历层次不断优化。从本科及以上学历从业人员看，本科学历人员占比不断增加。2020年，新能源与节能领域企业从业人员中本科学历为62.1万人，占新能源与节能领域企业从业人员期末人数总数的24.6%，较上年增长17.8%；研究生学历人员为9.1万人，占比3.6%，其中博士为7797人，占比0.3%（图3-115）。

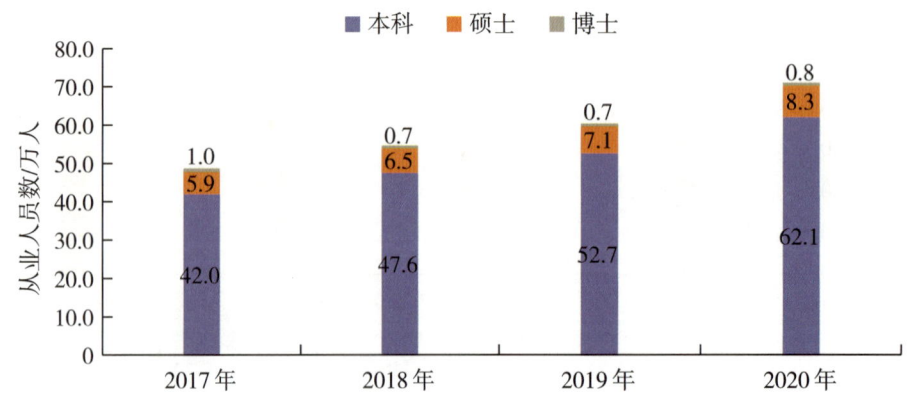

图 3-115　2017—2020 年新能源与节能领域本科及以上学历从业人员情况

新能源与节能领域吸纳留学回国人员大幅增加。从留学归国及外籍从业人员看，2020年，新能源与节能领域企业留学归国人员8255人，较上年大幅增长25.7%；外籍常驻人员3471人，较上年新增61人；引进外籍专家679人，较上年减少18人。值得注意的是，与2017年相比，新能源与节能领域留学归国人员、外籍常驻人员、引进外籍专家均有较大幅度的减少，高层次、国际化人才的引进力度应持续加大（图3-116）。

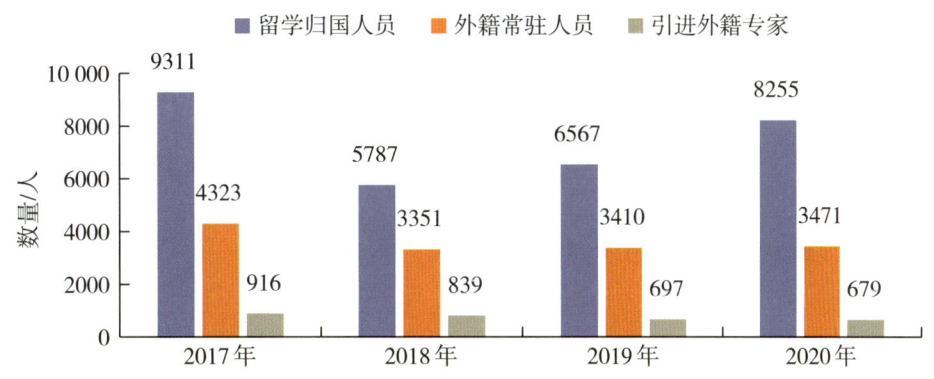

图3-116　2017—2020年新能源与节能领域留学归国人员及外籍从业人员情况

5. 经济效益持续增长

新能源与节能产业带动了相关服务和产品的快速发展，新能源汽车、智能家居等成为新的增长点，产业链附加值和经济效益持续提升。2020年，新能源与节能领域营业收入达到5.0万亿元，较上年增长21.0%，是2017年的1.7倍；净利润0.3万亿元，实际上缴税费0.2万亿元，分别是2017年的1.6倍和1.2倍。从占比看，2020年新能源与节能领域营业收入、净利润、上缴税费分别占高新技术领域总量的7.8%、6.3%和6.4%（图3-117）。

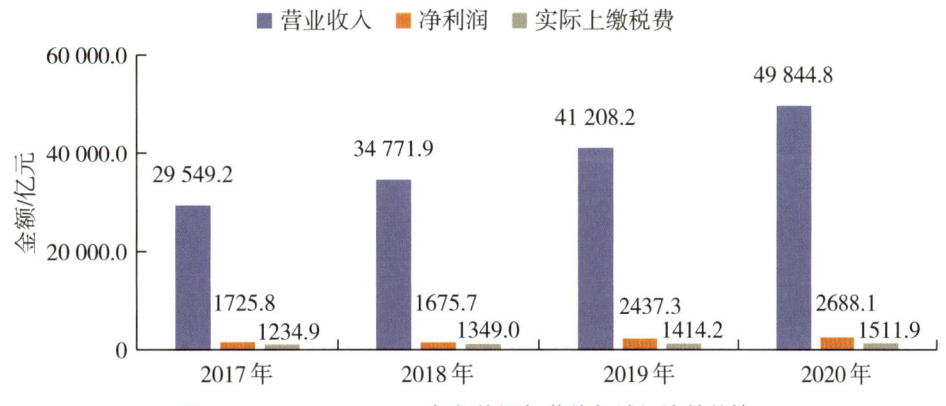

图3-117　2017—2020年新能源与节能领域经济效益情况

（二）技术分布

1. 高效节能领域企业最为集聚

新能源与节能领域以高效节能技术、可再生清洁能源技术、新型高效能量转换与存储技术、核能及氢能技术为主。其中，高效节能领域因其应用领域广泛，企业数众多。2020年，高效节能技术领域企业达到9070家，占新能源与节能领域企业总数的66.1%；可再生清洁能源技术和新型高效能量转换与储存技术企业分别为2525家和1947家，占比分别为18.4%和14.2%；核能及氢能技术领域企业184家，占比为1.3%（图3-118）。

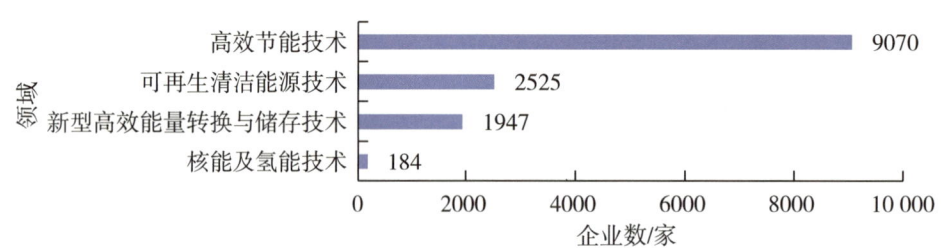

图3-118　2020年新能源与节能细分领域企业分布情况

高效节能领域实际上缴税费占比超六成。2020年，高效节能技术领域企业实际上缴税费达到988.0亿元，占新能源与节能领域企业实际上缴税费总量的65.3%；可再生清洁能源技术领域企业实际上缴税费229.1亿元，占比为15.2%；新型高效能量转换与储存技术领域企业实际上缴税费197.2亿元，占比为13.0%；核能及氢能技术领域企业实际上缴税费97.6亿元，占比为6.5%（图3-119）。

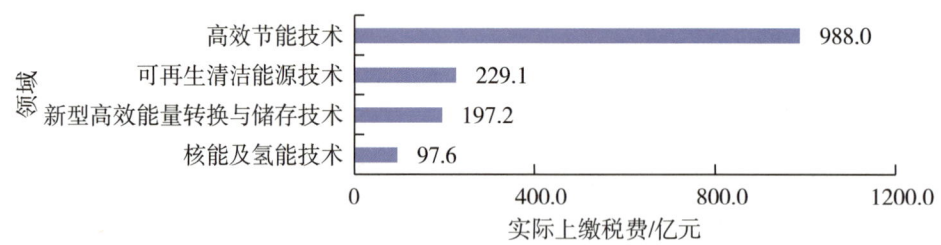

图3-119　2020年新能源与节能细分领域实际上缴税费情况

2. 核能与氢能单个企业产值最高

从细分领域工业总产值看，2020年，高效节能技术领域企业保持领先，工业总产值达到1.4万亿元，占新能源与节能领域企业工业总产值的46.9%；核能及氢能技术领域为1074.1亿元，占比为3.5%。但从平均每家企业工业总产值看，核能及氢能技术领域大幅领先其他细分技术领域，平均每家企业工业总产值达到5.8亿元（图3-120）。

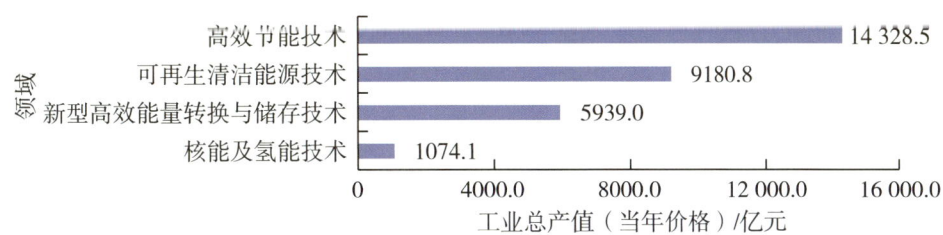

图 3-120　2020 年新能源与节能细分领域工业总产值情况

（三）创新产出

1. 创新投入稳步增长

随着全球市场能源需求的不断增长，新能源与节能领域的创新投入和研发力量逐步增强，为新能源产业发展提供了更为广阔的空间。2020 年，新能源与节能领域科技活动人员达到 49.5 万人，较上年增长 14.3%；创新活动更为频繁，科技活动费用显著增长，总额达到 1907.0 亿元，较上年增长 22.0%。从占比看，新能源与节能领域科技活动人员与科技活动费用占高新技术领域总量的比重分别为 5.0% 和 5.7%（图 3-121）。

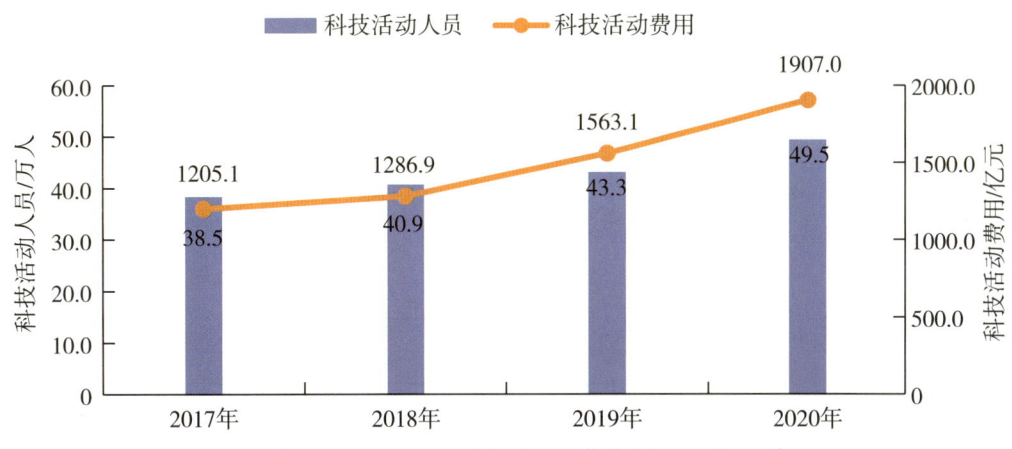

图 3-121　2017—2020 年新能源与节能领域创新投入情况

2. 各类专利大幅增加

新能源与节能领域创新投入产生了大量知识产权，专利申请数量呈现逐年攀升的趋势，尤其在太阳能光伏、风能、节能减排等领域相关专利更为突出。2020 年，新能源与节能领域专利申请数为 13.3 万件，较上年增长 19.1%，是 2017 年的 1.6 倍；专利授权数为 9.9 万件，较上年增长 39.7%，是 2017 年的 2.2 倍（图 3-122）。

图 3-122　2017—2020 年新能源与节能领域专利申请与授权情况

新能源与节能领域专利技术国际市场保护力度不断加强。2020 年，新能源与节能领域获得期末拥有有效专利 44.1 万件，较上年增长 28.9%，其中期末拥有有效发明专利 8.2 万件，较上年增长 21.3%。其中，以欧美主要发达国家为代表的境外专利快速增长，全年拥有境外授权专利 4761 件，较上年增长 29.4%，是 2017 年的 2.4 倍；境外专利中中欧美日专利 2095 件，较上年增长 26.1%，是 2017 年的 2.2 倍。（图 3-123）。

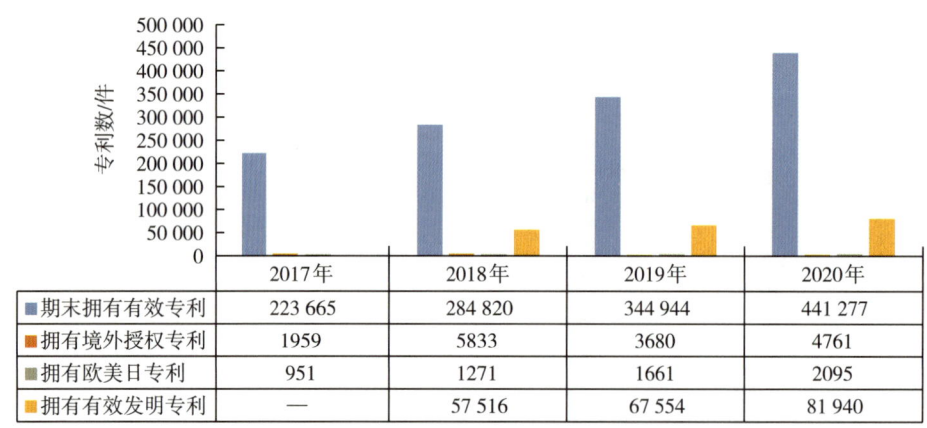

图 3-123　2017—2020 年新能源与节能领域专利拥有情况

3. 注册商标持续增长

新能源与节能领域商标注册整体呈现稳步增长趋势，反映出新能源与节能企业产品研发和市场开拓能力持续提升。2020 年，新能源与节能领域期末拥有注册商标 6.2 万件，较上年增长 19.7%；其中境外注册商标 1.2 万件，占比为 19.6%；当年注册商标 6651 件，较上年增长 27.9%，其中境外注册商标较上年有所下降，占比为 9.9%。新能源与节能领域期末拥有注册商标数量占高新技术领域期末拥有注册商标总量的 3.5%（图 3-124）。

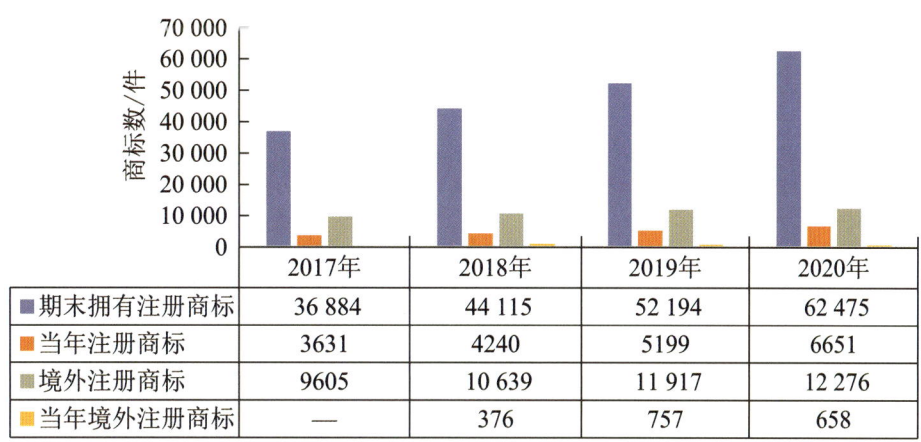

图 3-124　2017—2020 年新能源与节能领域注册商标情况

4. 标准建设全面推进

新能源与节能企业高度重视标准体系建设，通过标准制定引领产业发展方向，提升专业技术领域的话语权。2020 年，新能源与节能领域累计形成国家或行业标准 9474 件，累计形成国际标准 181 件，较上年分别增长 33.1% 和 31.2%；当年形成国家或行业标准 1162 件，较上年增长 16.7%；当年形成国际标准 44 件，较上年增长 25.7%。新能源与节能领域累计形成国家或行业标准占高新技术领域总量的 6.4%（图 3-125）。

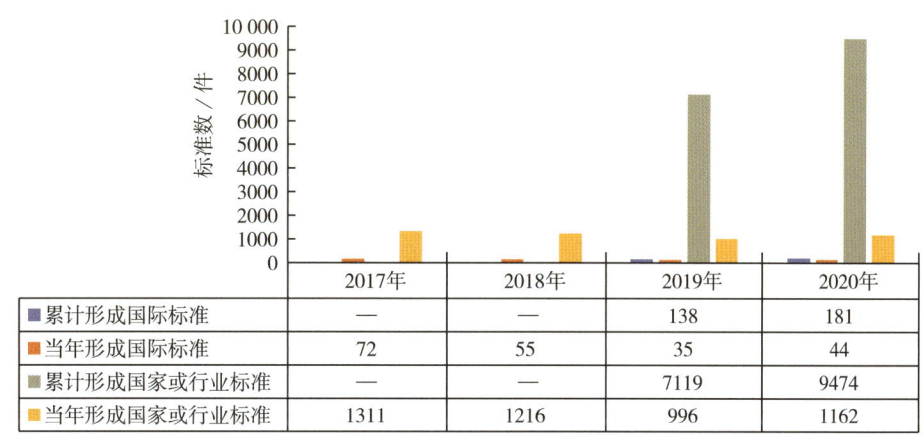

图 3-125　2017—2020 年新能源与节能领域形成标准情况

5. 高新技术产品销售收入大幅增长

近年来，新能源汽车等新能源与节能领域产品附加值不断提高，带动产品销售收入稳步增长。2020 年，新能源与节能领域产品销售收入为 4.0 万亿元，较上年增长 14.0%，是 2017 年的 1.6 倍；其中高新技术产品销售收入为 3.0 万亿元，较上年增长 19.0%，是 2017 年的 1.6 倍；高新技术产品销售收入占产品销售收入的比重从 2017 年的 71.6% 上升到 2020 年的 74.7%，提高 3.1 个百分点（图 3-126）。

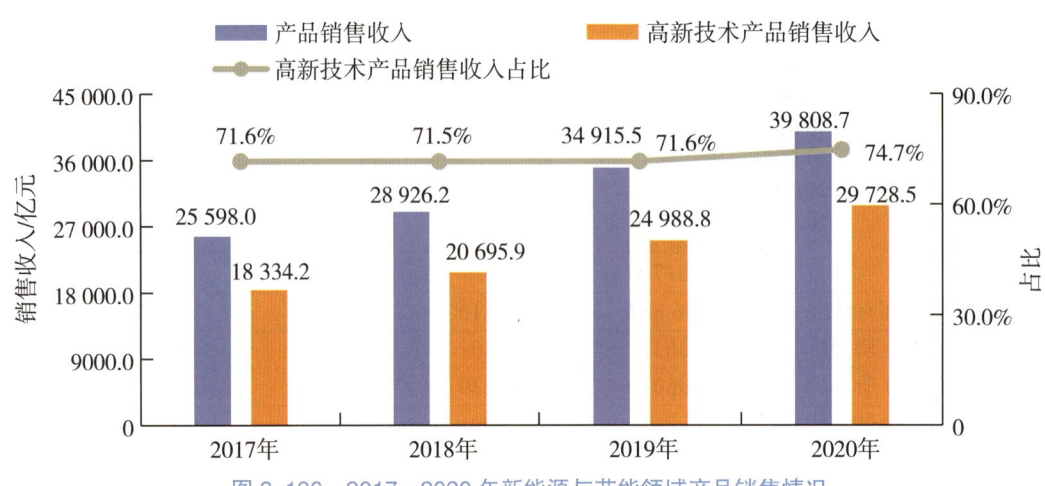

图 3-126　2017—2020 年新能源与节能领域产品销售情况

6. 高新技术产品出口占据优势

从进出口情况看，新能源与节能领域高新技术产品，尤其是新能源汽车等产品海外关注度持续上升，出口总额远远高于进口总额。2020 年，新能源与节能领域进出口总额为 5631.5 亿元，其中出口总额为 4646.2 亿元，占比为 82.5%。出口总额中，高新技术产品出口额为 3529.7 亿元，占出口总额的 76.0%，比 2017 年上升 5.0 个百分点（图 3-127）。

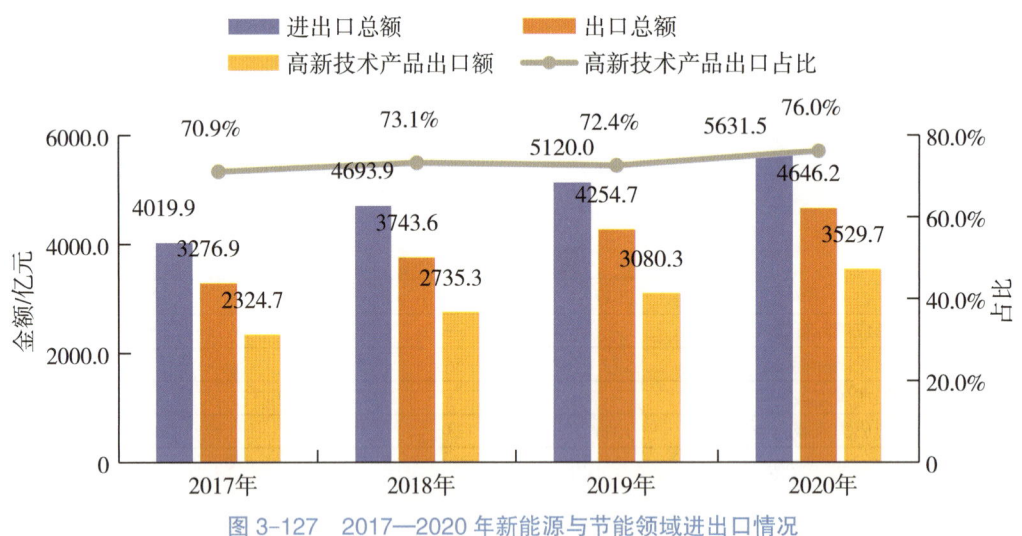

图 3-127　2017—2020 年新能源与节能领域进出口情况

（四）区域分布

1. 东部地区企业汇聚

新能源与节能领域呈现梯度分布态势。东部地区承载产业研发和高端制造等功能，是新能源产业的创新高地，企业数最多，达到 9221 家，占新能源与节能领域企业总量的 67.2%；

中部地区制造业较为发达，主要承担东部地区、东北地区产业转移，新能源与节能企业达到2432家，占比为17.7%；西部地区依托丰富的自然资源成为新能源发电项目承载地，企业数达到1418家，占比为10.3%；东北地区655家，占比为4.8%（图3-128）。

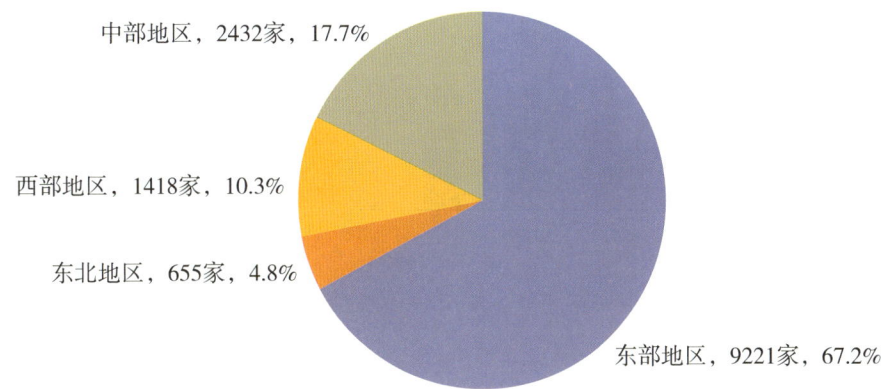

图3-128　2020年新能源与节能领域企业地区分布情况

2. 长三角城市群企业密集

长三角城市群作为最具活力和创新力的区域之一，新能源与节能领域表现出企业集聚协同发展的特征。从重点城市群分布看，2020年，长三角城市群新能源与节能企业数最多，为2849家，占新能源与节能领域企业总数的20.8%；其次为粤港澳和京津冀城市群，企业数分别为2378家和1966家，占比分别为17.3%和14.3%；中原、成渝、长江中游城市群占比均低于10%（图3-129）。

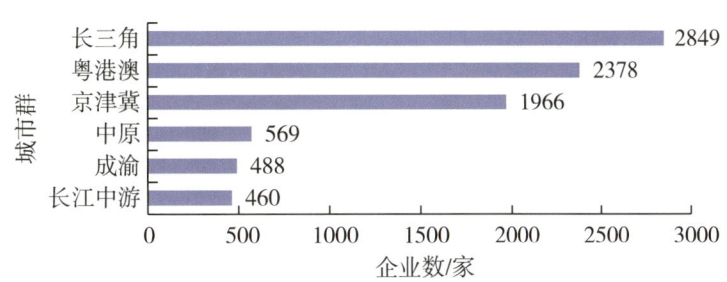

图3-129　2020年新能源与节能领域重点城市群分布情况

3. 广东企业数领跑全国

从地区分布看，广东、江苏、北京新能源与节能领域企业数位居前三。其中，广东光伏领域和节能领域企业优势明显，新能源与节能企业数最多，占该领域企业总数的18.2%；江苏具有较好的研发基础和硬件设施，企业数位居第二；北京以基础研究和前沿研究为主，企业数相对较少，位居第三；山东、浙江、上海、河北和湖北等省市新能源与节能领域企业数居全国前列（图 3-130）。

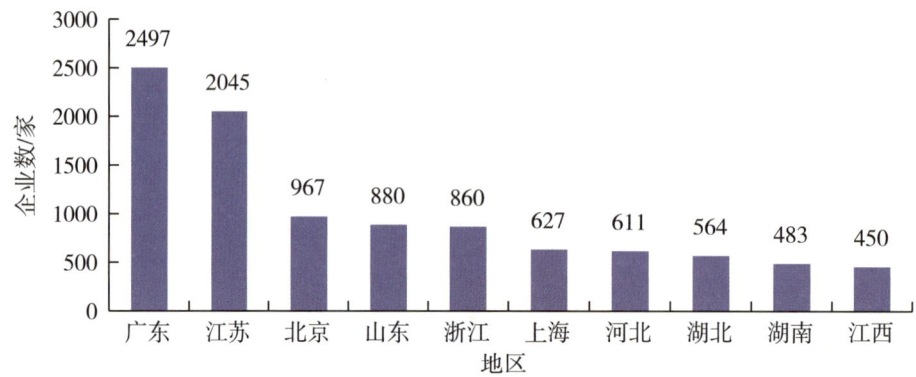

图 3-130　2020 年新能源与节能领域企业数位居前十的省市

4. 江苏和广东产业规模全国领先

江苏和广东两地新能源与节能产业齐头并进，产值领先全国。2020 年，江苏和广东工业总产值均超 5000 亿元，分别达到 5681 亿元和 5529 亿元；其次为浙江，得益于民营企业的蓬勃发展，工业总产值超 2000 亿，达到 2322 亿元；江西、山东、安徽、上海、北京、福建、湖北新能源与节能领域工业总产值均超 1000 亿元，跻身全国前十行列（图 3-131）。

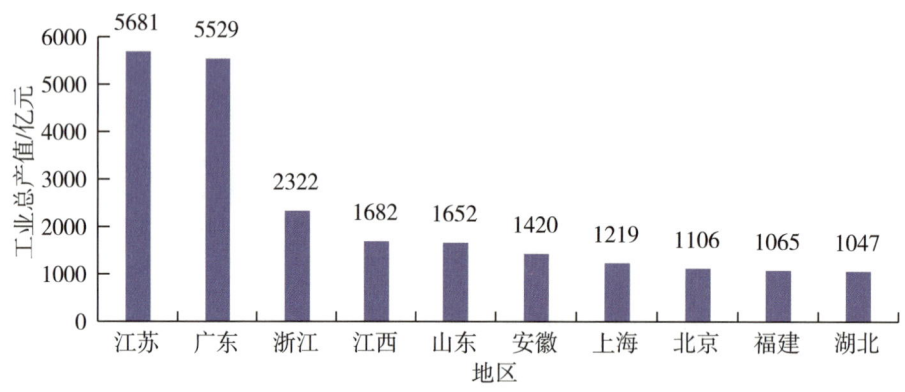

图 3-131　2020 年新能源与节能领域工业总产值位居前十的省市

广东持续加大对新能源与节能企业的政策扶持，持续推动技术创新与产业升级，新能源与节能领域税收贡献突出。从实际上缴税费看，2020 年，广东新能源与节能领域实际上缴税费 242 亿元，位居第一；江苏核能、风能资源丰富，建设布局光伏电池、组件生产基地，实际上缴税费达 221 亿元，位居第二；北京可再生能源种类丰富，新能源产业快速发展，实际上缴税费为 115 亿元，位居第三；山东、浙江、内蒙古、湖南、上海、江西、湖北新能源与节能产业实际上缴税费跻身全国前十（图 3-132）。

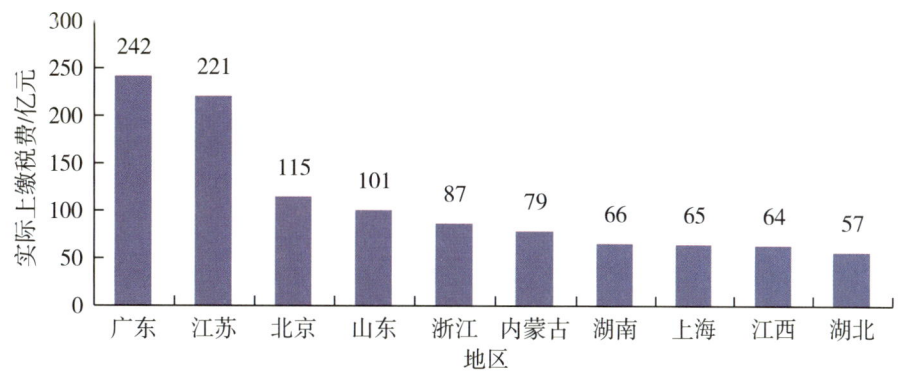

图 3-132 2020 年新能源与节能领域实际上缴税费位居前十的省市

七、资源与环境

近年来，各级政府对环境污染和资源短缺等问题日益重视，采取多种措施推广可再生能源，大力发展绿色经济，加强环保技术研发等，资源与环境领域环境监测、生态保护、污染治理、清洁生产等相关企业快速发展，产业结构持续优化，产业规模稳步提升，经济增长保持在合理区间。

（一）产业规模

1. 企业规模突飞猛进

资源与环境领域中小企业快速发展，企业规模进一步扩大。2020年，资源与环境领域企业达到 15 427 家，较上年增长 23.9%，是 2017 年的 2.2 倍；与企业规模增速相比，新能源与节能领域工业总产值保持增长，但增幅不大，为 25 232.4 亿元，较上年增长 6.1%，是 2017 年的 1.5 倍，占高新技术领域工业总产值总量的 5.6%（图 3-133）。

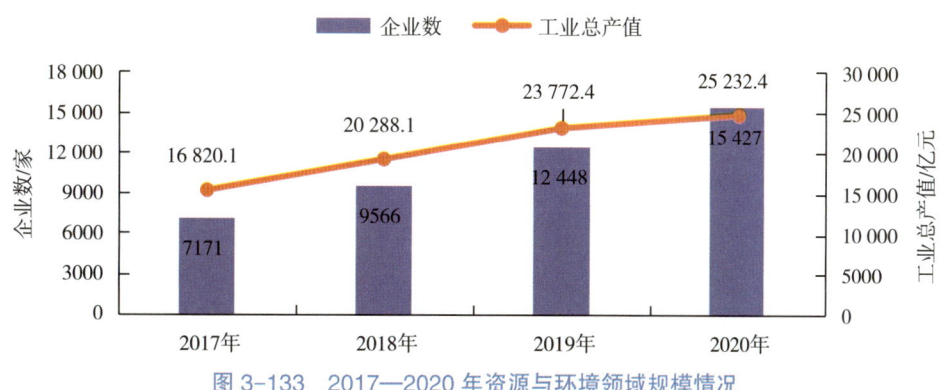

图 3-133 2017—2020 年资源与环境领域规模情况

从从业人员看，资源与环境领域期末从业人员稳步增长，但新增就业较为缓慢。2020年，资源与环境领域从业人员期末人数为208.5万人，较上年增长14.2%，表现为持续稳定增长的态势；当年新增从业人员20.4万人，较上年增长1.5%，在各高新技术领域中表现欠佳。从占比情况看，2020年资源与环境领域从业人员期末人数及新增从业人员数分别占高新技术领域总量的4.8%和3.0%（图3-134）。

图3-134　2017—2020年资源与环境领域从业人员情况

2. 高新技术企业数稳步增长

资源与环境领域高新技术企业占比居各高新技术领域前列。2020年，资源与环境领域高新技术企业1.4万家，较上年增长26.8%，占资源与环境领域企业总数的91.7%，居各高新技术领域第2位；从各类上市企业看，资源与环境领域各类上市企业数稳步增长，2020年达到1012家，较上年新增41家，占高新技术领域中各类上市企业总数的7.4%（图3-135）。

图3-135　2017—2020年资源与环境领域高新技术企业与各类上市企业情况

3. 私人控股企业高速增长

资源与环境领域私人控股企业实现快速增长。从企业股权性质看，2020年，资源与环境领域私人控股企业总数达到1.1万家，同比增长28.6%，占资源与环境领域企业总数的73.8%；国有控股企业较上年增长19.3%，为1209家；集体控股、港澳台商控股、外商控股企业均不足200家。从趋势看，各类控股企业均较2017年实现增长，其中私人控股企业比2017增长160%（图3-136）。

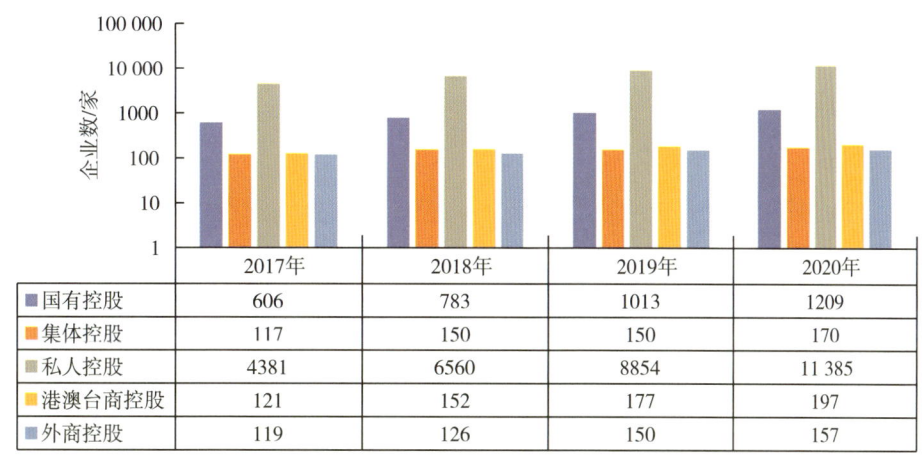

图3-136　2017—2020年资源与环境领域企业股权性质

4. 本科及以上学历人才大幅增加

虽然资源与环境领域企业新增就业低于预期，但从业人员学历结构不断优化，高水平从业人员稳步增长。从从业人员学历结构看，2020年，本科学历人员43.9万人，较上年增长11.7%，占资源与环境领域企业从业人员期末人数总数的21.1%；研究生学历人员7.2万人，较上年增长9.1%，占比为3.5%；其中，博士研究生8075人，占比为0.4%（图3-137）。

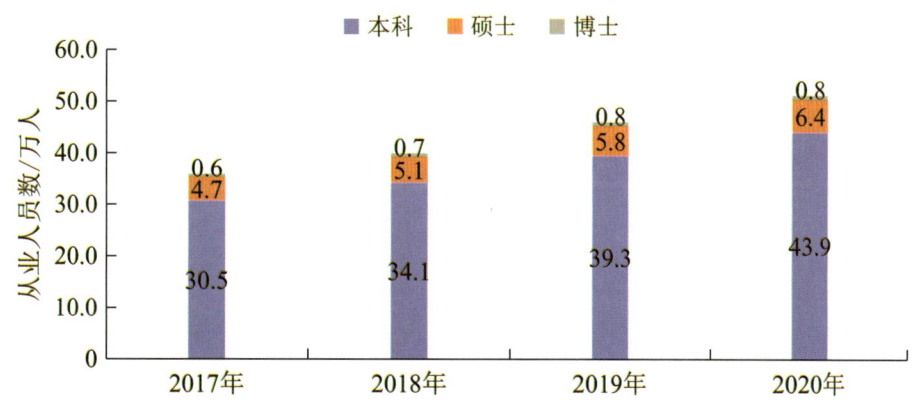

图3-137　2017—2020年资源与环境领域本科及以上学历从业人员情况

从留学归国人员及外籍从业人员看，2020年资源与环境领域企业留学归国人员5036人，较上年新增 666 人，占资源与环境领域期末从业人员总数的 0.3%；外籍常驻人员、引进外籍专家分别为 1215 人和 323 人，分别较上年减少 279 人和 47 人。除留学归国人员比 2017 年增长 33.3% 外，外籍常驻人员、引进外籍专家比 2017 年均有所下降（图 3-138）。

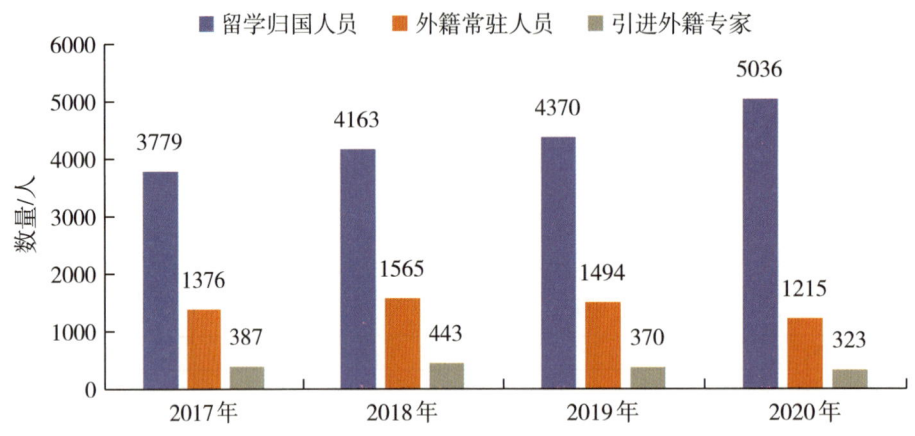

图 3-138　2017—2020 年资源与环境领域留学归国人员及外籍从业人员情况

5. 企业利润大幅增长

受环境治理市场需求快速释放的影响，资源与环境领域企业利润率大幅增长。2020 年，资源与环境领域营利能力大幅提升，净利润达到 2272.3 亿元，较上年增长 41.7%；营业收入为 3.3 万亿元，较上年小幅增长。从整体来看，资源与环境领域企业技术创新能力显著提升，高附件加值技术、产品及相关服务不断增加，创造了更大的利润空间（图 3-139）。

图 3-139　2017—2020 年资源与环境领域效益情况

（二）技术分布

1. 水污染控制与水资源利用技术企业数领先

从资源与环境细分领域看，城镇污水处理、工业废水处理、农业水污染控制等技术分布最为广泛，企业数占比超过三成。2020年，水污染控制与水资源利用技术领域企业为4789家，占资源与环境领域企业总数的31.0%；其次为固体废弃物处置与综合利用技术和大气污染控制技术领域，企业数分别为2839家和2601家，分别占资源与环境企业总数的18.4%和16.9%（图3-140）。

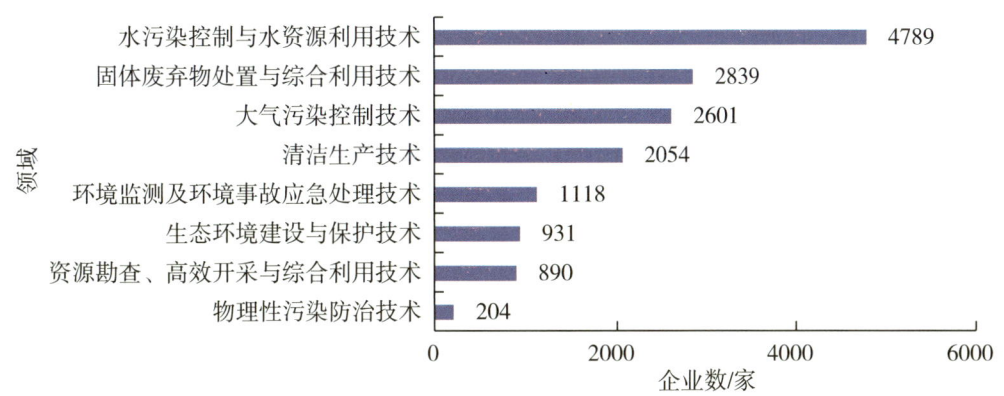

图3-140　2020年资源与环境细分领域技术分布情况

2. 清洁生产领域产业规模稳居榜首

资源与环境细分领域中，节水减排与环保制造关键技术等清洁生产技术产值最高。2020年，清洁生产技术领域工业总产值达到1.1万亿元，占资源与环境领域工业总产值近五成；资源勘查、高效开采与综合利用技术领域实现工业总产值5309.6亿元，占比为21.0%；其他领域工业总产值占比均低于20%（图3-141）。

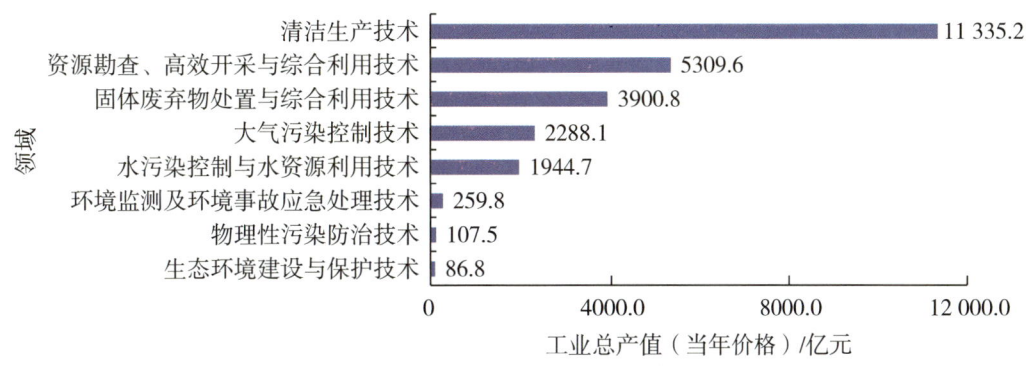

图3-141　2020年资源与环境细分领域工业总产值情况

从实际上缴税费看，清洁生产技术与资源勘查、高效开采与综合利用技术两大领域实际上缴税费最多。2020年，清洁生产技术领域企业实际上缴税费478.2亿元，占资源与环境领域企业实际上缴税费总量的29.6%；资源勘查、高效开采与综合利用技术领域企业实际上缴税费447.1亿元，占比为27.7%（图3-142）。

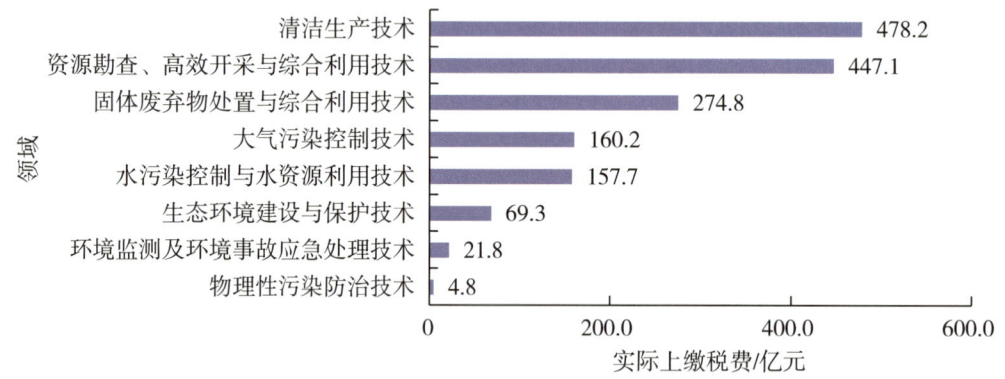

图3-142　2020年资源与环境细分领域实际上缴税费分布情况

（三）创新产出

1. 创新投入持续增长

资源与环境领域科技创新投入力度不断加大，科技人员与科研经费持续增长。2020年，资源与环境领域科技活动人员为40.6万人，较上年增长12.5%，保持稳步增长态势；科技活动费用为1287.8亿元，较上年增长12.0%，是2017年的1.6倍。总体来看，资源与环境领域科技活动人员与科技活动费用保持同步增长，占高新技术领域科技活动人员和科技活动费用的比重分别为4.1%和3.9%（图3-143）。

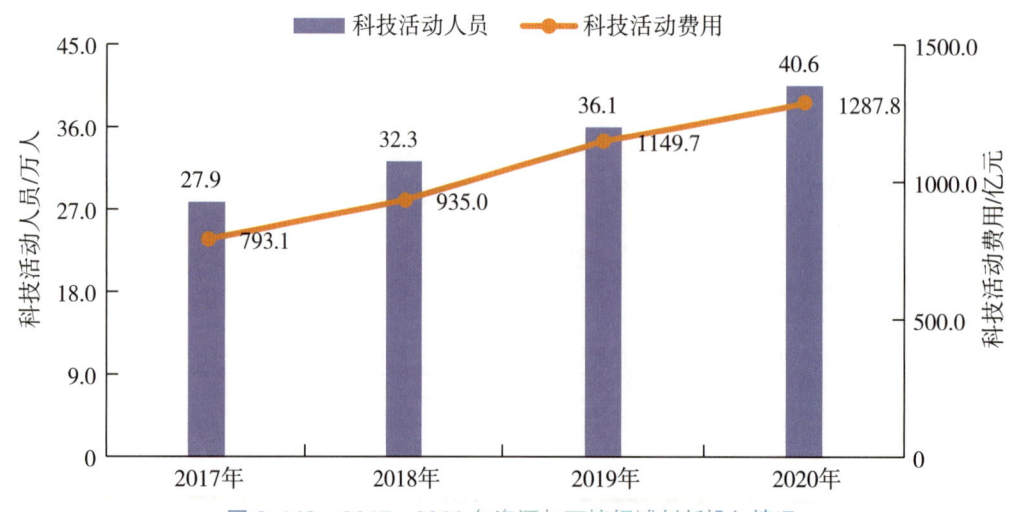

图3-143　2017—2020年资源与环境领域创新投入情况

2. 专利产出再创新高

随着科技型中小企业的快速增长，资源与环境领域科技创新取得丰硕成果。2020年，资源与环境领域专利创造能力显著提升，共申请专利8.5万件，较上年增长30.6%，增幅创"十三五"以来新高；专利授权数为6.9万件，增幅远超专利申请，达到50.6%，是"十三五"以来增幅最大的一年（图3-144）。

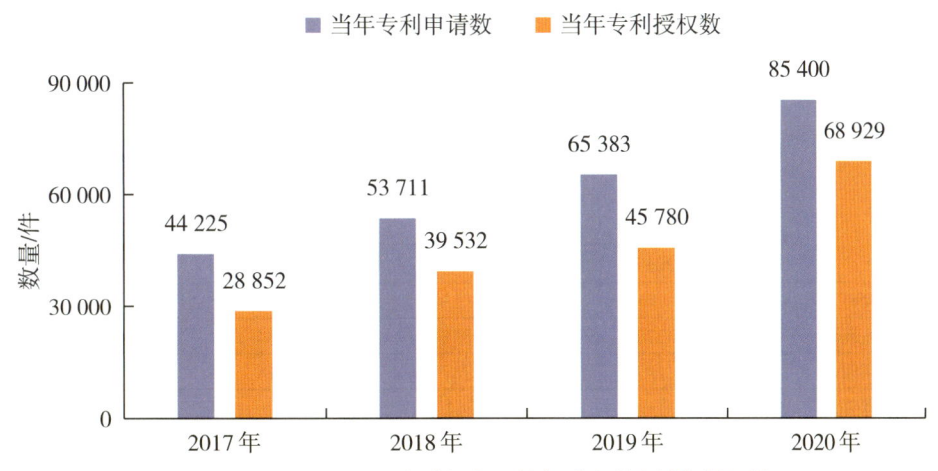

图3-144　2017—2020年资源与环境领域专利申请与授权情况

从期末拥有专利看，2020年资源与环境领域期末拥有有效专利31.1万件，较上年增长32.6%，比2017年翻了一番。其中，期末拥有有效发明专利和境外授权专利较上年分别增长17.5%和25.0%；欧美日专利较上年增长23.1%。从占比看，2018年以来，拥有有效发明专利占期末拥有有效专利的比重逐年下降，从2018年的22.9%下降到17.2%（图3-145）。

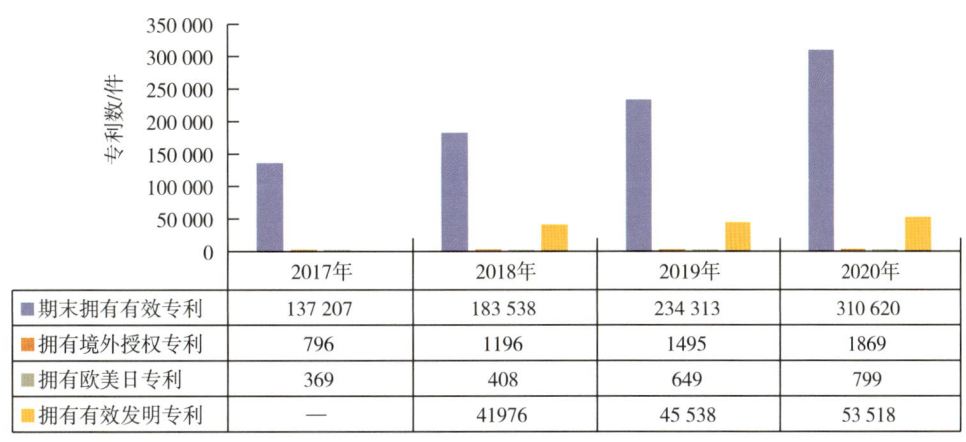

	2017年	2018年	2019年	2020年
期末拥有有效专利	137 207	183 538	234 313	310 620
拥有境外授权专利	796	1196	1495	1869
拥有欧美日专利	369	408	649	799
拥有有效发明专利	—	41976	45 538	53 518

图3-145　2017—2020年资源与环境领域专利拥有情况

3. 境外注册商标明显增长

随着政府对资源与环境领域的重视及市场需求的增加，企业对境外注册商标的关注度和参与度逐步增强。2020年，资源与环境领域期末拥有注册商标4.8万件，较上年增长28.1%，较2017年翻了一番。其中，境外注册商标增长明显，较上年增长31.6%；当年境外注册商标较上年大幅增长66.7%，带动当年注册商标增长超过40%，达到6461件（图3-146）。

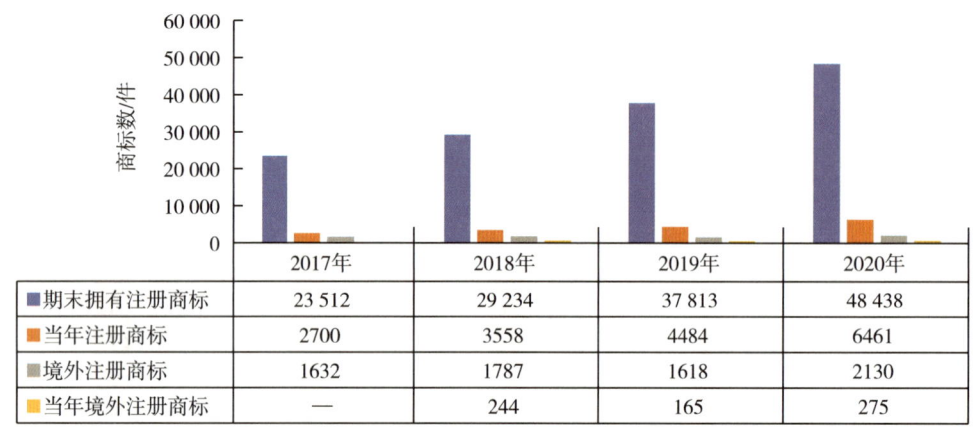

图3-146　2017—2020年资源与环境领域注册商标情况

4. 形成标准稳步增长

资源与环境领域标准涉及能源、低碳、环保、循环经济等许多方面，对于提升行业内企业自主创新能力和核心竞争力具有重要作用。2020年，资源与环境领域累计形成国家或行业标准6583件，累计形成国际标准86件，较上年分别增长28.5%和65.4%；其中，当年形成国家或行业标准与上年基本持平；当年形成国际标准较上年增长16.7%，占累计形成国际标准的32.6%（图3-147）。

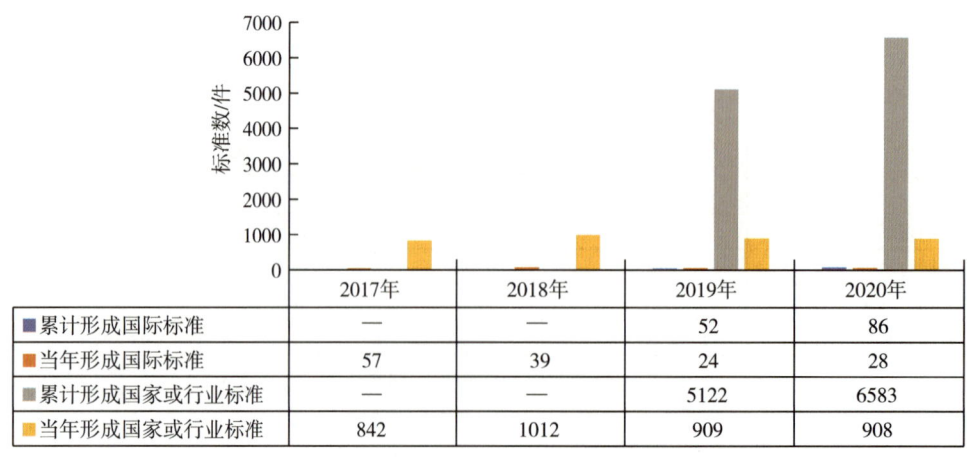

图3-147　2017—2020年资源与环境领域形成标准情况

5. 高新技术产品销售收入占比明显提升

资源与环境领域高新技术产品销售收入占产品销售收入的近八成。2020年，资源与环境领域产品销售收入为2.6万亿元，较上年增长5.7%；其中，高新技术产品销售收入为2.1万亿元，较上年增长12.3%；从占比看，高新技术产品销售收入占产品销售收入的比重从2017年的66.0%上升到2020年的78.4%，上升12.4个百分点（图3-148）。

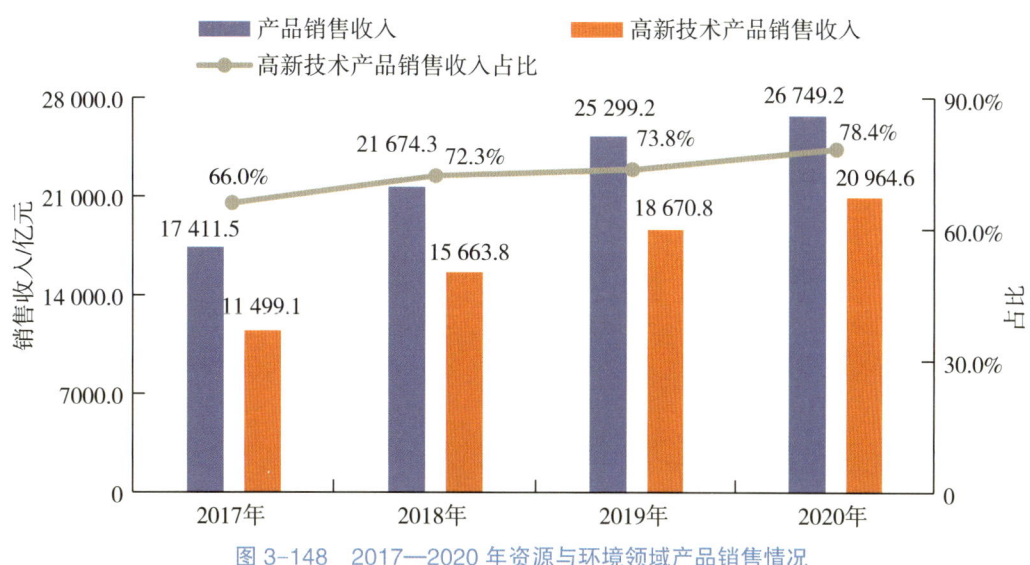

图3-148 2017—2020年资源与环境领域产品销售情况

6. 高新技术产品进出口放缓

受新冠疫情冲击和全球经济增速放缓等因素影响，资源与环境领域高新技术产品进出口呈现下行趋势。其中，出口总额1015.5亿元，较上年下降13.3%，占进出口总额的比重由2017年的56.2%下降至2020年的51.1%；出口总额中高新技术产品出口额为660.4亿元，较上年下降10.6%，占出口总额的比重由2017年的72.1%下降至2020年的65.0%（图3-149）。

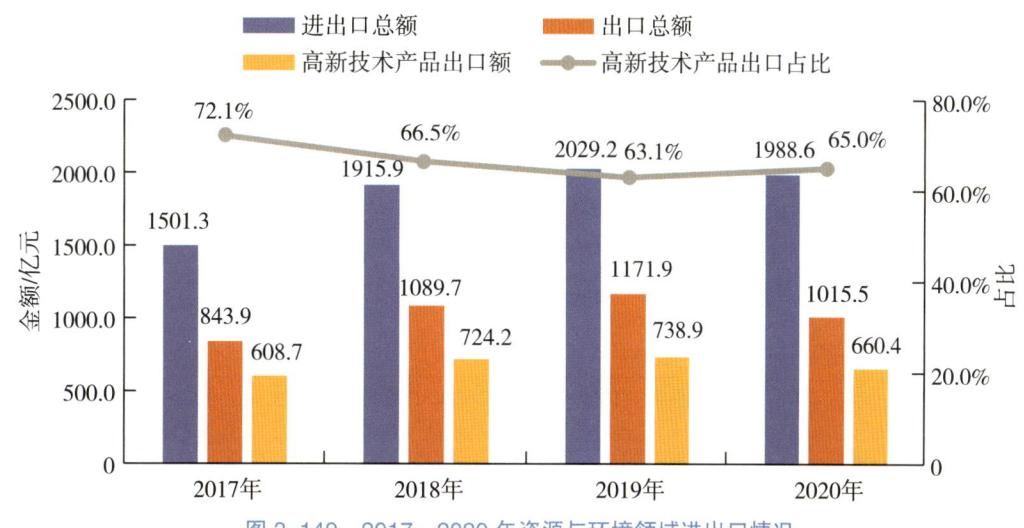

图3-149 2017—2020年资源与环境领域进出口情况

(四) 区域分布

1. 东部地区企业集聚

资源与环境产业主要集中在东部地区，领先优势明显。从区域分布看，资源与环境领域企业占比超六成，中部地区、西部地区和东北地区企业占比较少。2020年，东部地区资源与环境领域企业达到9957家，占资源与环境领域企业总数的64.5%；中部地区和西部地区资源与环境领域企业2760家和2037家，占比分别为17.9%和13.2%；东北地区资源与环境领域企业673家，占比4.4%（图3-150）。

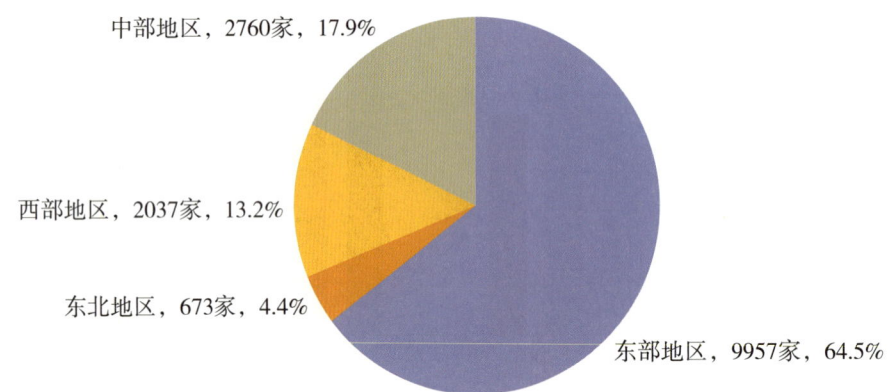

图3-150　2020年资源与环境领域企业地区分布情况

2. 长三角城市群优势明显

长三角城市群技术、人才、资金优势领先，资源与环境领域企业集聚并快速发展壮大。2020年，长三角城市群资源与环境领域企业为3390家，占资源与环境领域企业总数的22.0%；其次为京津冀和粤港澳城市群，企业数分别为2416家和1873家，占比分别为15.7%和12.1%；成渝、中原、长江中游城市群资源与环境领域企业数占比均低于10%（图3-151）。

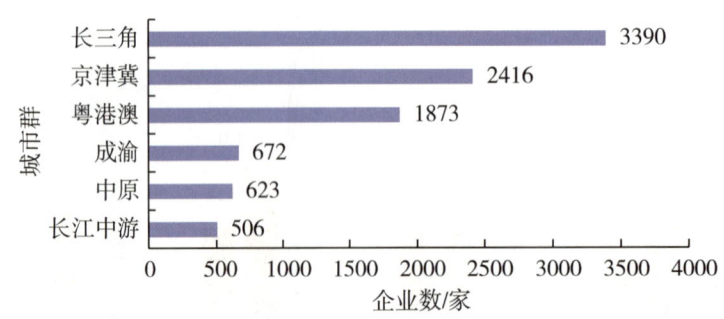

图3-151　2020年资源与环境领域企业重点城市群分布情况

3. 江苏企业数领先全国

江苏产业基础雄厚，资金来源丰富，吸引了大量资源与环境领域企业。从地区分布看，江苏资源与环境领域企业为2114家，资源与环境领域企业数位居第一；广东、北京分别位居第二和第三，分别为2024家和1261家；浙江、山东和上海等省市紧随其后跻身资源与环境领域前列。企业数位居前十的省市占资源与环境领域企业总数的68.7%（图3-152）。

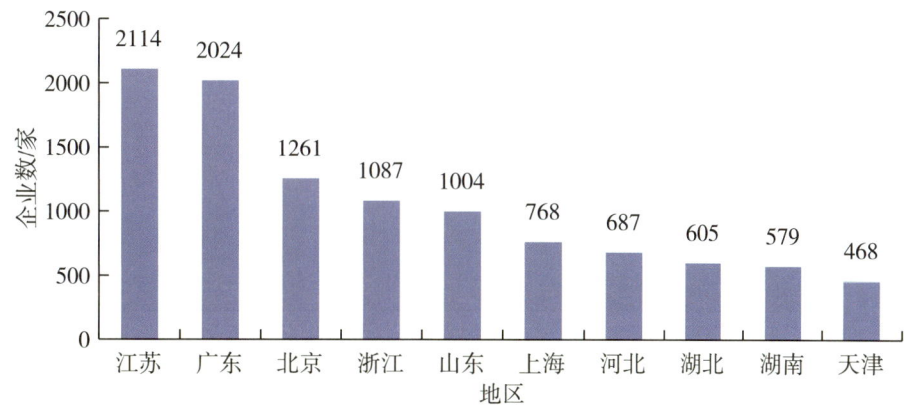

图3-152　2020年资源与环境领域企业数位居前十的省市

4. 山东产业规模居首位

山东具有丰富的资源、完整的产业体系和良好的投资环境，资源与环境领域产业规模居首位。从工业总产值看，2020年，山东资源与环境领域工业总产值达到3184亿元；其次为广东和江苏，工业总产值分别为2242亿元和1978亿元。内蒙古、浙江、辽宁、云南、河南、湖北、江西进入前十行列，工业总产值在900亿～1700亿元。位居前十的省市工业总产值之和占资源与环境领域工业总产值总数的64.9%（图3-153）。

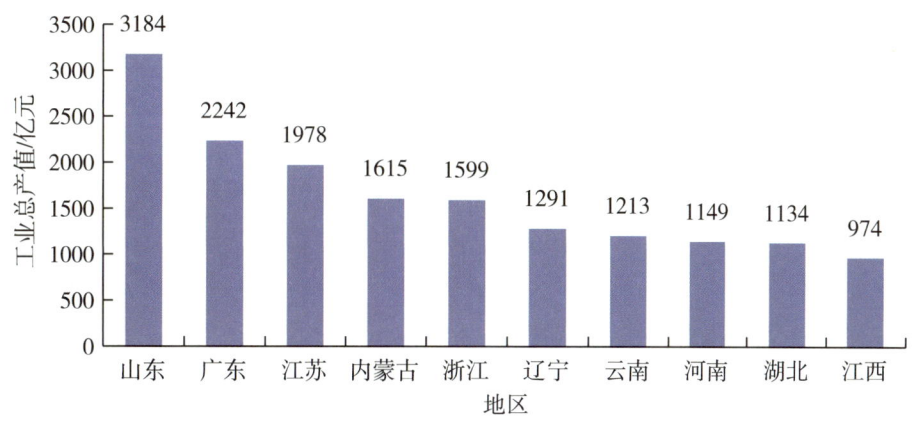

图3-153　2020年资源与环境领域工业总产值位居前十的省市

从实际上缴税费看，广东资源与环境领域实际上缴税费位居第一。广东资源与环境领域企业数众多，既有从事废物处理处置、生活垃圾处理、流域水环境修复等领域的大型国有和上市企业，也有从事节能减排等智能化改造的中小微企业，实际上缴税费达到185亿元；山东和江苏分别位居第二和第三，实际上缴税费分别为128亿元和119亿元；内蒙古、浙江、辽宁、北京、安徽、陕西、湖北资源与环境领域实际上缴税费均超60亿元（图3-154）。

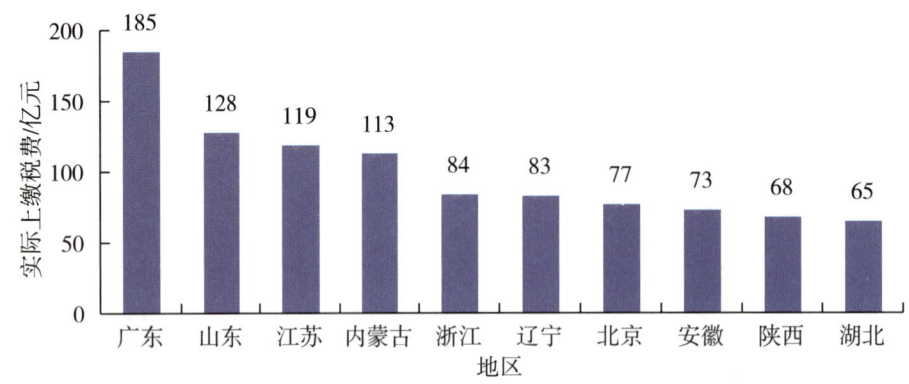

图3-154　2020年资源与环境领域实际上缴税费位居前十的省市

八、先进制造与自动化

经济全球化和经济信息化大背景下，国际制造业竞争日趋激烈，发展高端装备制造业成为世界各国抢占战略制高点的必然选择。"十三五"期间，我国大力实施"中国制造2025"国家战略和"互联网+"行动计划，先进制造与自动化领域发展驶入快车道，各项指标屡创新高，科技创新成为推动制造业发展的主要驱动力。

（一）产业规模

1. 企业规模不断壮大

先进制造与自动化领域企业规模居各高新技术领域前列，实现工业总产值居首位。2020年，先进制造与自动化领域企业为73 196家，仅次于电子信息领域；工业总产值保持领先，达到13.6万亿元，较上年增长15.6%，是2017年的1.4倍，占高新技术领域工业总产值的30.4%。从趋势看，先进制造与自动化领域企业规模较2017年翻了一番，工业总产值较2017年增长40.1%（图3-155）。

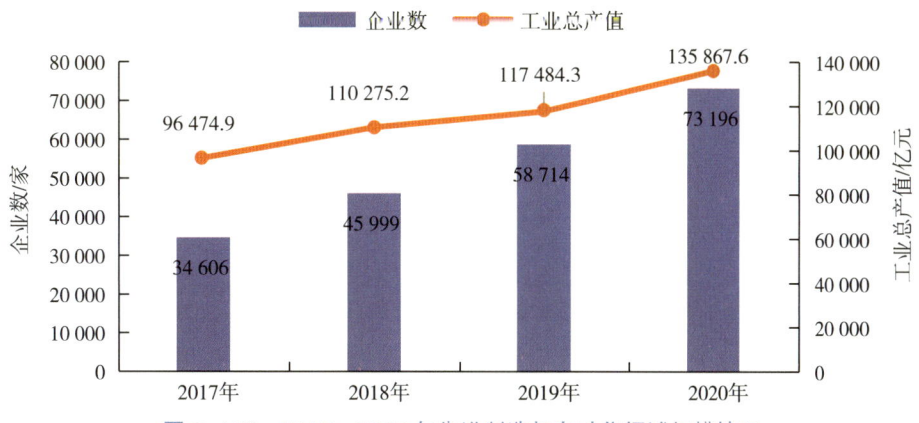

图 3-155　2017—2020 年先进制造与自动化领域规模情况

先进制造与自动化领域从业人员稳步增长。2020 年，先进制造与自动化领域从业人员期末人数为 1110.1 万人，较上年增长 11.7%，是 2017 年的 1.4 倍；当年新增从业人员数为 140.5 万人，较上年增长 16.5%，是 2017 年的 1.3 倍。先进制造与自动化领域从业人员期末人数占高新技术领域从业人员期末人数总数的 25.4%，当年新增从业人员数占高新技术领域新增从业人员总数的 20.9%（图 3-156）。

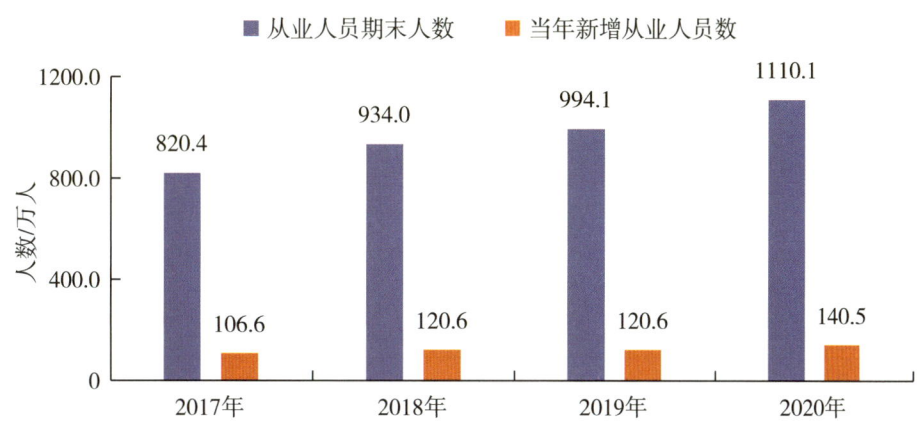

图 3-156　2017—2020 年先进制造与自动化领域从业人员情况

2. 高新技术企业数不断攀升

先进制造与自动化领域高新技术企业占比居首位。2020 年，先进制造与自动化领域高新技术企业数为 67 486 个，仅次于电子信息领域，较上年增长 27.7%，占先进制造与自动化领域企业总数的 92.2%，居各高新技术领域首位；从各类上市企业看，先进制造与自动化领域各类上市企业数为 3698 家，较上年新增 182 家，占高新技术领域中各类上市企业总数的 26.9%（图 3-157）。

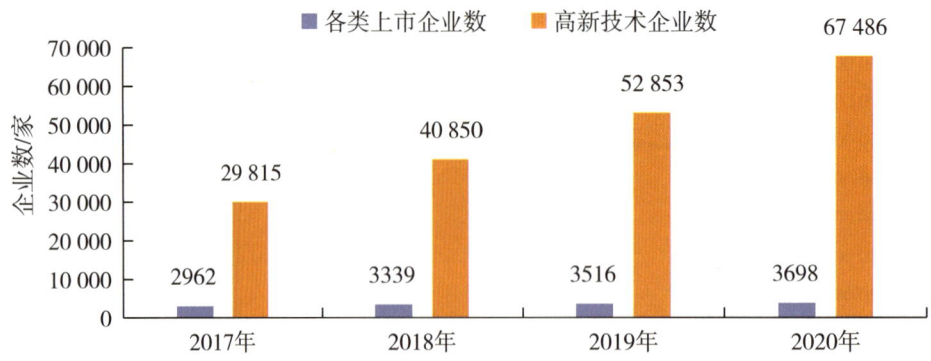

图 3-157　2017—2020 年先进制造与自动化领域高新技术企业与各类上市企业情况

3. 私人控股企业保持快速增长

私人控股企业成为先进制造与自动化领域的中坚力量。从企业股权性质看，2020 年先进制造与自动化领域私人控股企业最多，达到 5.6 万家，占先进制造与自动化领域企业总数的 76.9%；国有控股、外商控股、港澳台商控股企业数均高于 1500 家，集体控股企业不足 1000 家。先进制造与自动化领域各类控股企业较 2017 年均实现不同程度的增长，其中私人控股企业增幅最大，比 2017 年增长 174%（图 3-158）。

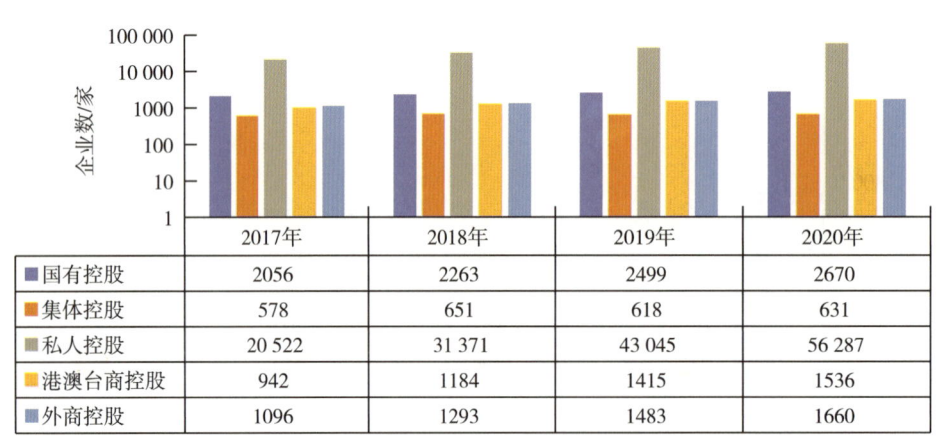

图 3-158　2017—2020 年先进制造与自动化领域企业股权性质

4. 高学历人才不断增加

先进制造与自动化领域高学历从业人员占比不断增加。2020 年，先进制造与自动化领域企业从业人员中本科学历为 197.1 万人，占先进制造与自动化领域企业从业人员期末人数总数的 17.8%；研究生学历为 29.9 万人，占比为 2.7%；其中博士 2.3 万人，占比为 0.2%。高学历人员的持续稳定增长为先进制造与自动化领域快速发展奠定了坚实基础（图 3-159）。

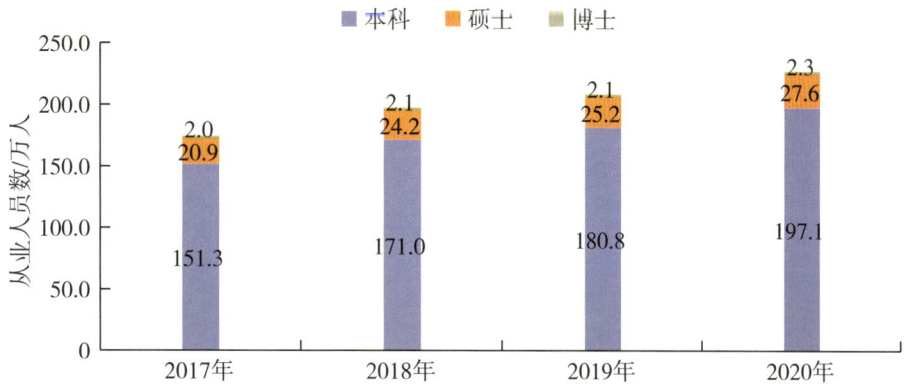

图 3-159　2017—2020 年先进制造与自动化领域本科及以上从业人员情况

从留学人员及外籍从业人员看，2020 年先进制造与自动化领域企业留学归国人员为 2.9 万人，较上年增长 10.1%；外籍常驻人员、引进外籍专家较上年均有所下降，分别为 17 354 人和 4236 人，降幅分别为 8.9% 和 13.3%。2017 年以来，外籍常驻人员数一直有所波动，2018 年出现下滑，2020 年创新低；引进外籍专家数呈逐年下降趋势（图 3-160）。

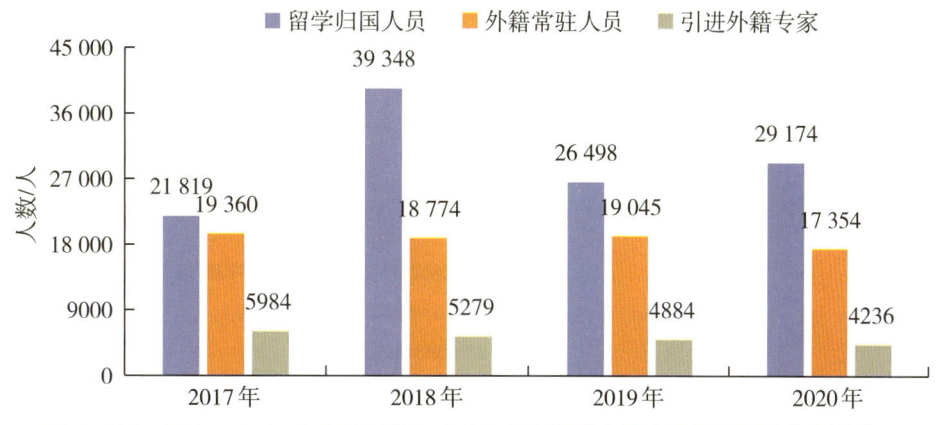

图 3-160　2017—2020 年先进制造与自动化领域留学归国人员及外籍从业人员情况

5. 企业经济效益持续向好

先进制造与自动化领域营业收入呈波动式增长，经济效益持续向好。2020 年，先进制造与自动化领域企业营业收入为 14.1 万亿元，较上年增长 13.0%，波动式增长的上升趋势明显；营利能力较上年有所增强，净利润增长 20.5%；实际上缴税费 6011.5 亿元，较上年增长 1.6%。从占比看，2020 年先进制造与自动化领域营业收入、净利润、实际上缴税费分别占高新技术领域总量的 22.1%、20.3% 和 25.6%（图 3-161）。

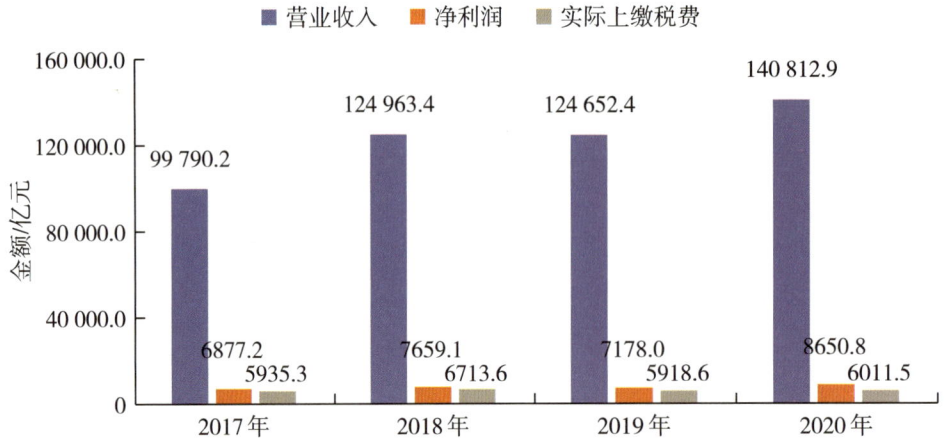

图 3-161　2017—2020 年先进制造与自动化领域经济效益情况

（二）技术分布

1. 新型机械领域企业数最多

先进制造与自动化领域中，新型机械、先进制造工艺与装备、汽车及轨道车辆相关技术领域企业分布较多。2020 年，新型机械领域企业最多，共 31 025 家，占先进制造与自动化企业总数的 42.4%；其次为先进制造工艺与装备领域，共有企业 13 293 家，占比 18.2%；汽车及轨道车辆相关技术领域共 8445 家企业，占比 11.5%；电力系统与设备，工业生产过程控制系统，高性能、智能化仪器仪表领域企业数占比均低于 10%（图 3-162）。

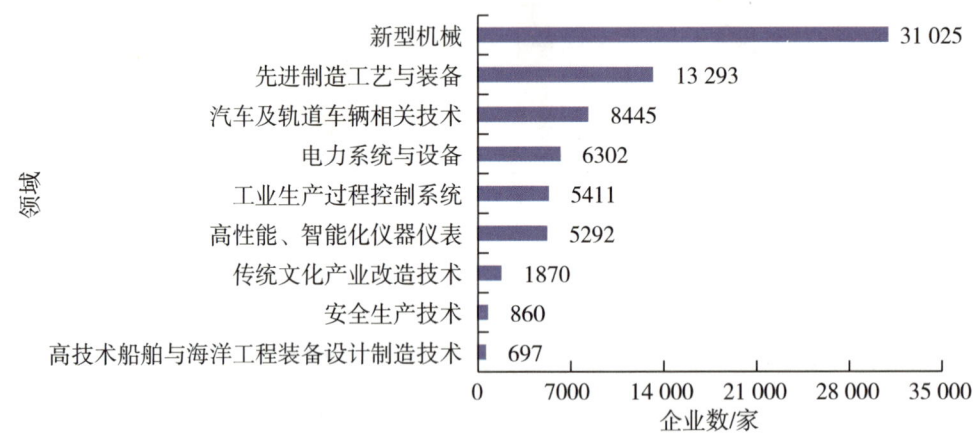

图 3-162　2020 年先进制造与自动化细分领域企业分布情况

2. 汽车及轨道车辆相关领域产值最高

汽车及轨道车辆相关技术、新型机械、先进制造工艺与装备领域企业工业总产值居各类细分技术领域前三。2020 年，汽车及轨道车辆相关技术领域企业工业总产值为 53 447.1 万亿元，占先进制造与自动化领域企业工业总产值的39.3%，居首位；安全生产技术领域企业工业总产值最低，为1468.5亿元。从平均每家企业实现工业总产值看，汽车及轨道车辆相关技术领域企业工业总产值最多，为6.3亿元，体现出汽车及轨道车辆相关技术领域企业较好的发展水平和较强的经济实力（图3-163）。

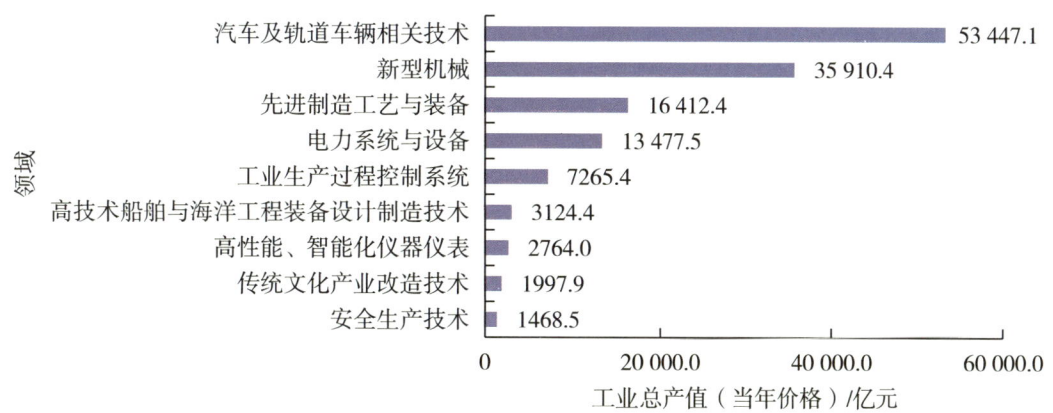

图3-163　2020年先进制造与自动化细分领域工业总产值情况

汽车及轨道车辆相关技术领域企业为先进制造与自动化领域贡献近五成税收。从实际上缴税费看，汽车及轨道车辆相关技术领域企业实际上缴税费最多，为2643.6亿元，占先进制造与自动化领域企业实际上缴税费总量的44.0%；高技术船舶与海洋工程装备设计制造技术领域企业实际上缴税费最低，为62.7亿元。从平均每家企业实际上缴税费看，汽车及轨道车辆相关技术领域为3130.4万元（图3-164）。

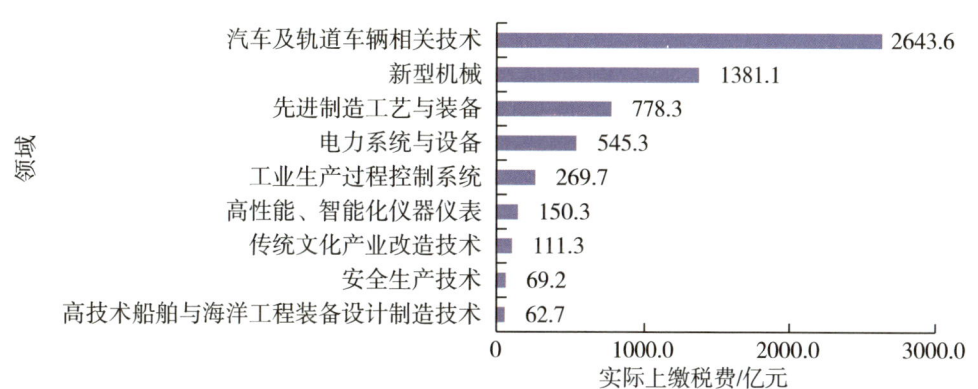

图3-164　2020年先进制造与自动化细分领域实际上缴税费情况

（三）创新产出

1. 科技活动人员和投入稳步增长

先进制造与自动化领域科技活动人员和科技活动费用同步持续增长，科技活动费用增幅大于科技活动人员增幅。2020年，先进制造与自动化领域科技活动人员合计212.7万人，科技活动费用合计6131.2亿元，较上年分别增长9.1%和12.6%。从占比看，先进制造与自动化领域科技活动人员和科技活动费用占高新技术领域总量的比重分别为21.5%和18.4%（图3-165）。

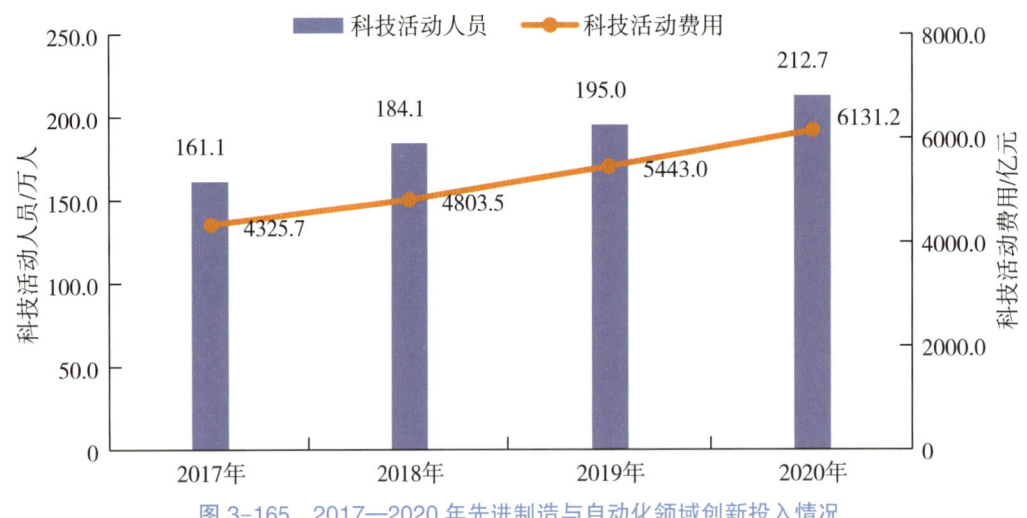

图3-165　2017—2020年先进制造与自动化领域创新投入情况

2. 欧美日专利大幅增加

先进制造与自动化领域着力提高核心知识产权竞争力，发明创造力度显著提升。2020年，先进制造与自动化领域专利产出大幅增长，当年专利申请数为49.9万件，较上年增长24.5%，当年专利授权数为40.7万件，较上年增长40.7%，较2017年翻了一番（图3-166）。

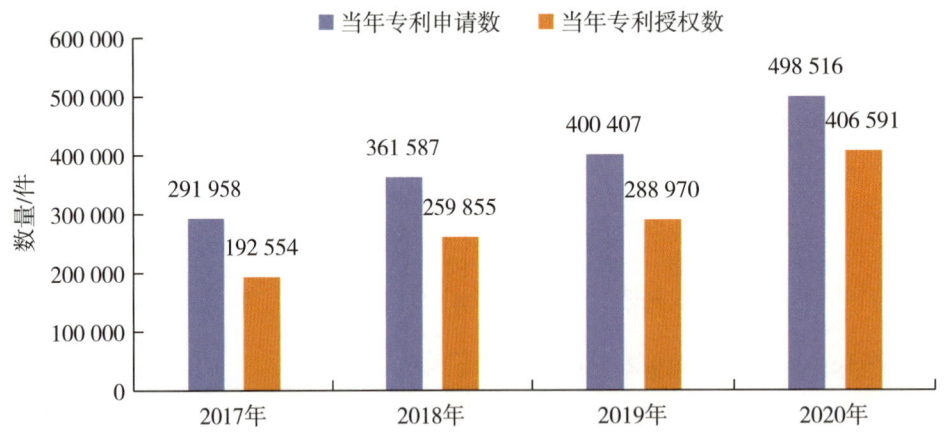

图3-166　2017—2020年先进制造与自动化领域专利申请与授权情况

从期末拥有专利情况看，2020年先进制造与自动化领域期末拥有有效专利192.4万件，其中期末拥有有效发明专利30.4万件，占期末拥有有效专利总数的15.8%，较上年下降1.7个百分点；拥有境外授权专利2.3万件，其中拥有欧美日专利1.3万件，占比为55.0%，较上年增长 18.7%（图 3-167）。

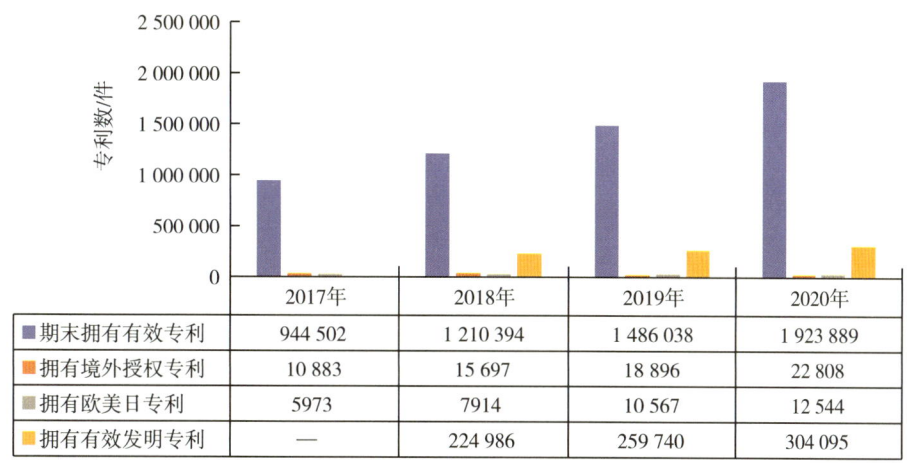

图 3-167　2017—2020 年先进制造与自动化领域专利拥有情况

3. 商标注册不断增长

当年境外注册商标占比与去年持平。2020 年，先进制造与自动化领域期末拥有注册商标较上年增长 23.0%，其中境外注册商标占比 15.7%，较上年下降 2.2 个百分点；当年注册商标较上年增长 19.3%，其中当年境外注册商标占比为 11.7%，较上年增长 18.1%。先进制造与自动化领域期末拥有注册商标数占高新技术领域期末拥有注册商标总数的 15.5%（图 3-168）。

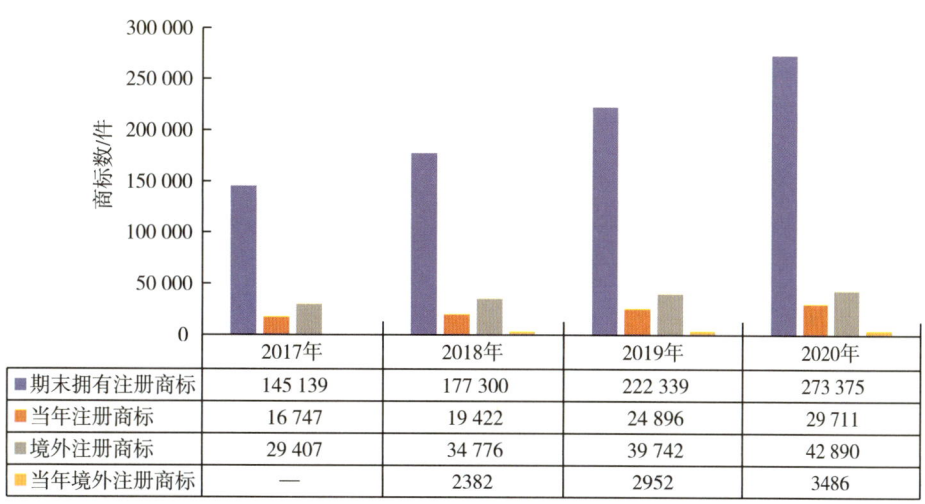

图 3-168　2017—2020 年先进制造与自动化领域注册商标情况

4. 标准建设持续领先

先进制造与自动化领域标准建设持续推进，标准产出成效显著。2020 年，先进制造与自动化领域累计形成国家或行业标准较上年增长 22.7%；累计形成国际标准较上年增长

68.9%；当年形成国家或行业标准和国际标准较上年分别增长17.8%和26.7%。从占比看，先进制造与自动化领域累计形成国家或行业标准和国际标准在各高新技术领域中处于领先地位（图3-169）。

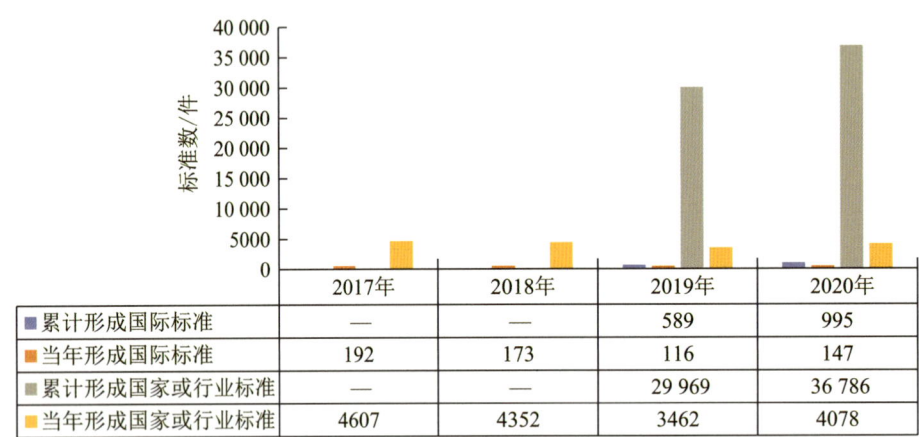

图3-169　2017—2020年先进制造与自动化领域形成标准情况

5. 高新技术产品销售收入占比稳定

先进制造与自动化领域产品销售收入持续增长。2020年，先进制造与自动化领域产品销售收入较上年增长13.6%，其中高新技术产品销售收入保持同步增长，较上年增长15.7%，占比达到70.1%，再创新高。2017年以来，先进制造与自动化领域高新技术产品销售收入占产品销售收入的比重持续保持在六成以上（图3-170）。

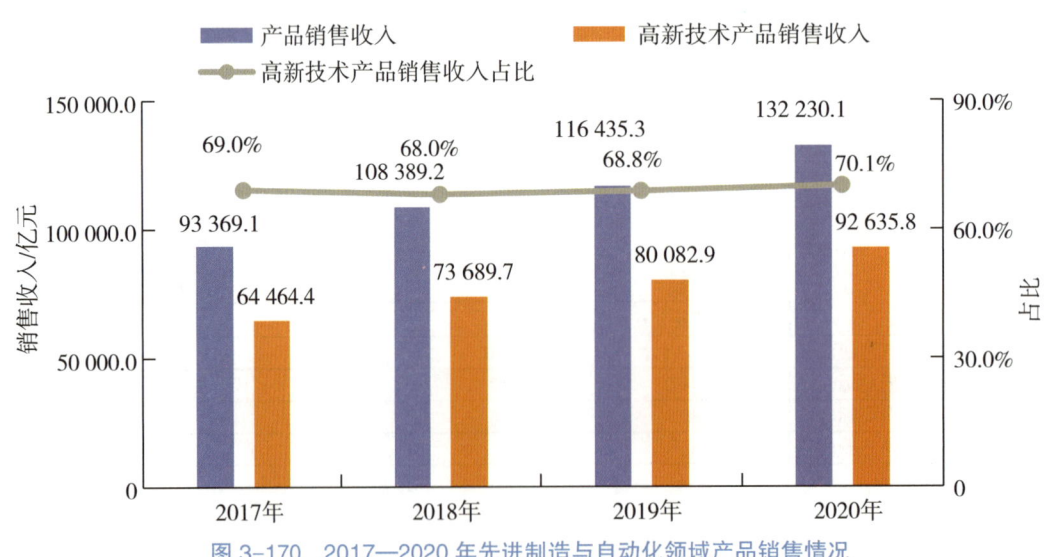

图3-170　2017—2020年先进制造与自动化领域产品销售情况

6. 高新技术产品出口趋稳

以新型传感器、智能控制系统、工业机器人、自动化成套生产线为代表的智能装备制造产业体系初步形成，先进制造与自动化领域产品外贸优势凸显。从进出口情况看，2020年，先进制造与自动化领域产品进出口总额为2.0万亿元，出口总额为1.5万亿元，占进出口总额的75.1%，与2017年基本持平。其中，高新技术产品出口额稳中有升，出口额为1.0万亿元，较上年增长9.3%，占出口总额的比重近七成（图3-171）。

图3-171 2017—2020年先进制造与自动化领域进出口情况

（四）区域分布

1. 东部地区产业优势显著

先进制造与自动化领域企业分布呈现出东部显著集聚的特征。2020年，东部地区经济发达，产业体系较为完备，先进制造与自动化领域企业达5.3万家，占先进制造与自动化领域企业总数的72.3%；中部地区企业为1.1万家，占比为15.2%；西部地区和东北地区企业分别为5849家和3308家，占比分别为8.0%和4.5%（图3-172）。

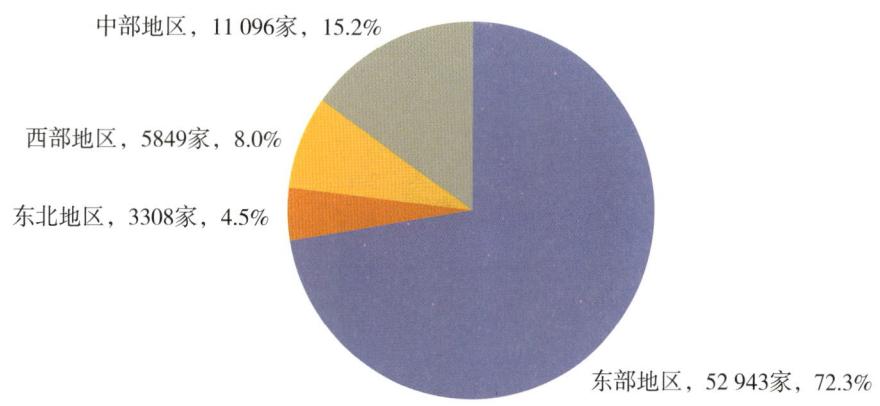

图3-172 2020年先进制造与自动化领域企业地区分布情况

2. 长三角、粤港澳产业最为集聚

长三角和粤港澳城市群先进制造与自动化领域企业占比超四成。从重点城市群分布看，长三角城市群创新氛围浓厚，智能制造领域发展领先，先进制造与自动化企业数最多，达1.9万家，占先进制造与自动化领域企业总数的25.7%；其次为粤港澳城市群，先进制造与自动化领域企业为1.3万家，占比为18.3%；京津冀城市群企业为7367家，占比为10.1%；此外，成渝、中原、长江中游城市群占比均低于5%（图3-173）。

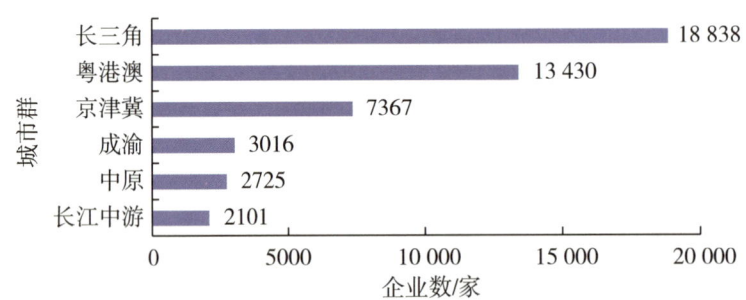

图3-173　2020年先进制造与自动化领域企业重点城市群分布情况

3. 广东、江苏、浙江产业密集

广东得益于产业资源密集和珠三角独特的区位优势，先进制造与自动化领域企业最为密集。从地区分布看，2020年，广东先进制造与自动化领域企业占先进制造与自动化领域企业总数的19.4%，位居第一；江苏产业链较为完善，研发优势突出，先进制造与自动化领域企业数仅次于广东，占比为17.8%；浙江先进制造与自动化领域企业规模相对较小，占比为10.9%，位居第三。广东、江苏、浙江先进制造与自动化领域企业之和占前十位的一半多，为引领产业发展发挥了重要作用（图3-174）。

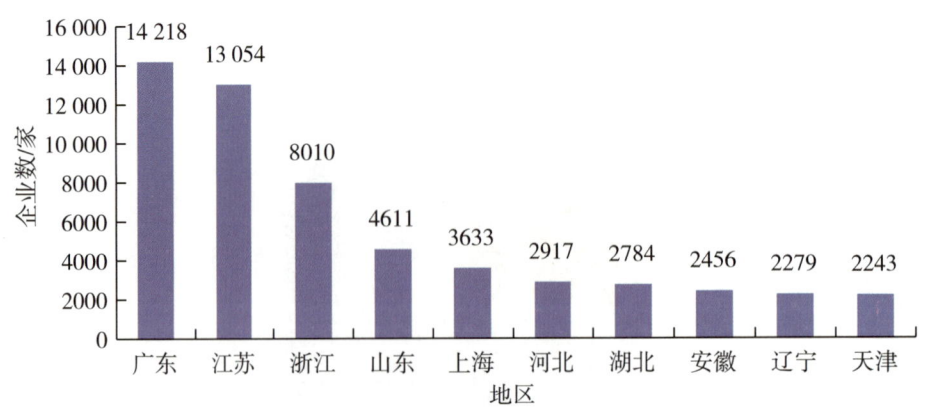

图3-174　2020年先进制造与自动化领域企业数位居前十的省市

4. 江苏、广东、浙江产业基础雄厚

江苏、广东、浙江产业基础雄厚，工业总产值居全国前列。2020 年，江苏制造业产业集群迅速发展壮大，重点产业链培育成效突出，带动先进制造与自动化领域工业总产值达到 2.0 万亿元，位居第一；广东、浙江分别位居第二和第三，工业总产值分别为 1.9 万亿元和 1.3 万亿元。位居前十省市的工业总产值之合约 10 万亿元，占先进制造与自动化领域工业总产值总额的比重超七成（图 3-175）。

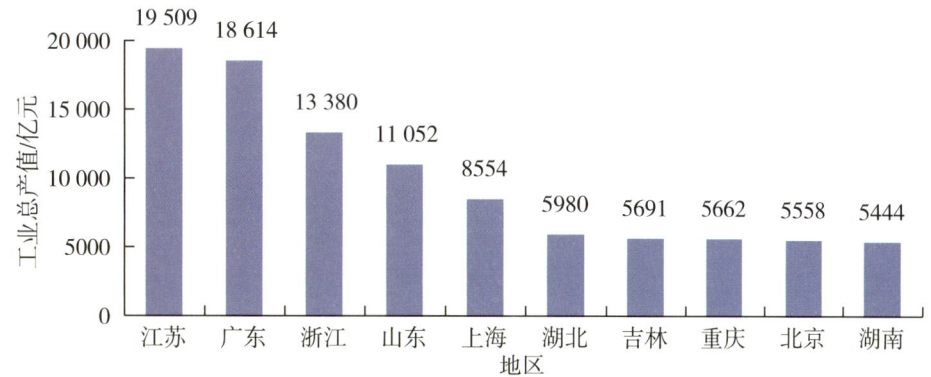

图 3-175　2020 年先进制造与自动化领域工业总产值位居前十的省市

从实际上缴税费看，2020 年，江苏、广东、浙江先进制造与自动化领域实际上缴税费位居前三，江苏以 830 亿元居首位；广东、浙江分别为 767 亿元和 728 亿元；北京、上海、山东、吉林、重庆、湖南、湖北先进制造与自动化领域实际上缴税费跻身全国前十，均超 200 亿元。位居前十的省市实际上缴税费之合达到 4673 亿元，占先进制造与自动化领域实际上缴税费的比重近八成（图 3-176）。

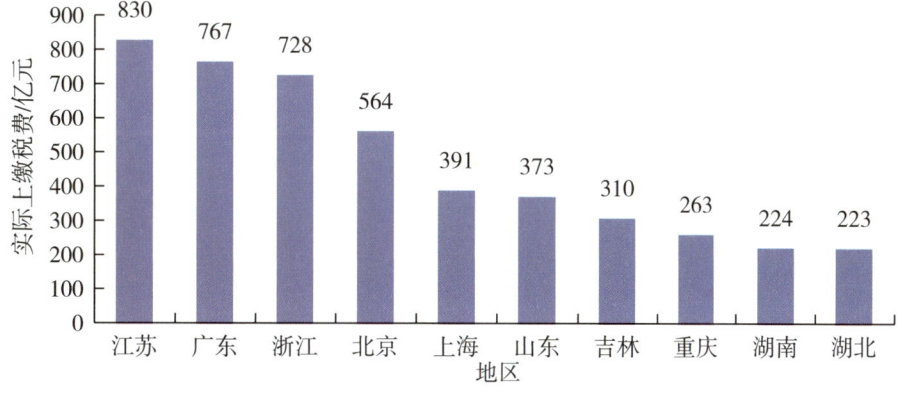

图 3-176　2020 年先进制造与自动化领域上缴税费位居前十的省市

专题篇

第四章
重点类型企业

党的二十大报告提出，强化企业科技创新主体地位，发挥科技型骨干企业引领支撑作用。企业是市场主体和经济社会发展的重要力量，是国家科技创新体系的重要组成。强化企业科技创新主体地位，是提升创新体系整体效能的关键所在，是增强产业体系活力和竞争力，推动经济高质量发展的重中之重。本章节选择代表性较强的高新技术企业和上市企业进行重点分析。

一、高新技术企业

高新技术企业是推动高质量发展的重要载体，是深入实施创新驱动发展战略的重要力量。高新技术企业作为科技创新的主阵地和经济发展的排头兵，在创新决策、研发投入和成果应用等方面发挥着重要作用，对完善我国现代化产业体系、促进高新技术产业发展、实现高水平科技自立自强、建设世界科技强国具有重大意义。

（一）规模效益

1. 企业规模不断扩大

近年来，高新技术企业规模效益快速增长，涌现了一批具有强大国际竞争力的科技领军企业和世界一流企业，为经济社会高质量发展发挥了重要的支撑引领作用，推动我国科技创新实力和综合竞争力迈向更高台阶。2020年，火炬入统企业中高新技术企业总数及其工业总产值持续攀升，高新技术企业达到27.7万家，较上年增加5万余家，增幅达到23.3%，是2016年的近2.7倍；工业总产值超过36万亿元，较上年增长13.3%，较2016年增长72.8%（图4-1）。

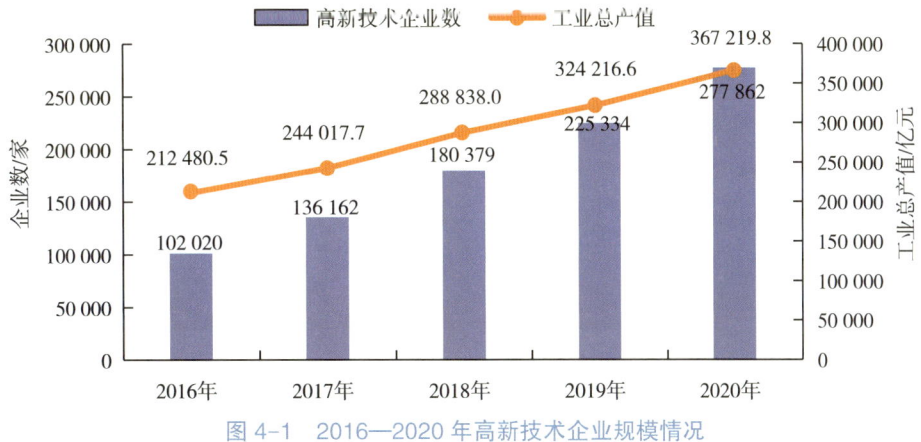

图 4-1　2016—2020 年高新技术企业规模情况

高新技术企业人员规模不断发展壮大，已成为稳就业、促就业的主力军。从企业从业人员看，2020 年，火炬入统企业中高新技术企业从业人员期末人数达到 3860.2 万人，较上年增加 12.3%；新增从业人员达到 599.3 万人，较上年增加 12.0%，占高新技术企业从业人员总数的比重由 2016 年的 12.1% 提升至 2020 年的 15.5%，提高了 3.4 个百分点（图 4-2）。

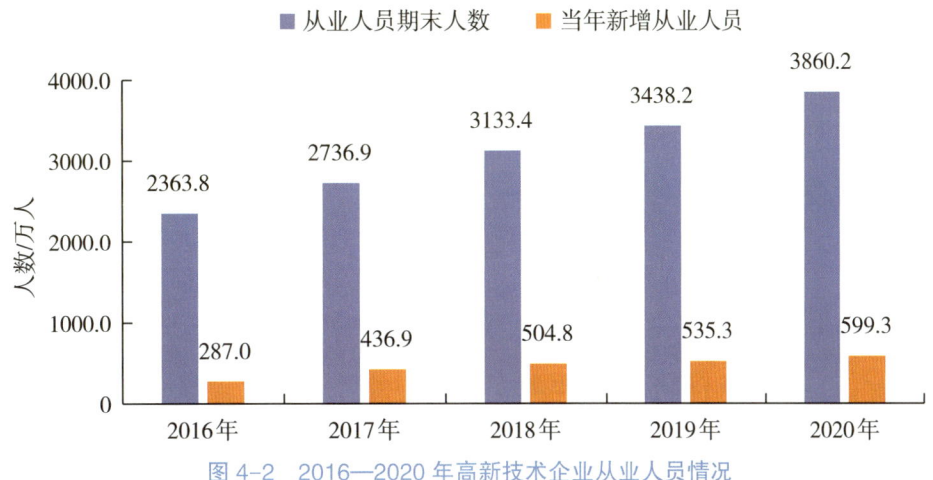

图 4-2　2016—2020 年高新技术企业从业人员情况

2. 经济效益持续优化

一系列稳企惠企政策叠加效应显现，高新技术企业创新活力迸发，各项经济指标表现良好。从经济效益看，2020 年，高新技术企业的营业收入、净利润、实际上缴税费均保持稳定增长，其中营业收入达到 52.1 万亿元，较上年增长 15.5%，是 2016 年的近 2 倍；净利润达到 3.5 万亿元，较上年增长 28.6%，是 2016 年的 1.9 倍；实际上缴税费超过 1.8 万亿元，较上年小幅增长，是 2016 年的 1.4 倍（图 4-3）。

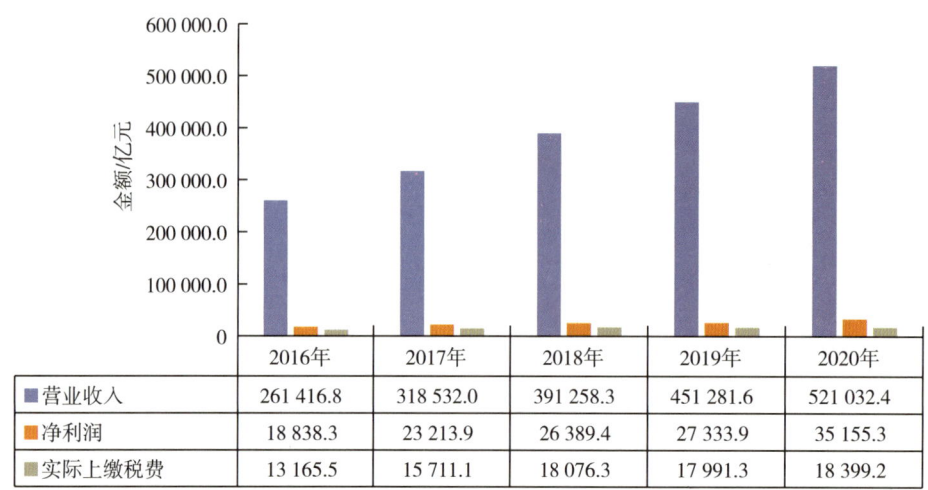

图 4-3　2016—2020 年高新技术企业效益情况

（二）产业分布

1. 电子信息和先进制造领域企业集聚

电子信息、先进制造与自动化领域集聚的高新技术企业最多，引领产业发展进入"快车道"。从各高新技术领域看，2020 年，电子信息领域高新技术企业达到 8.1 万家，占高新技术企业总数的 29.3%；先进制造与自动化领域高新技术企业为 6.7 万家，占比为 24.3%。两个领域高新技术企业之合占高新技术企业总数的比重超 50%。新能源与节能领域、航空航天领域高新技术企业数较少（图 4-4）。

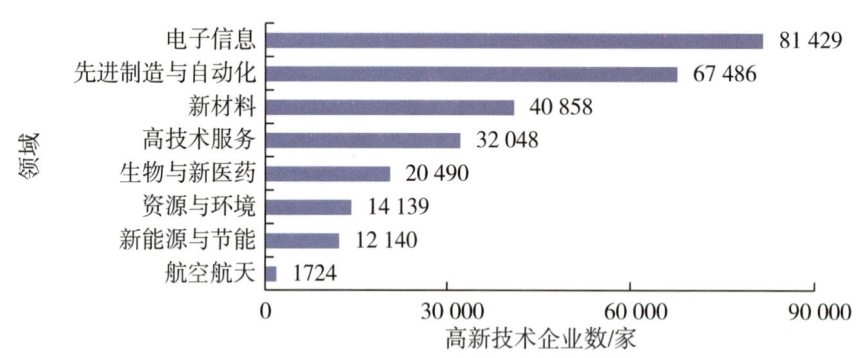

图 4-4　2020 年高新技术企业领域分布情况

2. 先进制造与新材料领域产值稳健

先进制造与自动化、新材料领域高新技术企业具有较好的成长性，工业总产值之和占比近六成。从工业总产值看，2020 年，先进制造与自动化领域高新技术企业工业总产值达到 10.9 万亿元，占高新技术企业工业总产值的 29.6%，居各高新技术领域首位；新材料领域工业总产值为 10.4 万亿元，占比为 28.2%（图 4-5）。从平均每家高新技术企业工业总产值看，航空航天领域工业总产值最高，为 3.0 亿元；高技术服务领域工业总产值最低，为 0.2 亿万元。

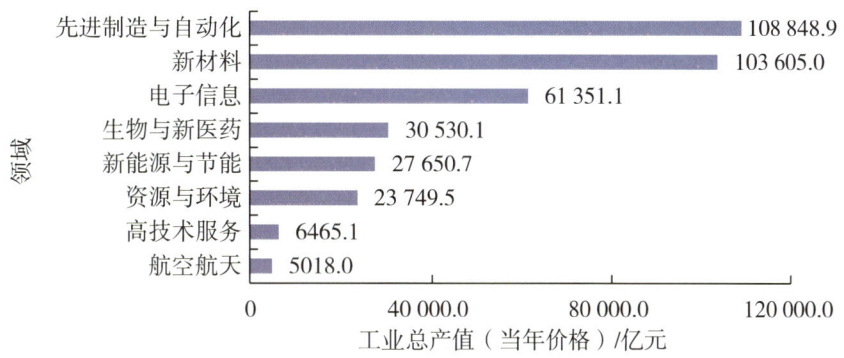

图 4-5　2020 年高新技术企业各领域工业总产值分布情况

先进制造与自动化领域高新技术企业税收贡献最大。2020 年，先进制造与自动化领域高新技术企业实际上缴税费达到 4259.6 亿元，占高新技术企业实际上缴税费的 23.2%；新材料和电子信息领域实际上缴税费超 3000 亿元（图 4-6）。从平均每家高新技术企业实际上缴税费看，资源与环境领域实际上缴税费最高，为 1040 万元；实际上缴税费最低的为电子信息领域，为 416 万元。

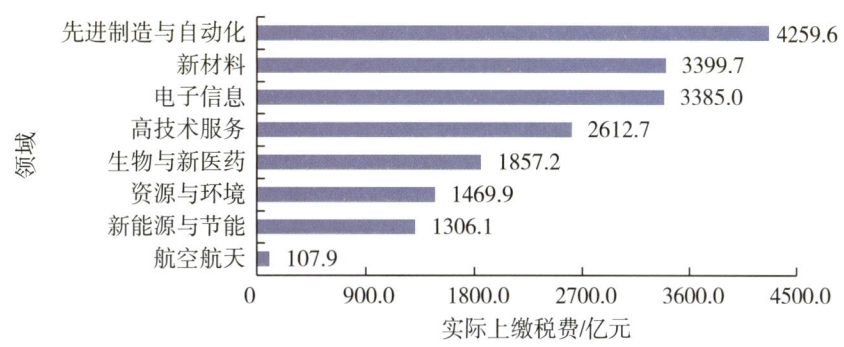

图 4-6　2020 年高新技术企业各领域实际上缴税费情况

3. 先进制造与自动化领域产出专利最多

先进制造与自动化领域创新创造能力明显高于其他高新技术领域，智能制造、3D 打印、工业机器人等技术赋能产业发展。从专利拥有量看，2020 年，先进制造与自动化领域期末拥有有效专利数最多，达到 181.7 万件；其次是电子信息领域，期末拥有有效专利数达到 138.6 万件；资源与环境领域和航空航天领域期末拥有有效专利数相对较少（图 4-7）。

图 4-7　2020 年高新技术企业各领域期末有效专利情况

（三）区域分布

1. 高新技术企业主要集中于东部地区

高新技术企业区域分布不均衡的现象较为突出。从区域分布看，东部地区高新技术企业达到 18.9 万家，占比达到 69.5%；中部地区高新技术企业为 4.4 万家，占比为 16.0%；西部地区和东北地区高新技术企业分别占比 10.4% 和 4.2%。总体来看，东部沿海发达地区产业基础雄厚，创新生态良好，经济发展势头强劲，高新技术企业呈现明显的集聚效应（图 4-8）。

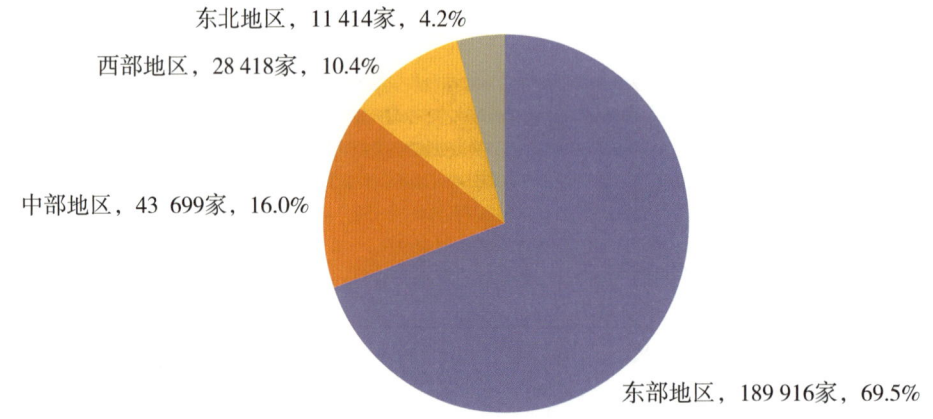

图 4-8　2020 年高新技术企业地区分布情况

2. 广东高新技术企业数领先

广东政策优势与区位优势叠加，高新技术企业数领先全国其他省市。从省市分布看，2020 年，广东高新技术企业总数达到 5.4 万家，占当年高新技术企业总量的 19.3%；其次为江苏，共 3.2 万家，占比为 11.7%；北京位居第三，占比为 9.6%。浙江、上海、山东、湖北、河北、湖南、四川跻身全国高新技术企业数位居前十（图 4-9）。

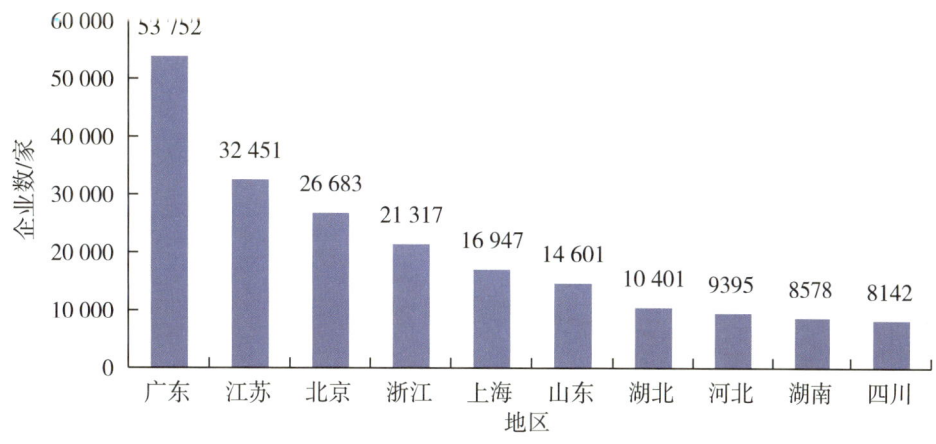

图 4-9　2020 年高新技术企业数位居前十的省市

3. 长三角城市群高新技术企业发展迅速

长三角、粤港澳、京津冀城市群高新技术企业数占全国五成。从重点城市群分布看，2020 年，长三角城市群以江苏、浙江和上海为引领，区域高新技术企业数占高新技术企业总数的比重达 21.4%；其次为粤港澳大湾区，凭借广东全国高新技术企业数第一，区域高新技术企业数占比为 18.3%，仅次于长三角城市群；京津冀城市群以北京、河北为代表，区域高新技术企业数占比达 15.7%（图 4-10）。

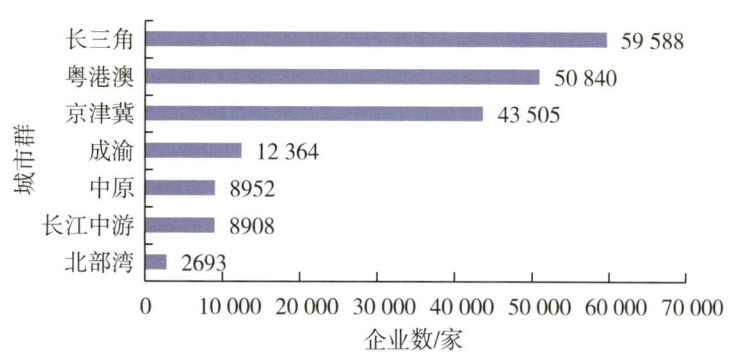

图 4-10　2020 年高新技术企业主要城市群分布情况

（四）创新绩效

1. 创新投入逐年攀升

随着国家创新驱动发展战略的深入实施，高新技术企业创新投入逐年攀升，科技活动人员与科技活动经费成为高新技术企业开展研发创新活动的关键要素。2020 年，高新技术企业科技活动人员规模达到 916.3 万人，较上年增长 11.1%，是 2016 年的 1.6 倍；高新技术企业科技活动费用突破 3 万亿元，较上年增长 18.2%，是 2016 年的 2.0 倍。每万人科技活动费用从 2016 年的 25.4 万元增长到 2020 年的 32.7 万元（图 4-11）。

图 4-11　2016—2020 年高新技术企业创新投入情况

2. 创新产出成果丰硕

高新技术企业创新创造能力不断增强，知识产权创造和标准制定取得丰硕成果。从专利申请与授权情况看，2020 年，高新技术企业当年专利申请量达到 168.8 万件，较上年增长 23.4%，较 2016 年增长 119.0%；当年专利授权量达到 124.6 万件，较上年增长 39.5%，是 2016 年的 2.6 倍（图 4-12）。

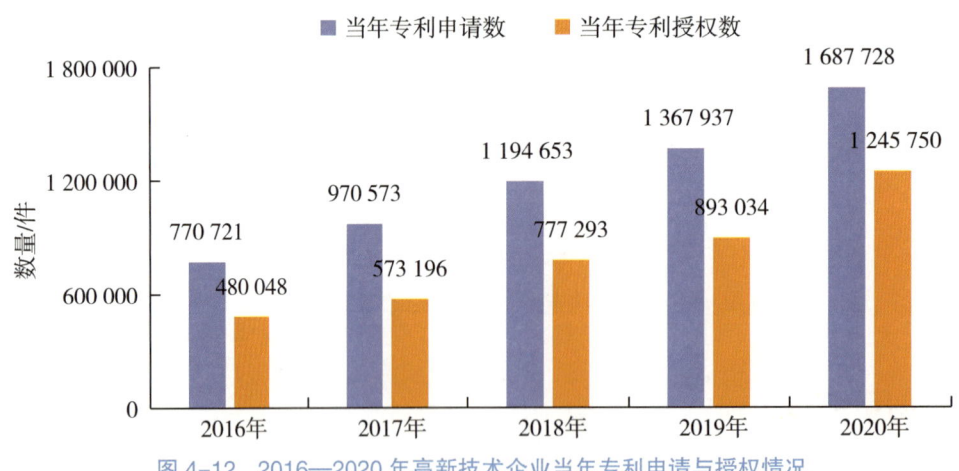

图 4-12　2016—2020 年高新技术企业当年专利申请与授权情况

高新技术企业加大专利培育力度，专利国际化水平不断提高。从专利拥有情况看，2020 年，高新技术企业期末拥有有效专利 582.5 万件，较上年增长 29.1%。其中，期末拥有有效发明专利 142.3 万件，占期末拥有有效发明专利总量的 24.4%；拥有境外授权专利 21.5 万件，占比为3.7%。拥有境外授权专利主要集中在欧美日国家，达到13.8万件，占比为64.2%。高新技术企业拥有专利呈现出逐年快速增长的态势，专利创造能力持续提升（图4-13）。

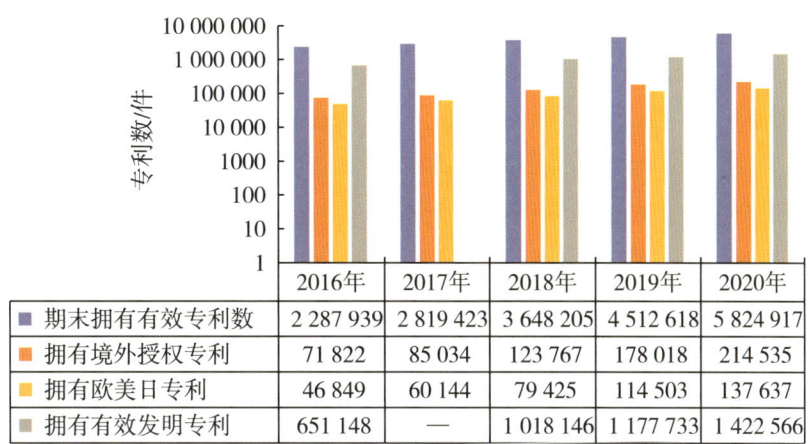

图4-13　2016—2020年高新技术企业专利拥有情况

越来越多的高新技术企业开展商标注册和保护，不断提高品牌影响力和竞争力。从商标产出情况看，2020年，高新技术企业商标注册量大幅增长，期末拥有注册商标160.6万件，较上年增长25.9%，其中，当年注册商标21.0万件，较上年新增2.3万件，是2016年的2.7倍。拥有境外注册商标15.8万件，较上年增长14.0%。从境外注册商标看，受国际贸易萎缩影响，高新技术企业境外注册商标的动力不足，当年境外注册商标较上年有所减少（图4-14）。

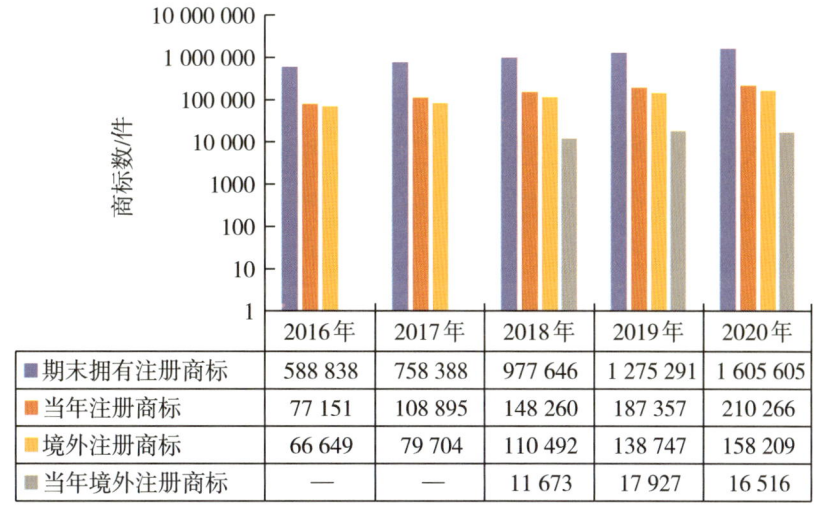

图4-14　2016—2020年高新技术企业注册商标情况

高新技术企业加快实施标准化战略，主导或参与制订标准的积极性不断提升，标准数量持续增加。从国家或行业标准看，2020年，高新技术企业累计形成国家或行业标准较上年增长24.8%，累计形成国际标准较上年增长46.8%；当年形成国家或行业标准较上年增长18.2%，当年形成国际标准较上年增长27.4%。总体来看，高新技术企业注册国际标准增长迅猛，标准已成为高新技术企业抢占行业话语权的重要标志，成为引领产业发展的核心竞争力（图4-15）。

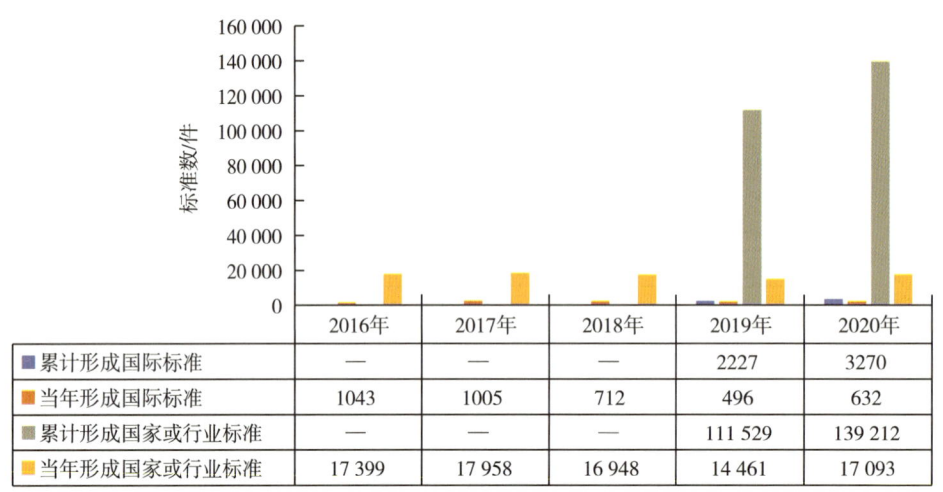

图4-15　2016—2020年高新技术企业形成标准情况

（五）创新人才

1. 高学历从业人员不断集聚

随着"人才强国"战略深入推进，高新技术企业高学历从业人员数量不断提升，反映了高新技术企业人才招引实力的不断增强和持续向好的发展态势。2020年，高新技术企业具有大学本科学历的人员持续增加，达到1228万人，占从业人员期末人数总数的31.8%，自2016年以来占比一直保持在30%左右；具有研究生学历的人员实现逐年稳步增长，2020年达到235万人，其中，硕士214万人，博士19万人，分别是2016年的1.6倍和1.4倍（图4-16）。

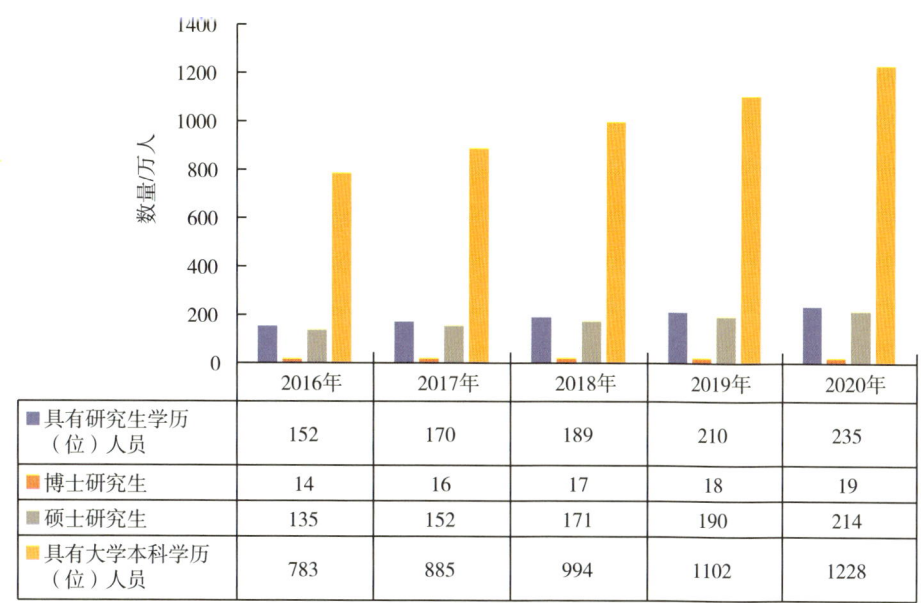

图 4-16　2016—2020 年高新技术企业本科及以上学历从业人员情况

2. 吸引海外高端人才能力有待提高

随着全球人才战略竞争持续深化，海外高端人才成为各国竞争的焦点。从留学归国人员和外籍从业人员看，2020 年，留学回国热持续升温，高新技术企业留学归国人员新增 4.4 万人，达到 25.8 万人，较 2016 年增长 63.3%；外籍人才数量呈现小幅下滑态势，2020 年，引进外籍专家较上年下降 9.1%，为 2.0 万人；外籍常驻人员较上年下降 7.2%，为 9.0 万人（图 4-17）。

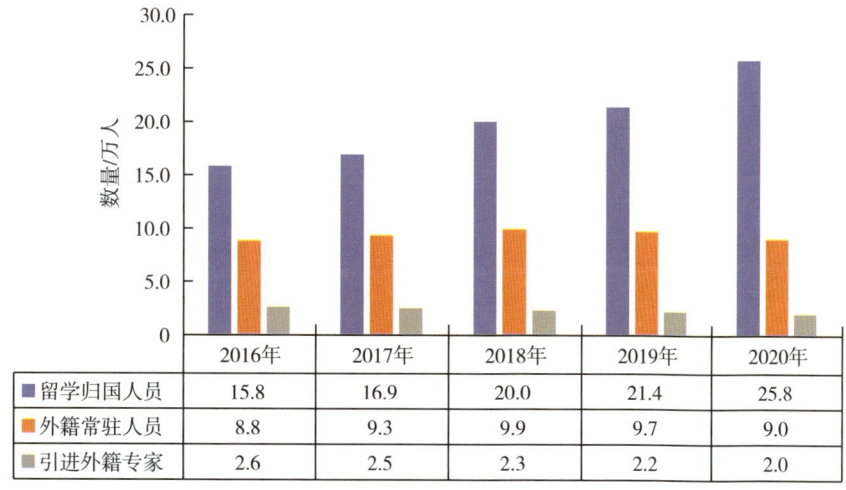

图 4-17　2016—2020 年高新技术企业留学归国人员及外籍人员情况

二、上市企业

随着现代化产业体系建设不断深入，科技企业公司治理结构不断完善，现代企业管理制度逐步建立，企业管理水平不断提高，聚焦高新技术产业和战略性新兴产业的标杆性公司和潜力企业成功上市，硬科技企业规模不断壮大。但是，受新冠疫情影响，全球经济发展形势严峻，我国经济下行压力巨大，上市企业规模和效益受到一定影响。

（一）规模效益

1. 工业总产值稳中有升

受国内外经济形势变化和资本市场动荡，以及政府严格监管等因素影响，各类上市企业数有所波动。2020年，各类上市企业数较上年减少514家，为1.8万家，自2016年以来首次出现下降。从工业总产值看，各类上市企业工业总产值保持稳步增长，2020年达到9.6万亿元，较上年增长7.4%，较2016年增长43.3%（图4-18）。

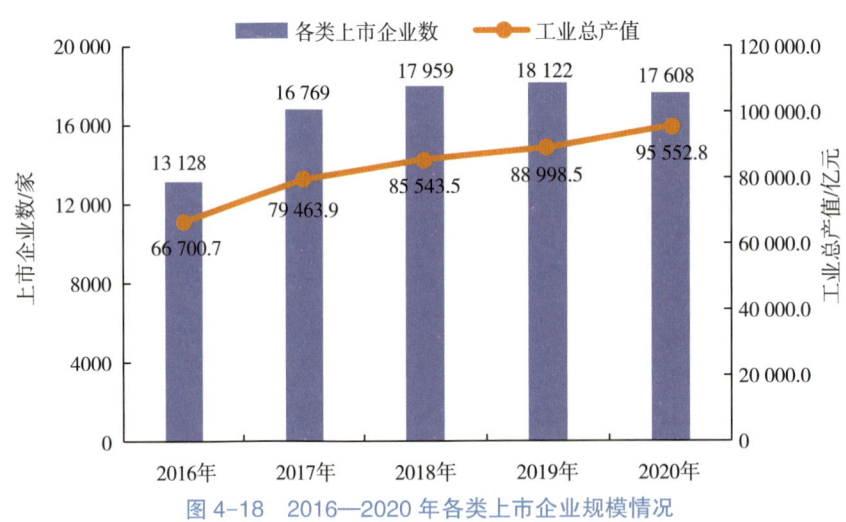

图4-18　2016—2020年各类上市企业规模情况

各类上市企业从业人员规模和当年新增就业数量有所波动。从从业人员看，2020年，各类上市企业从业人员期末人数小幅增长，规模与上年基本持平；当年新增从业人员115.5万人，较上年增长6.1%。新增从业人员数占上市企业从业人员总数的比重不断提高，由2016年的11.8%提高到2020年的15.3%，提高了3.5个百分点。"十三五"期间，各类上市企业从业人员和新增就业人员有所波动，2018年表现最佳，两项指标均为"十三五"期间最高位（图4-19）。

图 4-19　2016—2020 年各类上市企业从业人员情况

2. 经济效益韧性增长

各类上市企业克服国内外多重不利影响，整体营利能力表现良好。从经济效益看，2020年，各类上市企业营业收入保持持续增长，较上年增长 7.2%；净利润实现 30.6% 的高速增长，是 2016 年的 1.8 倍。从实际上缴税费看，各类上市企业实际上缴税费自 2018 年以来连续两年出现下滑，对税收的贡献低于预期（图 4-20）。

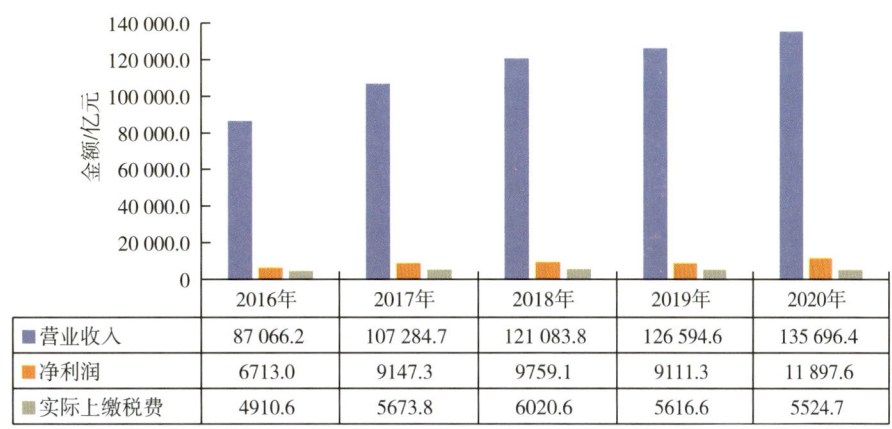

图 4-20　2016—2020 年各类上市企业效益情况

（二）产业分布

1. 先进制造与自动化领域发展成效凸显

各类上市企业中涉及高新技术领域的企业占上市企业总数近八成。从领域分布看，2020年，先进制造与自动化领域各类上市企业数最多，达到 3698 家，占各类上市企业总数的 21.0%；其次是新材料领域各类上市企业 3023 家，占比为 17.2%；生物与新医药、高技术服务、电子信息、资源与环境等领域各类上市企业数均超 1000 家；航空航天领域各类上市企业数最少（图 4-21）。总体来看，先进制造与自动化领域和新材料领域作为我国高新技术产业优势领域，也是我国各类上市企业的分布重点。

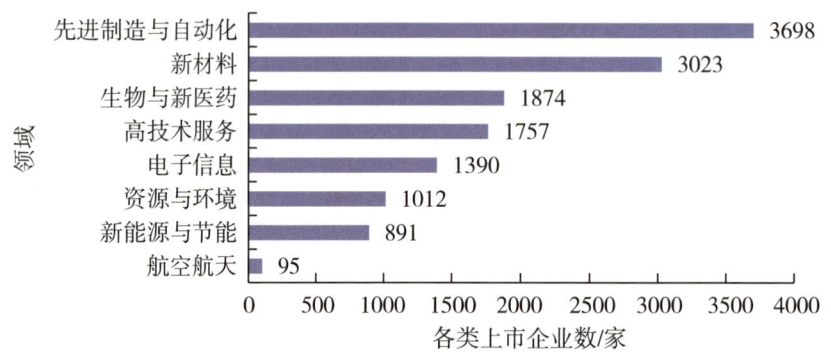

图 4-21　2020 年高新技术领域各类上市企业分布情况

2. 电子信息领域经济效益稳健

各类上市企业产业方向向高新技术领域集聚，并取得较好经济效益。从工业总产值看，先进制造与自动化领域各类上市企业工业总产值最高，达到 3.0 万亿元，占各类上市企业工业总产值总量的比重达 31.0%；其次是新材料领域和电子信息领域，工业总产值占比分别为 26.6% 和 17.4%。从平均每家上市企业工业总产值看，电子信息领域各类上市企业最高，达到 12.0 亿元；先进制造与自动化领域各类上市企业为 8.0 亿元，位居第二（图 4-22）。

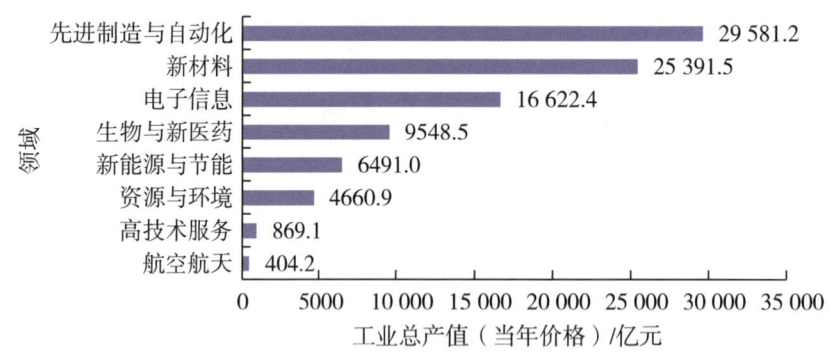

图 4-22　2020 年高新技术领域各类上市企业工业总产值情况

先进制造与自动化、电子信息、新材料领域各类上市企业实际上缴税费位居前三。从上缴税费情况看，2020 年，先进制造与自动化领域上市企业实际上缴税费最多，达到 1164.2 亿元；电子信息和新材料领域均超 1000 亿元（图 4-23）。从平均每家上市企业实际上缴税费看，电子信息领域各类上市企业居首位，平均每家上市企业实际上缴税费为 7472.0 万元；新能源与节能、资源与环境、生物与新医药、新材料与先进制造与自动化领域各类上市企业均超3000万元；高技术服务领域上市企业最低，为1601.1万元。

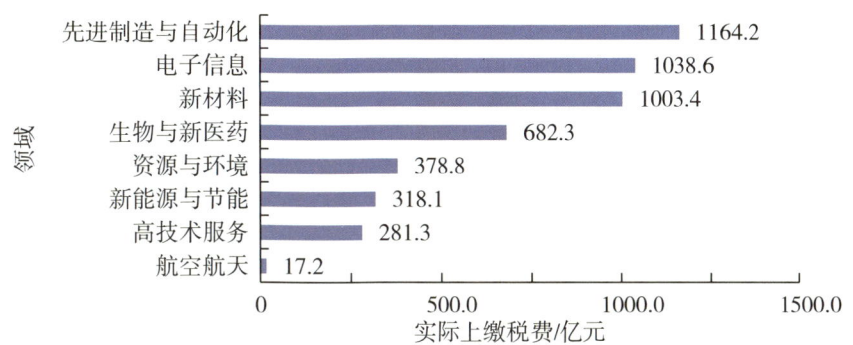

图4-23　2020年高新技术领域各类上市企业实际上缴税费情况

3. 电子信息领域平均拥有专利最多

各高新技术领域上市企业专利创造能力差异较大，电子信息领域表现突出。从期末拥有有效专利数量看，2020年，先进制造与自动化领域各类上市企业最多，达到33.0万件；电子信息领域仅次于先进制造与自动化领域，期末拥有有效专利32.3万件（图4-24）。从平均每家上市企业期末拥有有效专利看，电子信息领域最多，达到232.2件；生物与新医药领域和高技术服务领域平均每家上市企业期末拥有有效专利数较低，均不足40件。

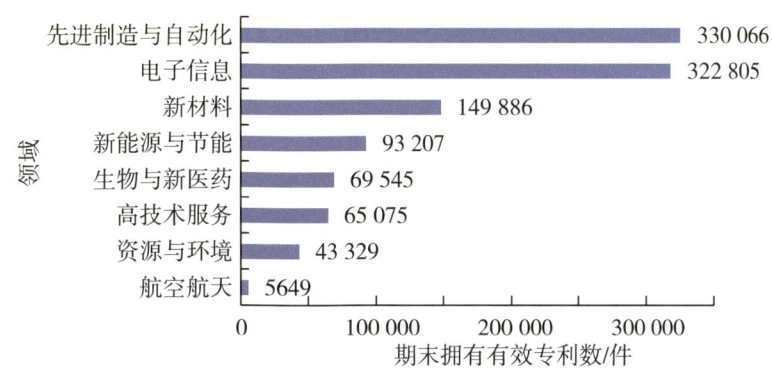

图4-24　2020年各类上市企业期末有效专利情况

（三）区域分布

1. 上市企业集中分布于东部地区

东部地区上市企业集聚态势明显，中西部地区和东北地区上市企业引进培育力度还需加大。从区域分布看，2020年，东部地区共有各类上市企业1.1万家，占各类上市企业总数的 63.5%；其次是中部地区和西部地区，共有各类上市企业 3875 家和 1847 家，占比分别为 22.0% 和 10.5%；东北地区各类上市企业最少，仅 710 家，占比为 4.0%（图 4-25）。

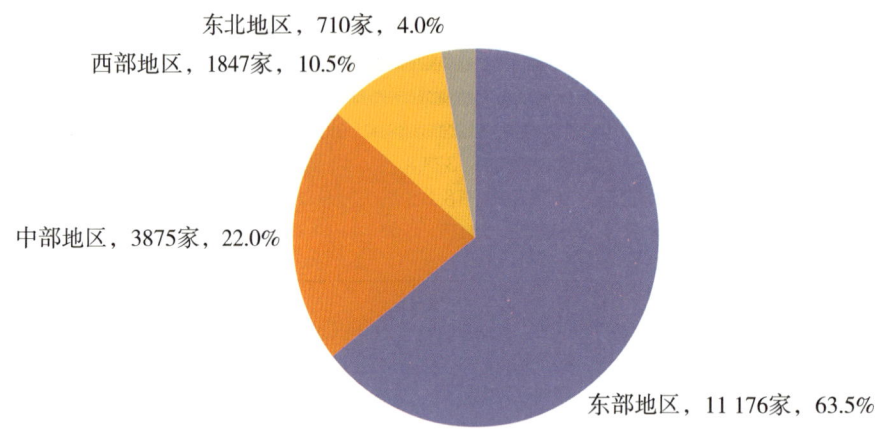

图 4-25　2020 年各类上市企业地区分布情况

2. 广东上市企业蓬勃发展

广东资本市场和营商环境优势领先全国，叠加不断增强的政策支持力度，各类上市企业快速发展。从省市分布看，2020 年，广东各类上市企业数居全国首位，达到 2389 家，占各类上市企业总数的 13.6%；江苏金融支持制造业发展取得较好成效，共有各类上市企业 2279 家，占比为 12.9%，位居第二；山东实施"领航型"企业培育计划，新增市值过千亿的上市公司，各类上市公司达到 1495 家；北京、浙江、安徽和湖北等地各类上市企业数居全国前列（图 4-26）。

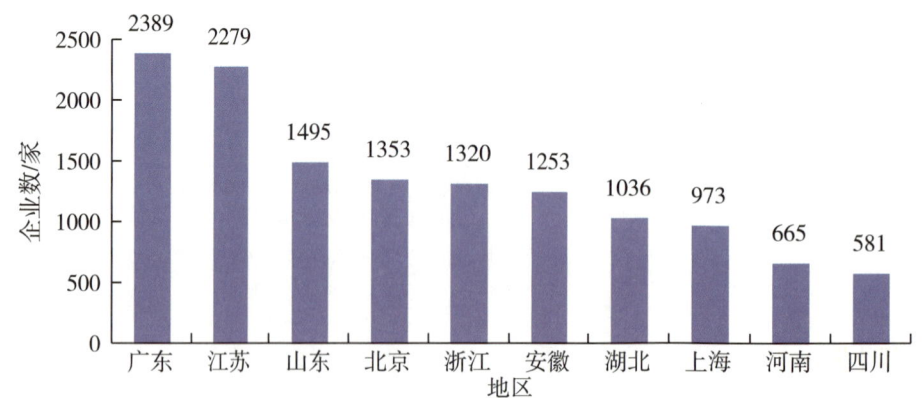

图 4-26　2020 年各类上市企业数位居前十的省市

3. 长三角城市群上市企业集聚

区域发展不平衡现象仍然存在，重点城市群各类上市企业数差距较大。从重点城市群分布看，长三角、京津冀、粤港澳三大城市群各类上市企业占比过半。其中，长三角城市群各类上市企业最多，达到 4358 家，占上市企业总量的 24.8%；京津冀城市群和粤港澳城市群各类上市企业占比均 13% 左右；其他城市群上市企业数较少（图 4-27）。

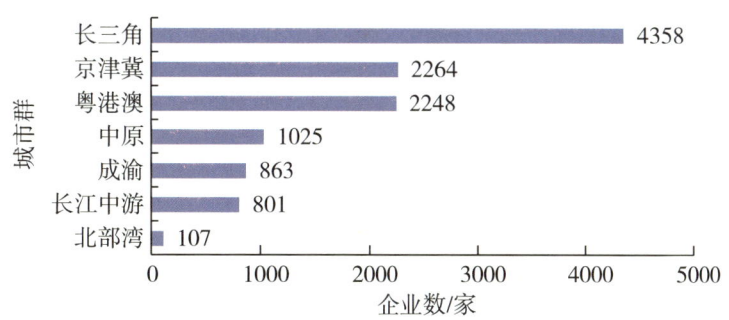

图 4-27 2020 年各类上市企业主要城市群分布情况

（四）创新绩效

1. 创新投入稳步提升

上市企业作为行业标杆，其创新投入活力和力度引领产业技术发展方向，带动行业上下游企业创新能力提升。2020 年，各类上市企业持续开展科技创新活动，加大研发投入力度，科技活动费用达到 5903.5 亿元，较上年增长 10.1%，保持稳定的增长态势；各类上市企业科技活动经费实现小幅增长，科技活动人员规模达到 159.0 万人，人员波动保持在合理区间（图 4-28）。

图 4-28 2016—2020 年各类上市企业创新投入情况

2. 创新产出成效显著

上市企业持续增长的创新投入催生了专利资产规模的持续增长，长期稳定的专利积累奠定了上市企业在行业内的领先地位。2020年，各类上市企业当年专利申请和专利授权数量均实现大幅增长，当年专利申请量达到29.9万件，较上年增长13.3%，较2016年增长63.8%；当年专利授权量达到19.5万件，较上年增长19.1%，较2016年增长73.3%（图4-29）。

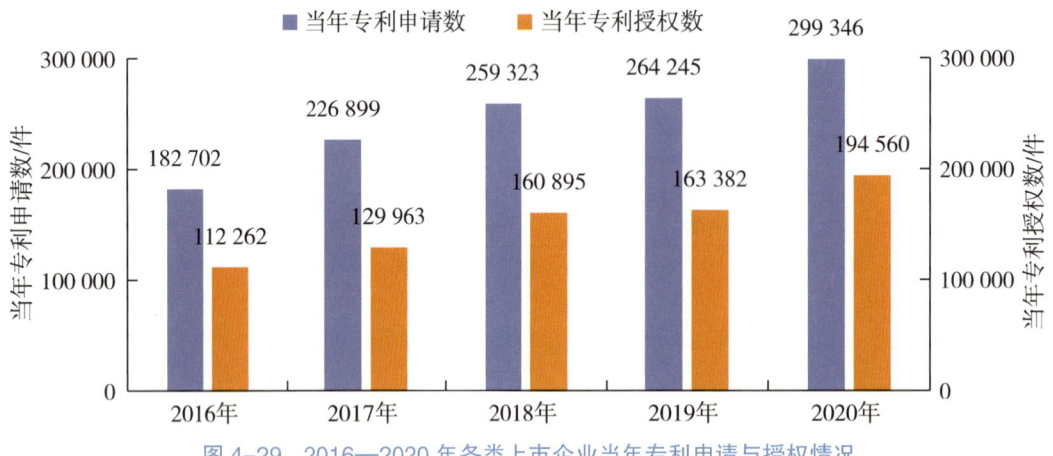

图4-29 2016—2020年各类上市企业当年专利申请与授权情况

各类上市企业发明专利实现大幅增长，欧美日成为专利申请热点国家。2020年，从期末拥有有效专利看，各类上市企业期末拥有有效专利达到109.1万件，较上年增长15.8%。其中，拥有有效发明专利36.4万件，占各类上市企业期末拥有有效专利总量的33.4%；拥有境外授权专利66.4万件，较上年增长18.1%。境外授权专利中，欧美日国家成为专利申请热点，拥有专利3.6万件，占境外授权专利的53.6%（图4-30）。

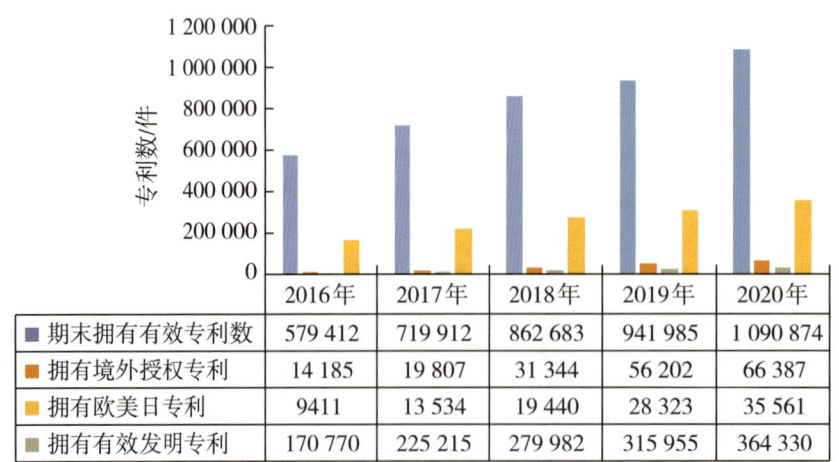

图4-30 2016—2020年各类上市企业专利拥有情况

各类上市企业拥有注册商标数量保持稳定增长。从注册商标产出看，2020年，各类上市企业期末拥有注册商标42.5万件，较上年增长16.0%。其中，当年注册商标4.6万件，较上年新增215件，是2016年的2倍多；境外注册商标7.5万件，较上年增长17.7%。其中，当年境外注册商标5018件，较上年小幅下降（图4-31）。

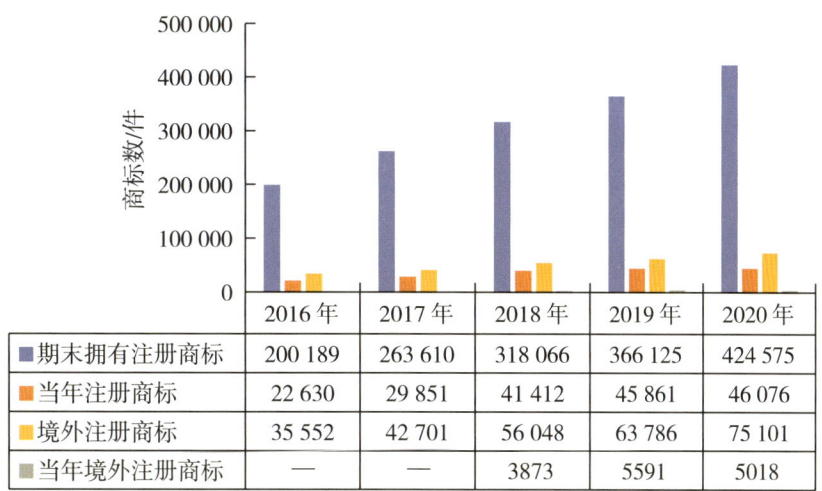

图4-31　2016—2020年各类上市企业注册商标情况

各类上市企业制定国内外标准数量稳步增长，标准体系建设仍有上升空间。从形成国家或行业标准看，2020年，各类上市企业累计形成国家或行业标准和累计形成国际标准较上年分别增长58.7%和15.4%；当年形成的国家或行业标准较上年新增114件，当年形成国际标准较上年新增21件。整体来看，各类上市企业标准数量增长幅度不大，总量低于2016年、2017年、2018年同期水平。各类上市企业标准建设力度需进一步加大，参与国际标准制定的积极性仍需加强（图4-32）。

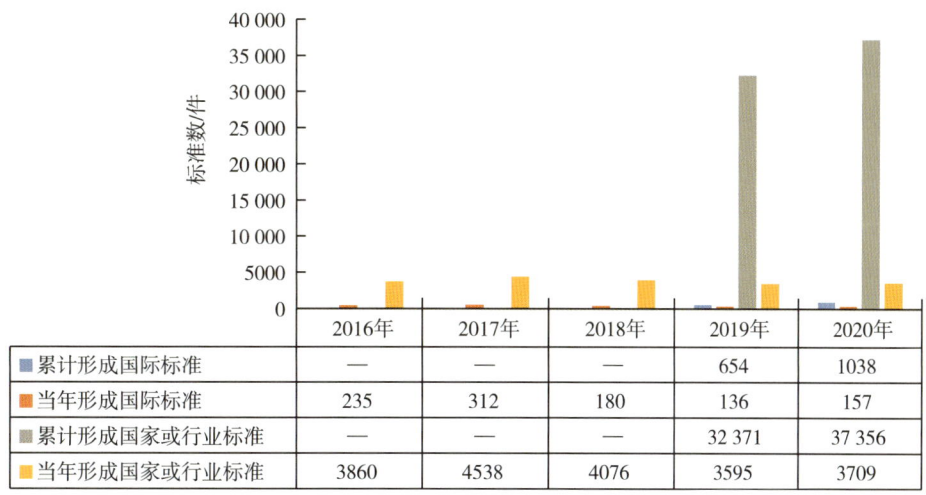

图4-32　2016—2020年各类上市企业形成标准情况

（五）创新人才

1. 高学历人才占比逐年提升

从从业人员看，上市企业资金优势和市场竞争优势明显，对高端人才的吸引力远超其他企业。2020年，各类上市企业中高学历人员占比逐年提升，具有大学本科学历（位）人员数量达到219.4万人，占上市企业期末从业人员总数的29.1%；具有研究生学历（位）人员达到42.8万人，占比19.5%，较2016年增长5个百分点。研究生学历（位）人员中，硕士39.8万人，占研究生学历（位）人员的93.0%；博士2.6万人，占比为6.1%，较2016年增长超36.8%（图4-33）。

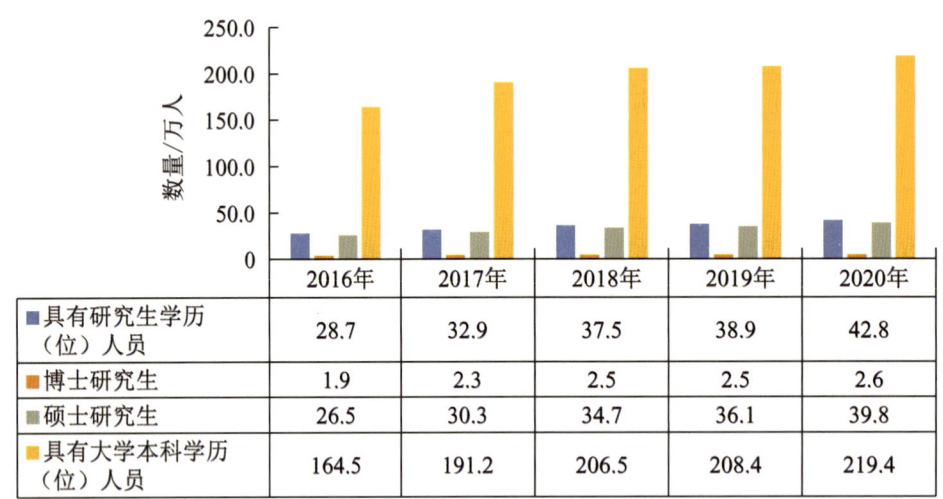

	2016年	2017年	2018年	2019年	2020年
具有研究生学历（位）人员	28.7	32.9	37.5	38.9	42.8
博士研究生	1.9	2.3	2.5	2.5	2.6
硕士研究生	26.5	30.3	34.7	36.1	39.8
具有大学本科学历（位）人员	164.5	191.2	206.5	208.4	219.4

图 4-33　2016—2020 年各类上市企业本科及以上学历从业人员情况

2. 引进外籍高端人才出现下滑

从留学归国人员及外籍从业人员看，各类上市企业外籍人员出现较大波动，外籍高端人才引入机制急需健全。2020年，上市企业留学归国人员达到4.3万人，较上年增长19.4%，是2016年的近2倍，虽仍低于2018年的人员水平，但已呈现向好趋势；外籍常驻人员为1.1万人，较上年减少26.7%，五年来首次出现下降，与2016年外籍常驻人员数量基本持平；引进外籍专家数量较为稳定，五年来基本保持在4000人左右（图4-34）。

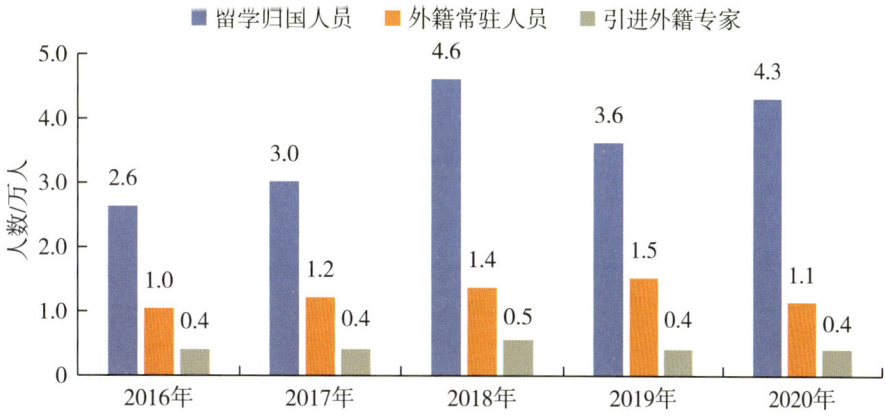

图 4-34 2016—2020 年各类上市企业留学归国人员及外籍从业人员情况

第五章
产业集聚区

发展高新技术产业开发区、经济技术开发区、产业集群、产业基地等产业集聚区是区域经济发展战略的重要组成部分，是建设现代化产业体系的必然选择。产业集聚区以优势特色主导产业为支撑，以龙头企业引领、科技型企业集聚、产业链条关联、资源集约利用为主要特征，通过深化制度创新、优化资源配置、营造产业生态，成为产业转型与创新发展最有效的组织形态。本章节选择国家高新技术产业开发区、创新型产业集群和国家火炬特色产业基地进行重点分析。

一、国家高新区

建设国家高新区是党中央、国务院为推进我国改革开放和社会主义现代化建设，加快经济体制和科技体制改革，迎接世界新技术革命挑战而作出的重大战略部署。截至2020年底，国家高新区已达169个，高新区内企业快速集聚，科技型企业发展壮大，各项经济指标逐年提升，已经成为我国创新驱动的主力军，在优化产业结构、增强国际竞争力、实现高质量发展等方面发挥了重要作用。

（一）规模效益

1. 规模效应逐年显现

国家高新区坚持"高""新"定位，企业规模快速增长，研发投入持续加大，关键核心技术攻关取得重大突破，高新技术产业发展成效显著。"十三五"期间，国家高新区内注册企业规模和从业人员规模保持稳步增长，2020年企业规模达到18.7万家，较上年增长

15.5%；期末从业人员达到 2386.0 万人，较上年增长 7.9%。国家高新区产业规模不断扩大，2020 年工业总产值达到 25.6 万亿元，较上年增长 6.9%（图 5-1）。

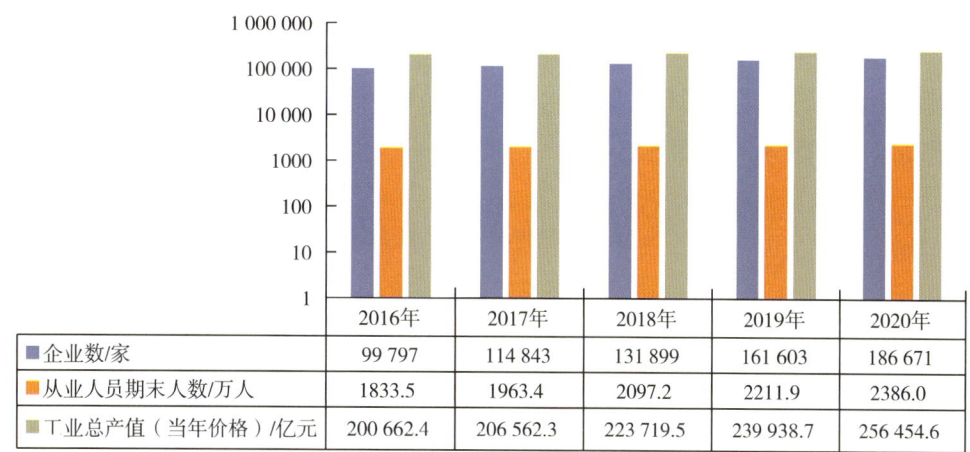

图 5-1 2016—2020 年国家高新区规模情况

2. 发展质效持续提升

国家高新区积极响应国家战略需求，应对严峻复杂的疫情防控形势，在稳住经济基本盘的同时，发展质量和效益持续改善。2020 年，国家高新区营业收入实现 10% 以上的增长，增幅为 11.0%，净利润增幅达到 7.3%，实际上缴税费与上年基本持平，较 2016 年增长 17.2%（图 5-2）。

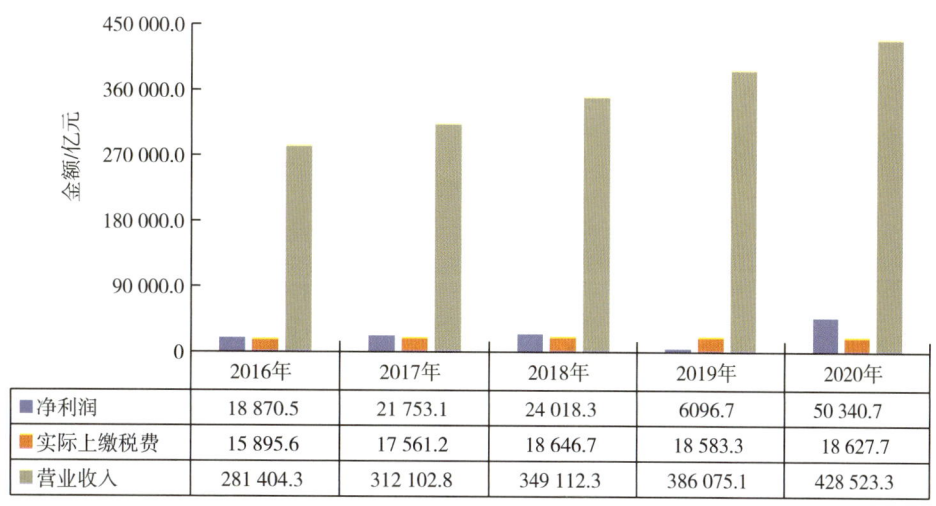

图 5-2 2016—2020 年国家高新区内企业效益情况

3. 产品销售与出口不断增长

国家高新区鼓励企业积极开拓和利用国际市场，加快调整和优化企业出口贸易结构，重点发展高附加值的高新技术产品出口。从产品销售情况看，2020年，国家高新区内企业实现产品销售收入 29.6 万亿元，较上年增长 8.6%，占火炬入统企业产品销售收入总额的 54.0%；其中，高新技术产品销售收入 16.4 万亿元，占产品销售收入的比重达到 55.3%，较 2016 年（48.6%）提高 6.7 个百分点（图 5-3）。

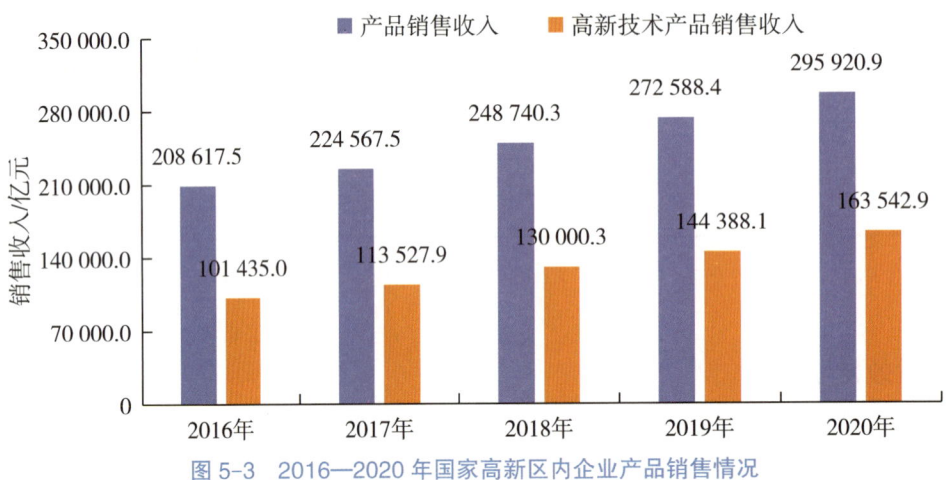

图 5-3　2016—2020 年国家高新区内企业产品销售情况

从进出口情况看，"十三五"期间，在经济逆行压力下，国家高新区进出口总额呈持续稳定的增长态势，出口创汇能力不断提升。2020年，国家高新区进出口总额达到 7.6 万亿元，较上年增长 6.9%；其中，出口总额 4.5 万亿元，占进出口总额的比重达到 58.6%，较上年小幅增长；出口总额中，高新技术产品出口总额达到 2.7 万亿元，占出口总额的 60.4%，较上年提升 3.7 个百分点（图 5-4）。

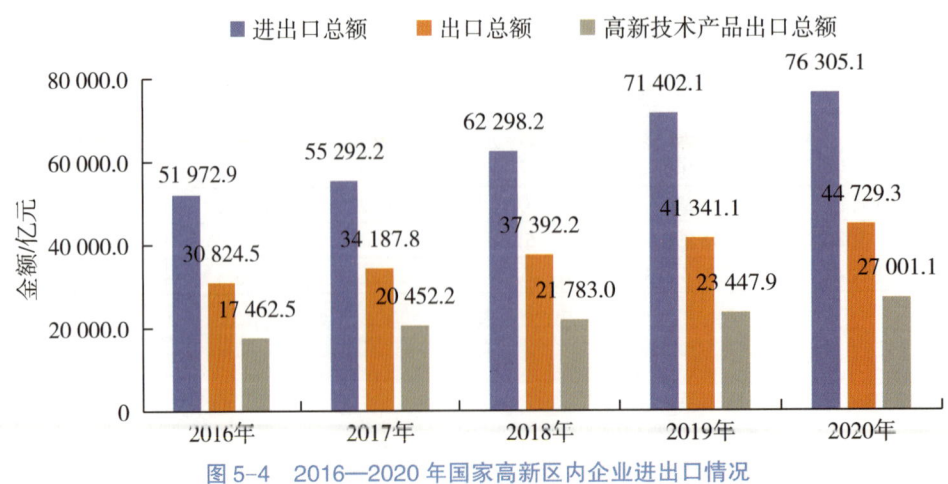

图 5-4　2016—2020 年国家高新区内企业进出口情况

（二）产业分布

1. 电子信息领域企业与人员规模居首位

电子信息领域企业数最多，在创造工作岗位、带动就业等方面贡献突出。2020年，国家高新区内涉及高新技术领域的企业有13.7万家，占国家高新区内企业总数的73.4%。从领域分布局，电子信息领域企业数最多，达到5.6万家，从业人员和当年新增从业人员数均居各高新技术领域首位，从业人员期末人数达到658万人，当年新增就业141万人；先进制造与自动化领域位居第二，企业数为2.5万家，新增就业58万人；高技术服务领域企业规模和从业人员均位居第三（图5-5、图5-6）。

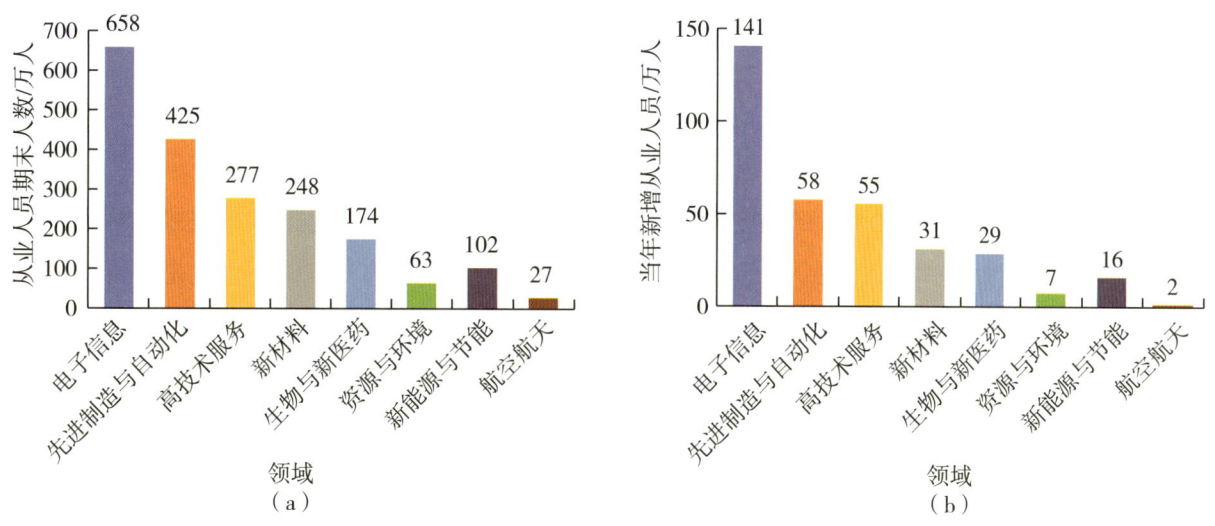

图 5-5　2020年国家高新区内企业吸纳就业情况

2. 先进制造与自动化领域产值领先

先进制造与自动化领域企业为国家高新区以科技创新支撑实现高质量发展作出重大贡献。从工业总产值看，2020年，先进制造与自动化领域企业数虽不足电子信息领域企业的五成，但工业总产值远超电子信息领域，达到70 246亿元，位居第一；电子信息领域工业总产值为60 136亿元，位居第二；新材料领域位居第三；生物与新医药、新能源与节能领域工业总产值均超万亿元。从平均每家企业工业总产值看，新材料领域居首位，为3.06亿元；其次为先进制造与自动化领域，为2.86亿元；居第三位的是航空航天领域，为2.66亿元（图5-6）。

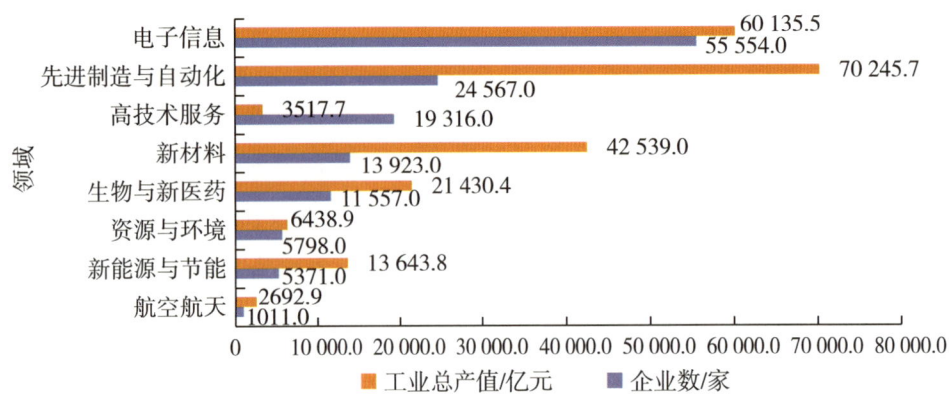

图 5-6　2020 年国家高新区内企业数与工业总产值情况

（三）区域分布

1. 东部地区发展迅速

受国家高新区区域发展不平衡因素影响，国家高新区内企业区域间分布严重不平衡，东部地区优势突出。2020 年，东部地区集聚了高水平创新资源，创新创业活动频繁，国家高新区内企业规模最大，达到近 12 万家，占国家高新区内企业总数的 64.2%；其次是中部地区和西部地区，国家高新区内企业为 3 万家和 2 万家，占比分别为 17.8% 和 13.2%；东北地区国家高新区内企业最少，为 0.9 万家，占比为 4.8%（图 5-7）。

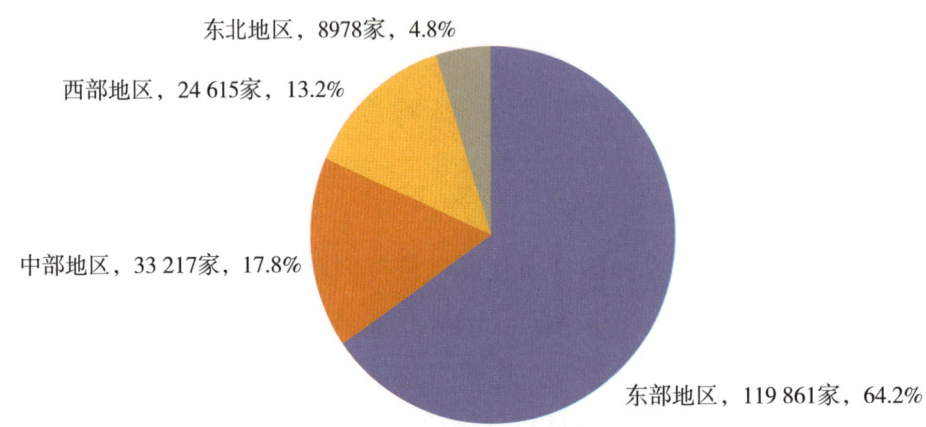

图 5-7　2020 年国家高新区内企业地区分布情况

2. 北京企业数领跑全国

北京创新资源丰富、产学研合作密集、制度创新领先，成为科技企业创新创业热土，国家高新区内企业规模居全国首位。从省市分布看，2020 年，北京唯一一家国家高新区——中关村科技园内企业超 3 万家，占国家高新区内企业总数的 16.1%；江苏和广东国家高新区数量居全国第一和第二，企业数占比均为 12.9%；上海、湖北、山东、浙江、陕西、四川、河南国家高新区内企业数跻身全国前十（图 5-8）。

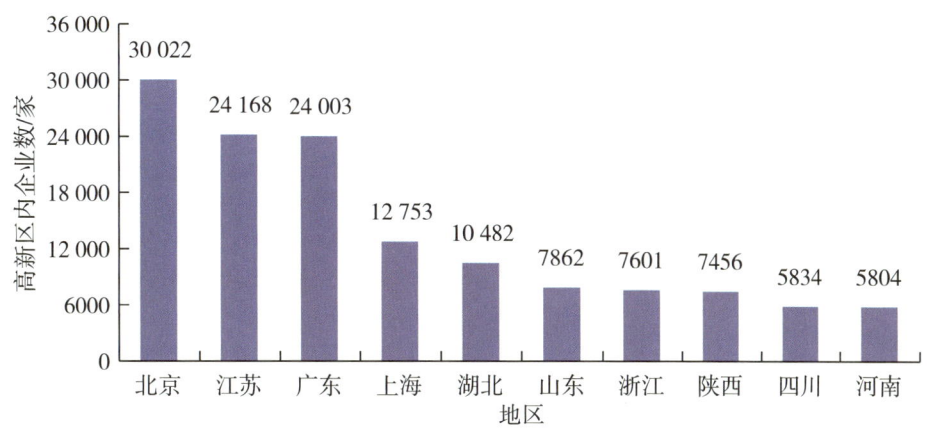

图 5-8　2020 年国家高新区内企业数位居前十的省市

3. 长三角城市群区位优势凸显

长三角城市群是具有活力和竞争力的城市群之一，制造业和服务业较为发达，企业密度相对较高。从城市群分布看，2020 年，长三角城市群国家高新区内企业达到 4.2 万家，占国家高新区内企业总数的 22.6%；紧随其后的是京津冀城市群和粤港澳城市群，国家高新区内企业数分别为 3.9 万家和 2.3 万家，占比分别为 20.8% 和 12.2%；成渝城市群、长江中游城市群和中原城市群国家高新区内企业之和占国家高新区内企业总数的 13.0%（图 5-9）。

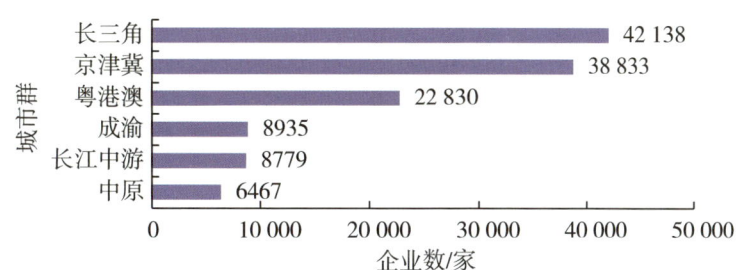

图 5-9　2020 年国家高新区内企业城市群分布情况

（四）创新绩效

1. 创新人才高地逐渐形成

国家高新区作为典型的智力密集区，不断创新人才发展体制机制，实施产业人才优先发展战略，高标准建设创新型人才队伍，高水平人才高地建设取得积极成效。从科技活动人员看，国家高新区内企业科技活动人员数量保持稳定增长。2020 年，达到 514.4 万人，较上年增长10.4%；科技活动人员占国家高新区从业人员的比重不断提高，从2016年的18.9%提高至2020年的21.6%，提升2.7个百分点（图5-10）。

图5-10　2016—2020年国家高新区内企业科技活动人员情况

2. 科技创新保持较强活力

国家高新区内国家级研究机构、新型产业研究机构密集，产学研合作活跃，为搭建创新平台提供了知识载体和技术源头。从科技活动经费看，2020年，国家高新区内企业科技活动经费保持较快增长，达到1.7万亿元，较上年增长15.2%，经费规模达到2016年的2倍。"十三五"期间，国家高新区内企业科技活动经费逐年增长，表明企业创新的内在动力不断增强，为高水平科技成果产出提供了长期、稳定的经费支持（图5-11）。

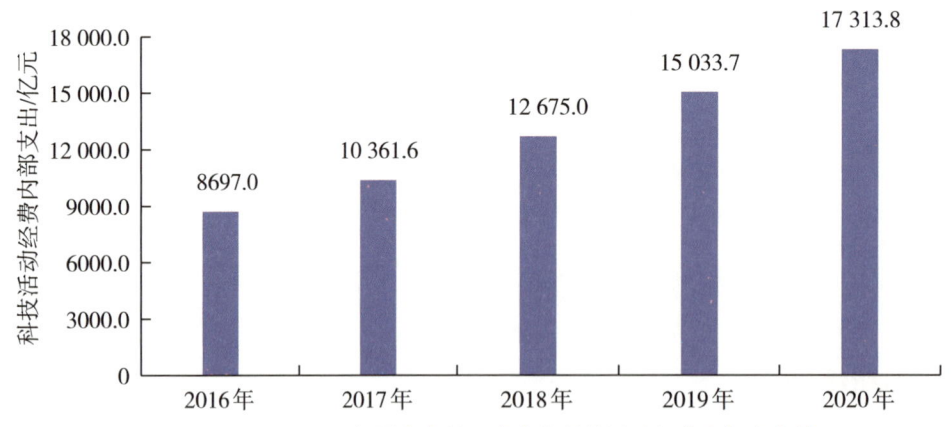

图5-11　2016—2020年国家高新区内企业科技活动经费内部支出情况

3. 研发投入强度远超全国平均水平

国家高新区持续提升自主创新能力，进一步激发企业创新发展活力，企业研发投入强度逐年提升。2020年，国家高新区内企业 R&D 经费投入强度（国家高新区内企业 R&D 经费内部支出与国家高新区 GDP 的比值）达到 6.8%，与 2019 年持平，较 2016 年提高 0.6 个百分点（图 5-12）。与全国 R&D 经费投入强度（全国 R&D 经费投入总量与 GDP 的比值）相比，国家高新区内企业 R&D 经费投入强度远高于全国整体水平，2020 年达到全国整体水平（2.4%）的 2.8 倍。

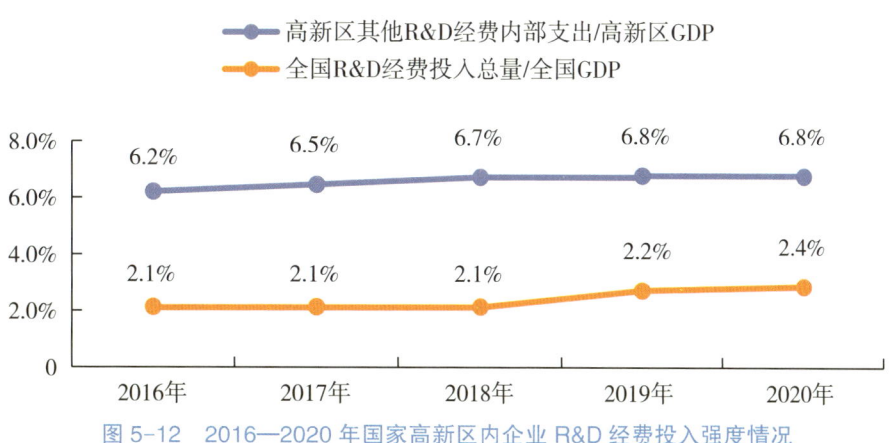

图 5-12　2016—2020 年国家高新区内企业 R&D 经费投入强度情况

4. 专利产出质量稳步提升

随着国家高新区研发投入强度不断提升，创新投入产出成效显著，已逐渐形成具有竞争力的创新型产业格局。从期末拥有有效专利情况看，2020 年，国家高新区内企业期末拥有有效专利 296.4 万件，较上年增长 25.4%。其中，期末拥有有效发明专利 100.5 万件，占国家高新区期末拥有有效专利总量的 33.9%，较上年增长 17.1%（图 5-13）。

图 5-13　2016—2020 年国家高新区内企业期末拥有有效专利情况

（五）企业发展

1. 高新技术企业成为典型代表

国家高新区内企业向高端化、高层级发展，企业结构持续优化。从企业类型看，2020年，国家高新区内注册的186 671家企业中，高新技术企业达到99 305个，占国家高新区内企业总数的53.2%，较2016年提高14.3个百分点。从上市企业看，国家高新区加速推进科技与资本的深度融合，上市企业数逐年增加。2020年，国家高新区内上市企业数达到9747个，较2016年增长40.6%，占区内企业总数的5.2%（图5-14）。

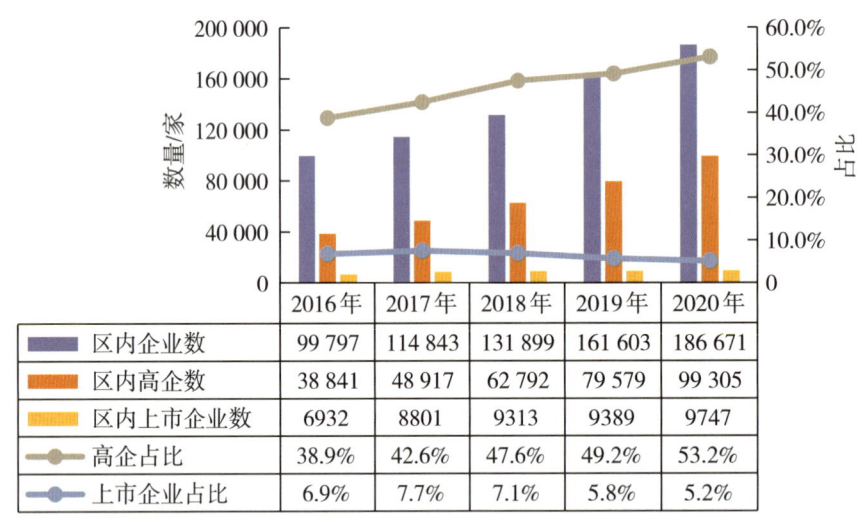

图5-14　2016—2020年国家高新区内高企、上市及挂牌企业情况

2. 从业人员结构不断优化

国家高新区强化人才是第一资源优势，不断优化从业人员结构，为园区发展提供强有力的人才支撑和知识保障。从本科及以上学历从业人员看，2020年，国家高新区内企业本科学历从业人员达到775.7万人，占国家高新区内企业期末从业人员总数的32.5%；研究生学历人数达到166.6万人，占比7.0%；其中硕士研究生152.0万人，博士研究生13.4万人。从趋势看，国家高新区内企业本科及以上从业人员规模稳步提升，高素质人才占比显著提升，2020年，研究生学历人员比2016年增长54.7个百分点（图5-15）。

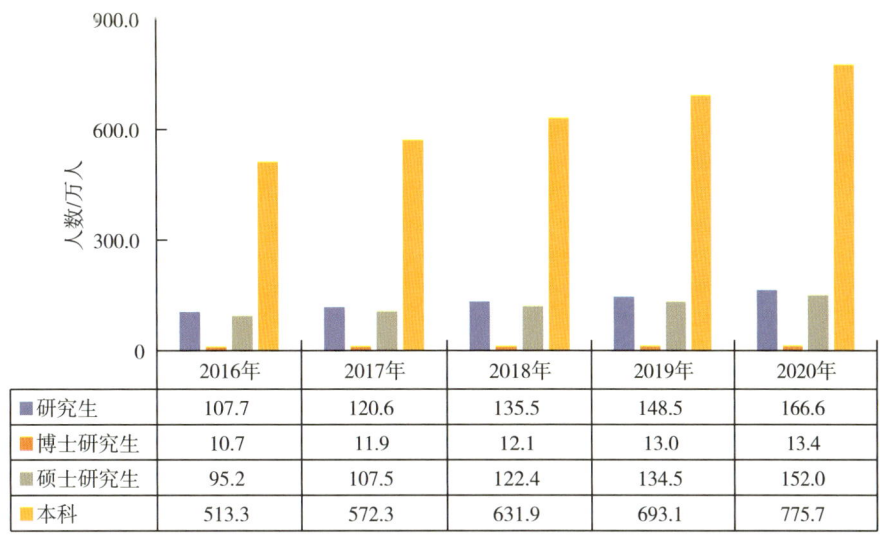

图 5-15　2016—2020 年国家高新区内企业本科及以上学历从业人员情况

3. 从业人员国际化水平仍需提高

国家高新区对海外留学人员吸引力持续增强，留学归国人员数量持续增长。2020 年，国家高新区吸引外籍常驻人员显著增长，达到 9.0 万人，较上年增长 15.4%；留学归国人员达到 21.0 万人，较上年增长 22.8%，是 2016 年的 1.7 倍；引进外籍专家数量持续走低，2020 年共引进外籍专家 1.6 万人，与上年持平，较 2016 年以来有所下降（图 5-16）。

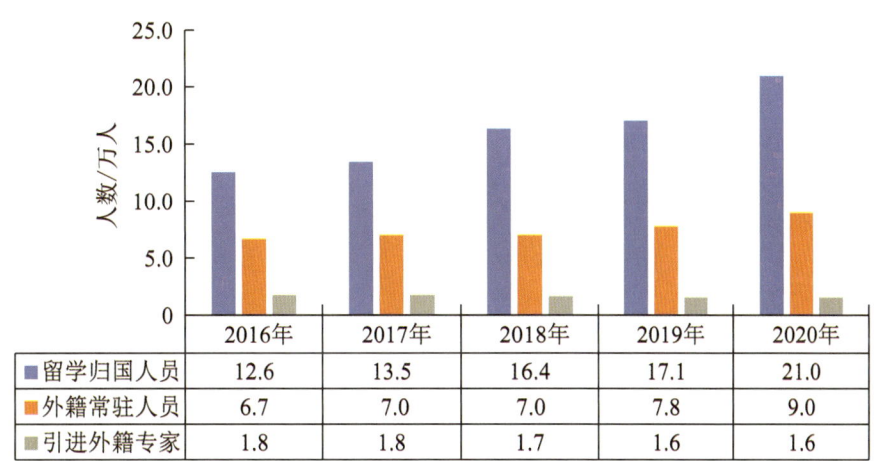

图 5-16　2016—2020 年国家高新区内企业留学归国人员及外籍从业人员情况

4. 重点省市领先优势明显

广东、江苏、山东工业总产值居全国前列，国家高新区领先优势明显。从工业总产值看，2020 年，广东国家高新区内企业工业总产值达到 41 588 亿元，居全国首位；从税收贡献看，北京国家高新区内企业数居首位，税收贡献最为突出，2020 年实际上缴税费达到 2615 亿元，其次为江苏和广东；从国家高新区数量看，江苏居全国首位，2020 年达到 18 个，随后是广东和山东两地（表 5-1）。

表 5-1　2020 年工业总产值超万亿元的国家高新区所在省市情况

序号	地区	工业总产值/亿元	实际上缴税费/亿元	国家高新区数/家	区内企业数/家	年末从业人员数/万人
1	广　东	41 588	2100	14	21 127	347
2	江　苏	34 220	2105	18	22 229	276
3	山　东	20 263	1085	13	6817	146
4	湖　北	16 864	906	12	8660	154
5	浙　江	15 185	963	8	7640	132
6	上　海	13 870	1457	2	11 954	170
7	北　京	12 461	2615	1	27 487	290
8	陕　西	10 596	1075	7	6899	84
9	四　川	10 401	527	8	5226	82

二、创新型产业集群

创新型产业集群是以科技驱动创新为主要特征，围绕战略性新兴产业，科技型企业集聚，产业链上下游协同，具有明显示范带动作用和行业竞争力的新型产业组织形态。2011 年，科技部启动实施"创新型产业集群建设工程"，截至 2020 年底，创新型产业集群已达 109 个。创新型产业集群以国家高新区和国家战略区域为载体，有效整合区域创新主体和创新要素，在促进传统产业转型升级，培育新兴产业方面取得了显著成效。

（一）规模效益

1. 集群规模保持稳定

创新型产业集群以科技型企业为主体，聚焦产业链供应链韧性和安全水平，创新产业组织模式，集聚创新资源与创新人才，"十三五"期间实现平稳增长。整体来看，集群企业规模和产值呈逐年上升趋势，2020 年，集群内企业达到 2.6 万个，同比增长 9.8%；集群年末从业人员达到 430.8 万人，较 2019 年小幅增长；工业总产值在 2019 年出现小幅波动，2020 年回升到 4.7 万亿元，保持在合理区间。自 2017 年以来，集群规模一直保持在 109 个，按照面向国家高新区和国家战略区域培育发展区域主导产业的原则，集群规模仍有进一步扩大的空间（图 5-17）。

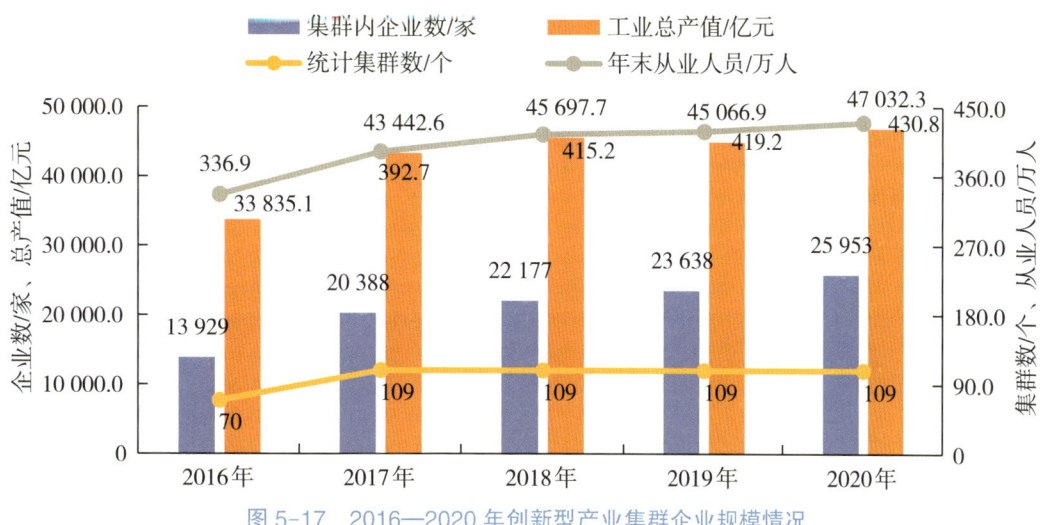

图 5-17 2016—2020 年创新型产业集群企业规模情况

2. 盈利能力不断提升

集群内企业面向产业和市场需求，建立健全市场导向的研发机制，加强产学研合作和企业间协同创新，生产效率和产品附加值不断提升，盈利能力持续增强。"十三五"期间，集群内企业营业收入持续上升，2020 年达到 6.3 万亿元，较上年增长 9.1%；企业净利润受多重因素影响波动较大，2019 年实现 8.2% 的负增长，2020 年在生物医药等产业带动下实现大幅增长，增幅达 36.2%，较 2016 年翻了一番。从上缴税费看，2020 年集群实际上缴税费 2995.0 亿元，较上年小幅下降（图 5-18）。

图 5-18 2016—2020 年创新型产业集群效益情况

3. 各地集群效益显现

从创新型产业集群综合排名看，广东各项指标均居领先地位，集群高新技术产业高质量发展成效明显。2020年，广东共有创新型产业集群14个，营业收入、实际上缴税费、集群总数、高企数量等多项指标居全国首位，其中实现营业收入达到1.4万亿元，实际上缴税费为671亿元；江苏共有创新型产业集群12个，实现营业收入7357亿元，实际上缴税费435亿元；北京营业收入位居第三，达到5314亿元，实际上缴税费202亿元（表5-2）。

表5-2　2020年营业收入位居前十的创新型产业集群所在省市情况

序号	地区	营业收入/亿元	实际上缴税费/亿元	集群数/个	企业总数/家	高新技术企业数/家
1	广东	14 449	671	14	4420	2338
2	江苏	7357	435	12	2819	941
3	北京	5314	202	2	882	547
4	山东	3947	316	11	1720	489
5	四川	2709	153	4	1425	1114
6	陕西	2652	65	3	1175	296
7	浙江	2528	123	2	883	439
8	河北	2334	119	4	1350	605
9	上海	2173	125	5	962	389
10	湖南	2146	104	3	381	225

（二）产业分布

1. 先进制造与自动化领域集群数量最多

创新型产业集群产业领域分布较不平衡，各领域数量差距较大。从技术领域分布看，2020年，先进制造与自动化领域集群数量最多，达到30个，占比27.5%；生物与新医药领域集群达到24个，占比22.0%；电子信息领域集群数达到20个，占比18.3%；高技术服务领域、资源与环境领域、航空航天领域集群数量较少（图5-19）。

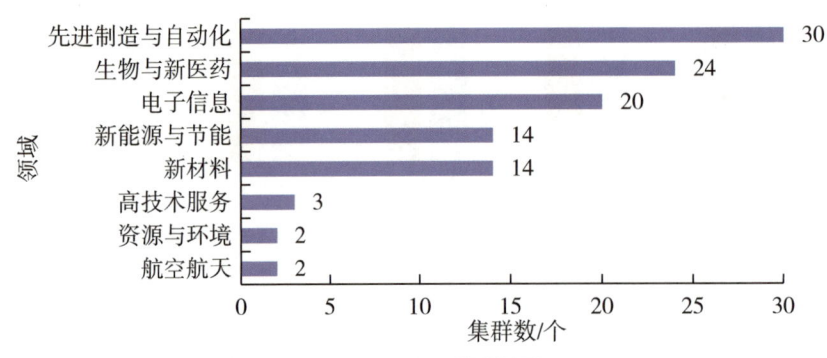

图5-19　2020年创新型产业集群技术领域分布情况

2. 东中西部产业集聚度递减

东中西部创新型集群数量依次递减，东部地区集群数量占比过半。从地区分布看，2020年，东部地区产业集聚度明显高于中西部地区，集群数量达到58个，占创新型产业集群总数的53.2%；其次是中部地区，创新型产业集群数为22个，占比20.2%；西部地区位居第三，集群为19个，占比17.4%；东北地区产业集群化发展表现滞后，创新型产业集群数最少，仅10个，占比9.2%（图5-20）。

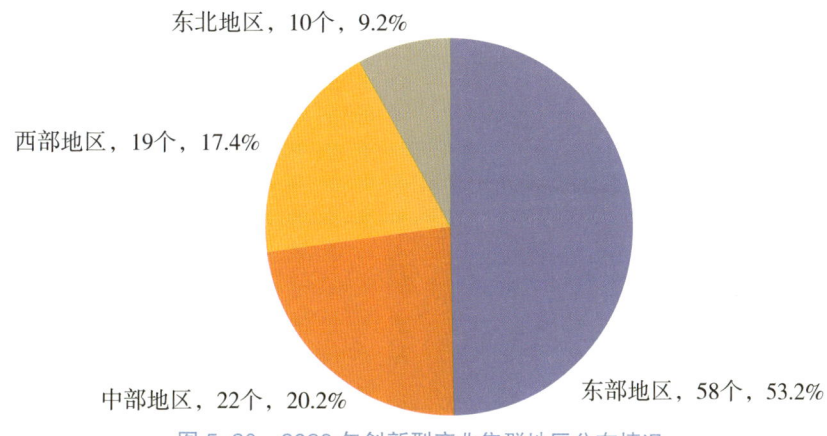

图 5-20　2020 年创新型产业集群地区分布情况

3. 广东创新型产业集群领跑全国

创新型产业集群已覆盖全国大部分省市，广东集群数量居首位。从省市分布看，2020年，集群主要分布于28个省市，其中广东、江苏和山东分布较为广泛，共有创新型产业集群37个，占比超过三成。其中，广东集群为14个，分布在广州、深圳、珠海、佛山等地，占比为12.8%；其次是江苏，共有创新型产业集群12家，主要分布在南京、无锡、常州、苏州、扬州等地，占比为11.0%；山东共有创新型产业集群11个，占比10.2%（图5-21）。

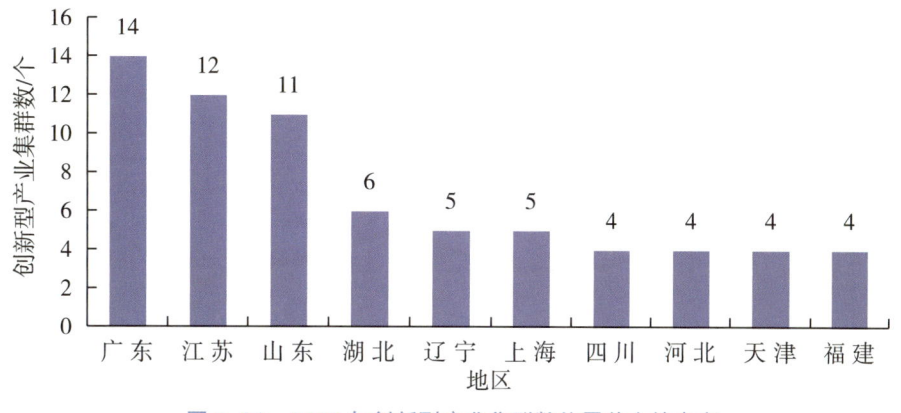

图 5-21　2020 年创新型产业集群数位居前十的省市

（三）创新绩效

1. 创新投入力度持续加大

科技人员和科研经费投入是衡量创新投入的重要指标。近年来，创新型产业集群聚焦主导产业瞄准规模化、高端化、绿化化发展方向，创新投入力度持续增强。2020年，集群科技活动人员达到116万人，较上年增长4.5%；科技经费支出达到3161亿元，较上年增长15.0%（图5-22）。

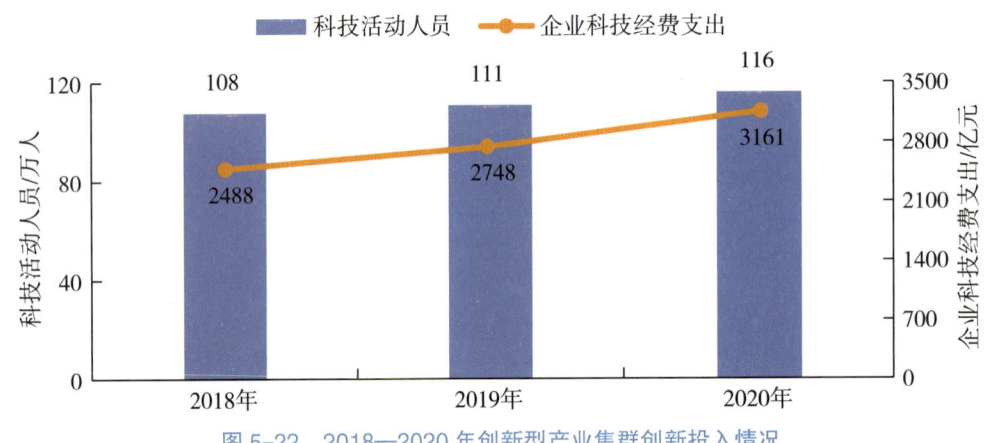

图 5-22　2018—2020 年创新型产业集群创新投入情况

广东集群企业快速发展壮大，科技活动人员和科技活动经费均居首位。从创新投入看，2020年，共有8个省市集群企业科技经费投入超百亿。其中，广东科技活动人员与企业科技经费支出居各省市首位，科技活动人员达到24.1万人；其次为山东，科技活动人员达到9.6万人；江苏居第三位，为9.5万人。广东科技经费支出达到967亿元；北京紧随其后为410亿元；四川、浙江、江苏、上海、辽宁、山东创新投入均超百亿，居全国前列（图5-23）。

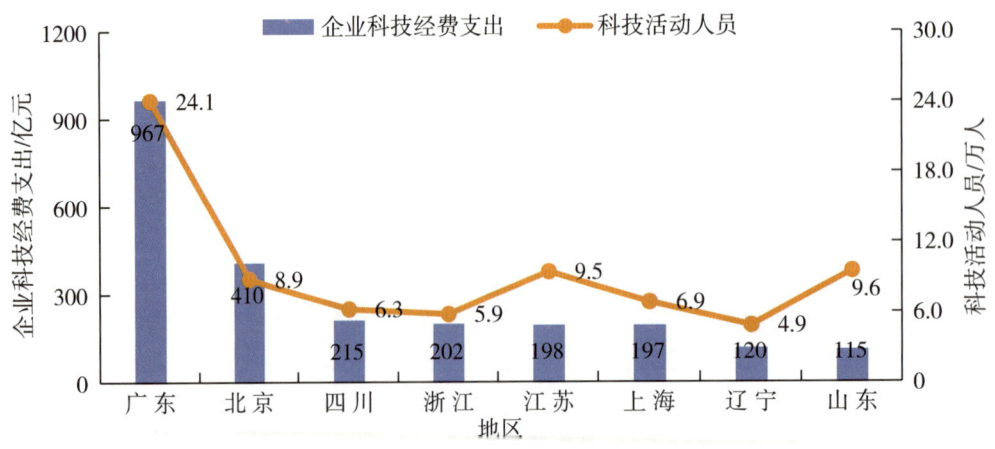

图 5-23　2020 年企业科技经费支出超 100 亿元的集群所在省市情况

2. 创新产出成效显著

各创新型产业集群瞄准战略性新兴产业发展方向，以科技创新支撑主导产业高质量发展，各类创新产出取得显著成效。从专利情况看，2020年，集群期末拥有有效发明专利24.1万件，较上年增长19.1%，达到2018年的1.2倍；当年授权发明专利4.0万件，较2018增长45.1%。从注册商标看，集群期末拥有注册商标18万件，较上年增长25.8%，达到2018年的1.6倍；从国家或行业标准看，当年形成国家或行业标准低于上年发展水平，为1071件，较上年减少29件（图5-24）。

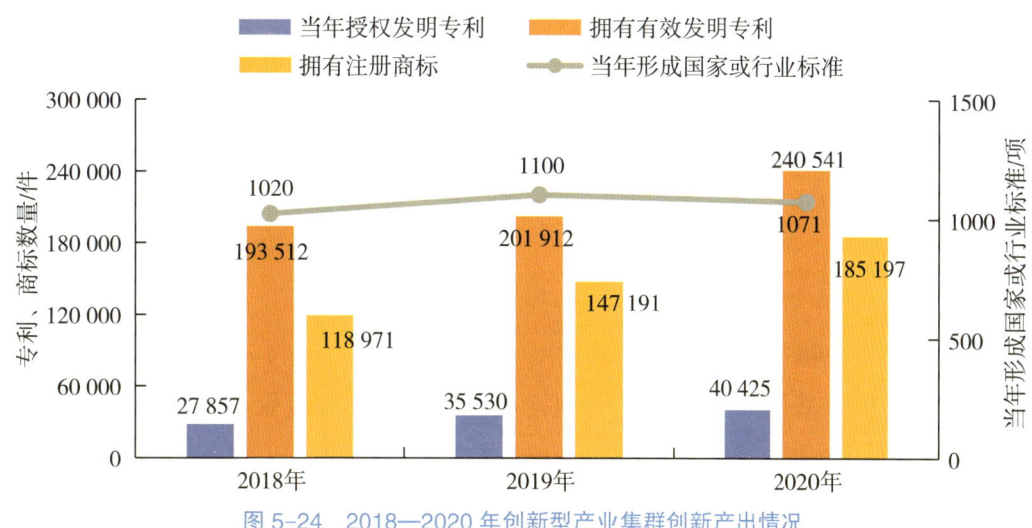

图 5-24 2018—2020 年创新型产业集群创新产出情况

三、火炬特色产业基地

国家火炬特色产业基地以促进县域经济发展为目标，针对国家鼓励发展的细分产业领域，形成的具有区域特色和产业特色，对当地经济和社会发展具有显著支撑和带动作用的产业集聚区。自1995年建设首批基地以来，截至2020年底，全国已有基地471个。近年来，基地区域优势特色产业不断发展壮大，呈现规模化、集群化的发展特征，在提升企业自主创新能力、促进传统产业转型升级和培育新兴产业方面发挥了重要作用。

（一）规模效益

1. 基地规模平稳发展

"十三五"期间，火炬特色产业基地总数波动不大，整体呈稳步上升趋势，基地工业总产值实现逐年增加。截至2020年底，全国火炬特色产业基地达到471个，较上年新增34个；

基地内企业集聚度进一步提升，各类企业超过 20 万个，带动基地产业平稳向好发展，工业总产值持续增长，超过 12 万亿元（图 5-25）。

图 5-25　2016—2020 年特色产业基地发展规模情况

2. 经济效益仍有小幅波动

近年来，特色产业基地以产业链为基础，相关配套产业高度聚集，成为夯实县域经济发展的"压舱石"。2020 年，基地各项经济指标回稳向好，营业收入达到 12.7 万亿元，较上年增长 12.8%；净利润达到 7522.6 亿元，较上年增长 12.5%；实际上缴税费和出口创汇较上年小幅增长。从趋势看，2019 年基地各项指标小幅波动，净利润、实际上缴税费和出口创汇额均有不同程度的下降（图 5-26）。

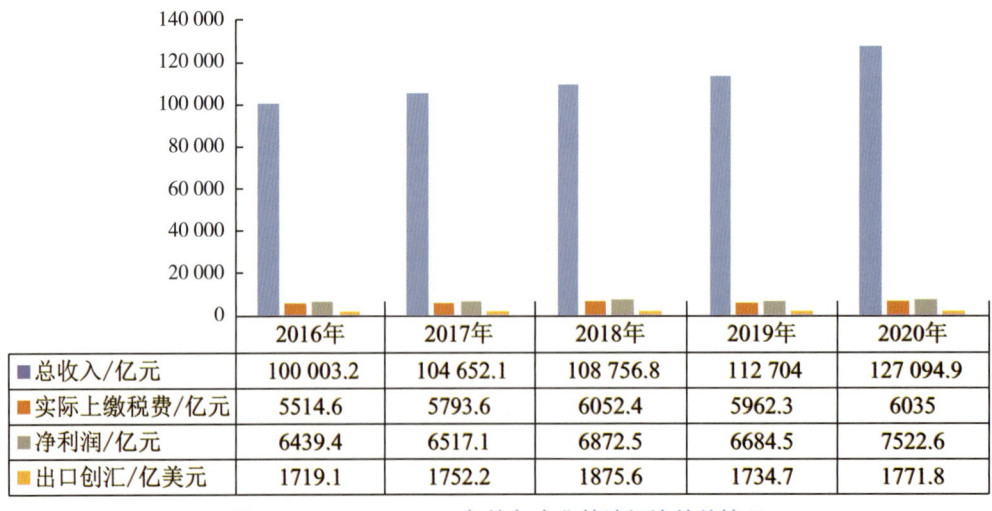

图 5-26　2016—2020 年特色产业基地经济效益情况

（二）产业分布

1."东强西弱"态势明显

东部地区高度重视区域特色产业对经济高质量发展的促进作用，加速产业集聚区梯度培育，加大力度培育建设特色产业基地，基地数量远超其他区域。从地区分布看，截至2020年，东部地区基地数量占绝对优势，达到326个，占基地总量的69.2%，是中部地区的4倍、西部地区的8倍、东北地区的10倍；中部地区和西部地区基地数量分别为76个和38个，占比分别为16.1%和8.0%；东北地区基地仅为31个，占比6.6%（图5-27）。

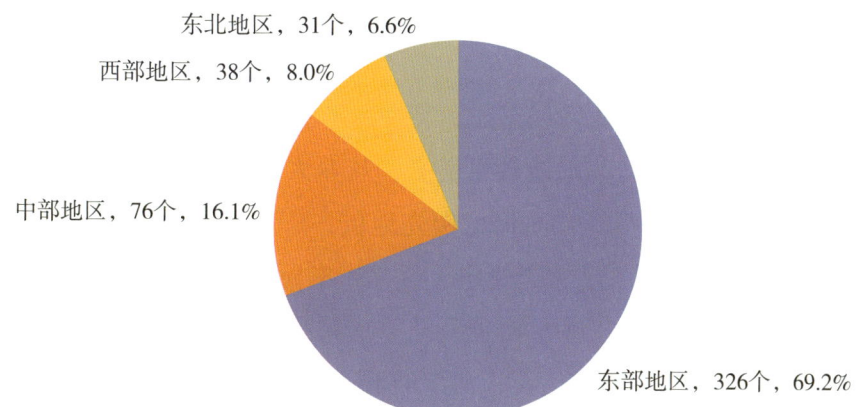

图5-27 2020年特色产业基地地区分布情况

2.各省市基地数量差异较大

江苏县域经济发展领先全国，特色产业基地数量全国占比近三成。从省市分布看，2020年，471个特色产业基地在全国31个省、市、自治区均有分布，江苏、山东、浙江基地数位列前三，合计占比54.1%。其中，江苏基地数量居全国首位，达到135个，占基地总量的28.7%；其次为山东和浙江，分别为68个和52个，占比分别为14.4%和11.1%；其他省市基地数量偏低（图5-28）。

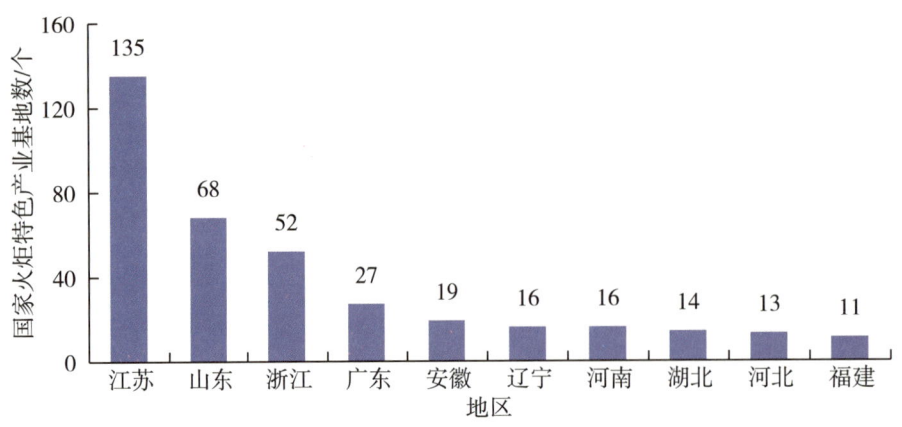

图 5-28　2020 年特色产业基地数位居前十的省市

3. 江苏基地规模效益突出

江苏依托良好的县域特色产业发展基础，特色产业基地各项指标表现优异，发展质效保持全国领先。从基地规模看，江苏基地数量最多，从业人员达到 318 万人，居各省市首位；实现工业总产值、实际上缴税费等方面保持领先地位；广东基地内企业数最多，达到 6.3 万个。从经济效益看，江苏实现工业总产值超 4 万亿，实际上缴税费达到 2262 亿元，均居全国领先地位。从平均每个基地的工业总产值看，重庆最高，平均每个基地的工业总产值达到 1003.4 亿元；其次是广东，为 525.4 亿元；河南最低，为 197.1 亿元（表 5-3）。

表 5-3　2020 年工业总产值位居前十的特色产业基地所在省市情况

序号	地区	工业总产值/亿元	实际上缴税费/亿元	基地数/个	基地内企业数/家	企业从业人员总量/万人
1	江苏	40 027	2262	135	29 041	318
2	广东	14 186	634	27	63 309	243
3	山东	13 814	533	68	19 883	156
4	浙江	11 212	656	52	21 971	129
5	安徽	5641	201	19	4591	49
6	重庆	5017	116	5	2588	21
7	湖北	3702	145	14	6777	32
8	湖南	3318	202	10	2900	26
9	河南	3153	107	16	1991	35
10	上海	3077	116	10	8460	21

（三）人才发展

1. 从业人员布局不均衡

受特色产业基地全国分布不均衡因素影响，基地从业人员数量存在较大差异。从从业人员省市分布看,江苏、广东基地发展基础雄厚,成为吸纳外来就业的重要途径。其中,江苏各基地吸纳人员最多,达到317.9万,占比高达26%。山东、浙江、安徽等省份基地从业人员超30万人(图5-29)。

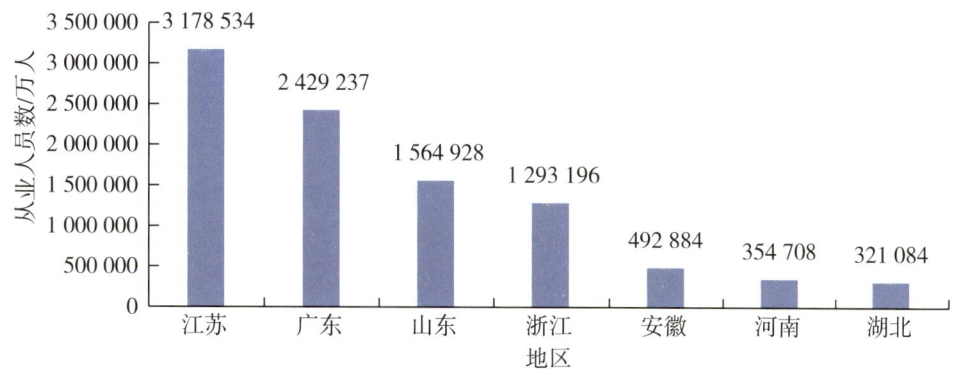

图5-29　2020年特色产业基地从业人员超30万人的省市情况

2. 人才结构持续优化

特色产业基地走内涵式发展道路,着力提升产业技术创新能力,支持企业加强与大专院校、科研机构合作,探索建立有利于产学研结合的人才使用机制,加大高学历人才引育力度,基地从业人员结构持续优化。从从业人员学历结构看,2020年,基地从业人员总量达1222万人,其中,大专以上从业人员415万人,占基地从业人员总量的34.0%;硕士、博士人员分别为22万和4万人,较上年增长10.0%和33.3%,分别达到2016年的1.5倍和2倍。硕士、博士从业人员数量稳步攀升,为加速特色产业高端化发展提供了扎实的智力保障(图5-30)。

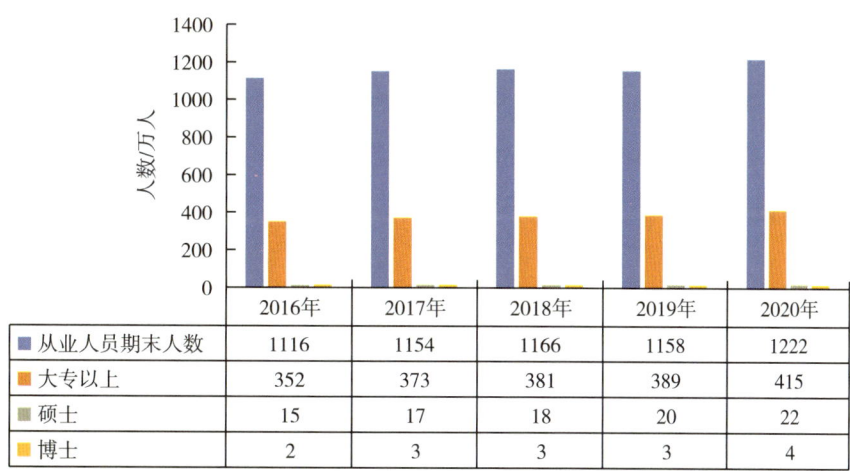

图5-30　2016—2020年特色产业基地从业人员情况

第六章
创新服务机构

科技创新服务体系是国家技术创新体系的重要组成部分,是提升技术创新服务能力的重要途径。构建新时期适应我国经济社会发展的科技创新服务体系,是深入实施创新驱动发展战略,助力由"制造大国"向"制造强国"迈进的必由之路。"十三五"期间,我国科技体制改革深入推进,科技创新服务体系加快建设,各类研发服务、创业孵化、技术转移、科技金融等服务机构不断创新服务模式,精准对接企业发展需求,科技创新服务体系不断完善,对科技创新和高新技术产业发展的促进作用日益增强。

一、研发机构

研发机构是高水平科技成果和高价值专利的重要来源,是促进企业创新发展的"源头活水"。"十三五"期间,我国研发机构不断发展壮大,国家级、省级研究机构、企业技术中心快速增长,多主体投入、市场化运行的新型研发机构井喷式发展,在产学研深度融合、关键核心技术攻关和科技成果高效率转化等方面发挥了积极作用。

(一)研发机构

1. 省级及以上研发机构快速发展

国家高新区内各类研发机构快速发展,成为科技成果转化应用、科技创新人才聚焦、技术交流与合作的重要平台,成为产业高质量发展的关键支撑。从研发机构类型看,2020年,国家高新区内省级及以上各类研发机构达到 28 709 家,较上年增长 12.5%,平均每个国家高新区拥有省级及以上各类研发机构 170 家,较上年增加 19 家,表明国家高新区研发机构持续壮大，创新主体活力持续迸发，服务高新技术产业发展的研发服务体系日趋完善（图6-1）。

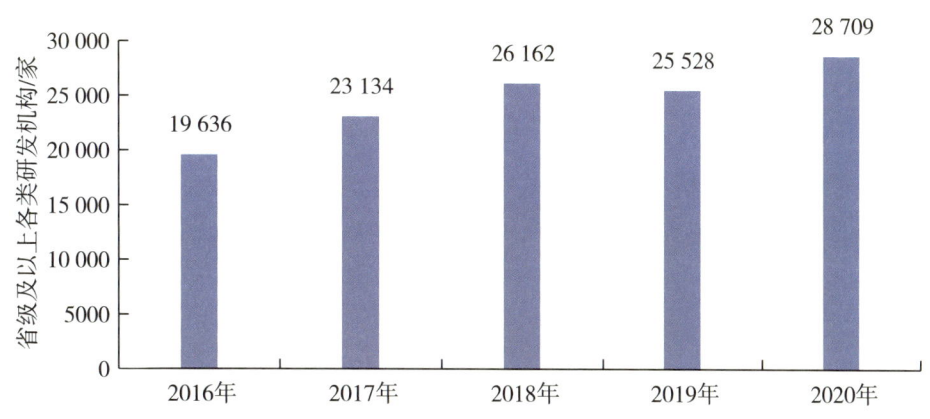

图6-1　2016—2020年国家高新区内省级及以上各类研发机构情况

2. 国家级研发机构集聚国家高新区

高水平研发机构在国家高新区集聚已成为显著特征，国家高新区创新高地的作用充分显示，创新能级持续提升。从研发机构类型看，2020年，28 709家研发机构中，各类国家级研发机构5052家。其中，累计建设国家重点实验室401家、国家工程研究中心112家、国家工程技术研究中心263家、国家地方联合工程研究中心（工程实验室）482家。此外，国家高新区共建设国家认定博士后科研工作站1577家、国家或行业归口研究院所1154家、国家认定的企业技术中心887家，每年增速均在9.0%以上（图6-2）。

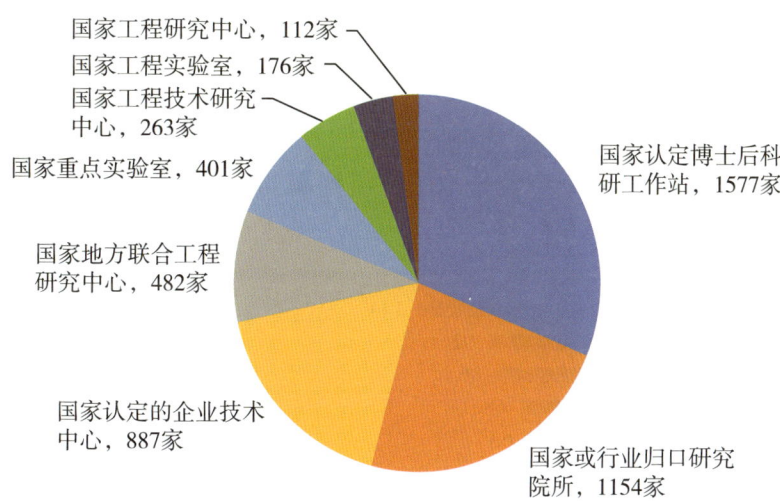

图6-2　2020年国家高新区各类国家级研究机构数量情况

（二）新型研发机构

1. 机构规模呈爆发式增长

新型研发机构是聚焦科学研究、技术创新和研发服务，投资主体多元化、管理制度现代化、运行机制市场化、用人机制灵活化的新型研发组织形式。从机构数量看，2017年国家高新区新型产业技术研发机构呈爆发式增长，较上年增长62.3%，涨幅为历年最高。截至2020年底，国家高新区拥有各类新型产业技术研发机构2335家，较上年增长11.8%，是2016年的3倍多（图6-3）。

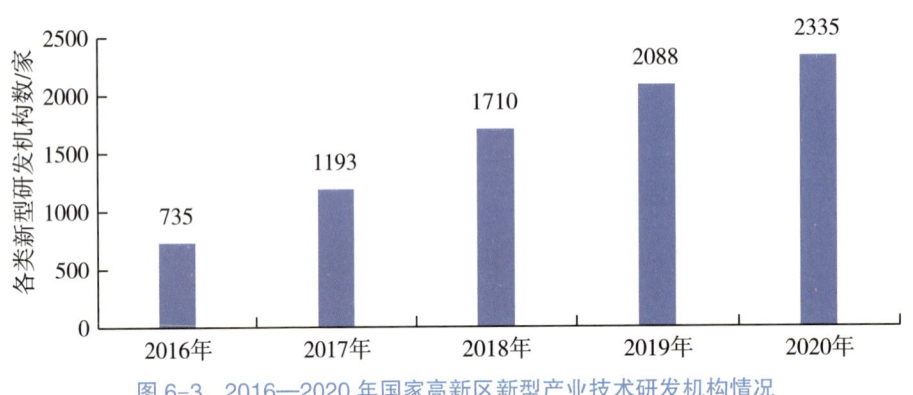

图6-3 2016—2020年国家高新区新型产业技术研发机构情况

2. 南京高新区竞争优势明显

南京国家高新区以新型研发机构为抓手，汇聚产业链上下游资源，产业竞争优势持续凸显。从各国家高新区新型研发机构数量看，2020年，南京国家高新区拥有新型产业技术研发机构367家，远高于其他国家高新区；西安国家高新区拥有新型产业技术研发机构144家；泰安、无锡、荆门、长沙、上海张江等国家高新区拥有新型产业技术研发机构超50家；广州、济南、青岛等国家高新区拥有新型产业技术研发机构超40家（图6-4）。

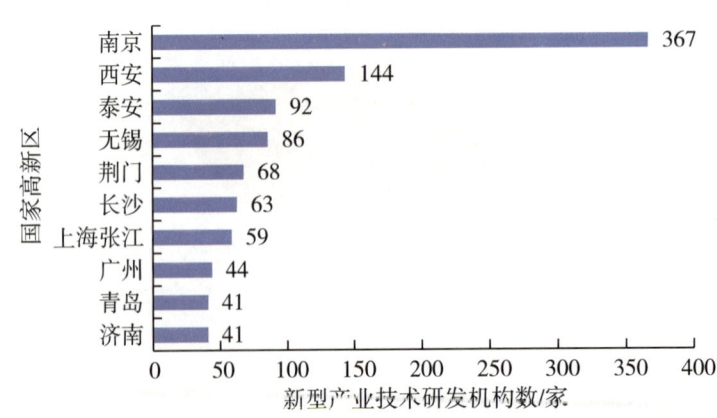

图6-4 2020年新型产业技术研发机构数位居前十的国家高新区

二、创新创业机构

科技企业孵化器和众创空间是科技成果的"催化剂"、成果转化的"助推器"和产业发展的"加速器"。"十三五"期间,"大众创业,万众创新"深入推进,各级政府鼓励依托企事业单位、高校院所等科教资源建设创业孵化载体,加大创业孵化载体政策支持力度,全国创新创业生态环境不断优化,众创空间、科技企业孵化器蓬勃发展,创业孵化能力和水平不断提升,推动了大量科技初创企业的发展和成长,为科技创新和经济发展注入新动能。

(一)众创空间

1. 建设规模快速扩大

众创空间是顺应互联网时代创新创业的特点和需求,通过市场化机制、专业化服务和资本化途径构建的低成本、便利化、全要素、开放式的新型创业服务平台。在国家双创政策支持下,各级政府积极支持众创空间建设,营造创新创业环境,赋能中小微企业创新发展。截至2020年底,全国共有众创空间8507个,其中国家备案众创空间2202个,占比25.9%,成为引导众创空间健康发展、发挥创业带动就业示范效应的重要力量。从历年增速看,2016年以来,众创空间数量逐年增长,2017年增速最快,增幅达33.5%(图6-5)。

图6-5 2016—2020年全国众创空间发展情况

2. 服务企业数出现波动

众创空间探索高校、科研院所参与,民营企业主导的多元化主体发展模式,助力初创企业高水平创业。从服务初创企业和创业团队数量看,2020年,众创空间服务初创企业数创"十三五"新高,达到21.8万家;服务创业团队数量自2017年实现53.6%的大幅增长,突破 23 万家之后持续保持高位，但 2020 年有所回落，为 22.1 万家；受经济下行压力影响，众创空间企业获得投融资服务的团队和企业较上年均有所减少（图 6-6）。

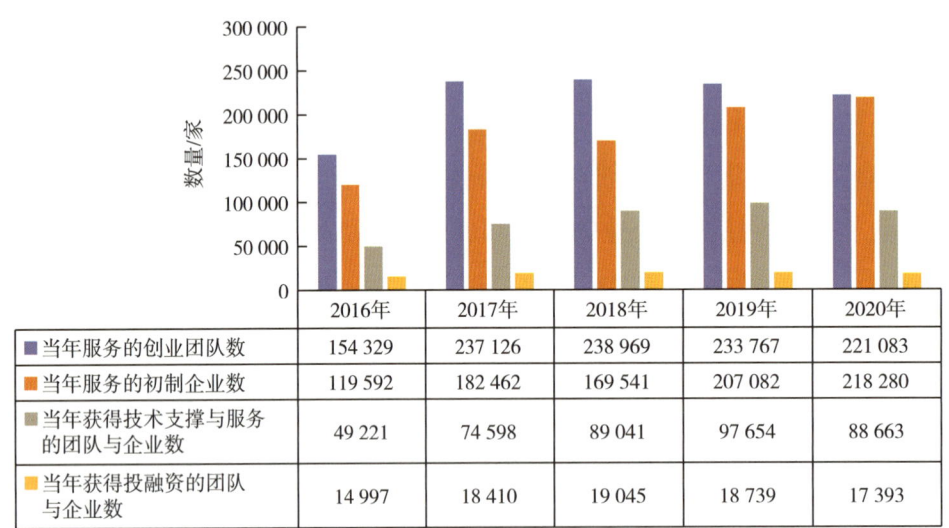

	2016年	2017年	2018年	2019年	2020年
当年服务的创业团队数	154 329	237 126	238 969	233 767	221 083
当年服务的初制企业数	119 592	182 462	169 541	207 082	218 280
当年获得技术支撑与服务的团队与企业数	49 221	74 598	89 041	97 654	88 663
当年获得投融资的团队与企业数	14 997	18 410	19 045	18 739	17 393

图 6-6　2016—2020 年全国众创空间服务情况

3. 盈利能力持续增强

"十三五"期间，众创空间盈利能力不断增强，基本运营收入稳步攀升，实现较好经济效益。2020 年，众创空间总收入达到 227.3 亿元，创"十三五"时期新高，较上年增长 11.6%，达到 2016 年的 1.5 倍；国家备案众创空间总收入呈波动态势，总收入为 72.3 亿元，同比增长 10.2%，低于 2016 年同期水平。从占比情况看，2020 年，国家备案众创空间总收入占同期全国众创空间总收入的 31.8%，并呈下降态势（图 6-7）。

图 6-7　2016—2020 年全国众创空间总收入情况

(二)科技企业孵化器

1. 建设力度持续加大

科技企业孵化器是以促进科技成果转化,培育科技企业和企业家精神为宗旨,提供物理空间、共享设施和专业化服务的科技创业服务机构。截至2020年,各级政府高标准建设科技企业孵化器,持续激发双创活力,赋能初创企业技术创新,全国孵化器达到5843个,实现"十三五"时期快速增长。其中,国家级孵化器1285个,占比达到22%。随着双创升级的不断推进,全国创新创业氛围更加深厚,科技企业孵化器已成为推动高质量发展的重要载体(图6-8)。

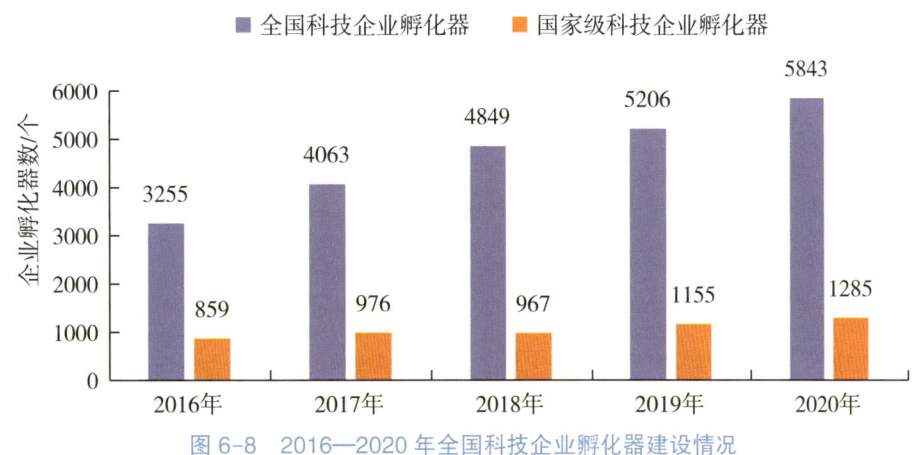

图6-8 2016—2020年全国科技企业孵化器建设情况

2. 创业孵化成效持续提升

科技企业孵化器在孵企业数持续增加,助力科技初创企业成长壮大。2020年,科技企业孵化器在孵企业数超23万个,较上年增长7.6%,实现"十三五"期间18.5%的年均增长率;从业人员近300万人,新增就业岗位平稳增长。从经济效益看,2020年,在孵企业取得显著经济效益,实现总收入超1万亿元,较上年增长24.8%,呈现持续向好的发展态势(图6-9)。

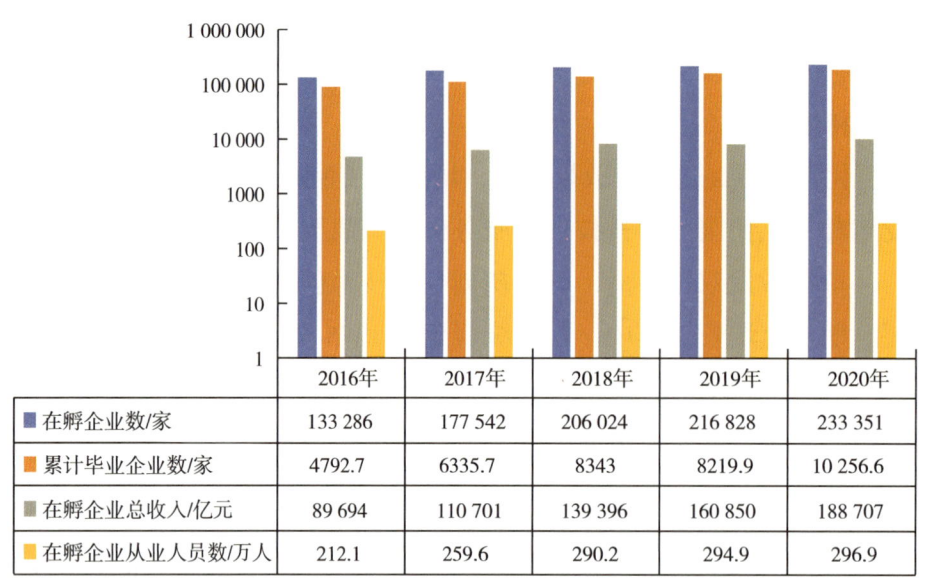

图 6-9　2016—2020 年全国科技企业孵化器孵化企业情况

3. 自身造血功能持续提升

科技企业孵化器创新服务模式、提升自身造血功能是实现可持续发展的必然要求。2020年，全国科技企业孵化器保持了稳定的发展态势，总收入再创新高，达到 497.7 亿元，同比增长 10.6%；其中，国家级科技企业孵化器总收入达到 165.6 亿元，较上年有所下降，占全国科技企业孵化器总收入的比重达到 33.3%。总体来看，科技企业孵化器发展速度和发展成效均优于国家级科技企业孵化器（图 6-10）。

图 6-10　2016—2020 年全国科技企业孵化器总收入情况

三、技术转移机构

技术转移体系是国家创新体系的重要组成，是科技成果转化为现实生产力的重要载体。技术转移机构作为技术转移体系的关键要素，在活化科技成果供给、优化创新资源配置、提升技术转移成效、促进产学研合作等方面发挥着重要作用。近年来，依托大学、科研机构和企业的各类技术转移机构服务能力不断提升，国家技术转移体系更趋完善，呈现出机构类型多元化、服务内容丰富化、服务模式多样化、服务需求个性化的良好发展态势，在促进知识流动和成果转化方面发挥了重要作用。

1. 技术转移机构多元化发展

2016年以来，国家技术转移机构作为促进科技成果转化的国家队，机构规模始终保持在合理区间。截至2020年底，全国共有国家技术转移机构425家。从国家技术转移机构结构看，市场化运作的企业法人机构在科技成果转化中发挥着主导作用，数量为164家，占国家技术转移机构总量的38.6%；其次是各类法人的内设机构，数量为136家，占比为32.0%；事业法人机构112家，占比为26.4%；社团法人机构有13家，占比为3.1%（图6-11）。依托高校院所和科研机构的法人内设机构和政府所属的事业法人机构因各自具备科技成果供给和统筹科技资源的优势，在国家技术转移体系中的作用不可或缺。

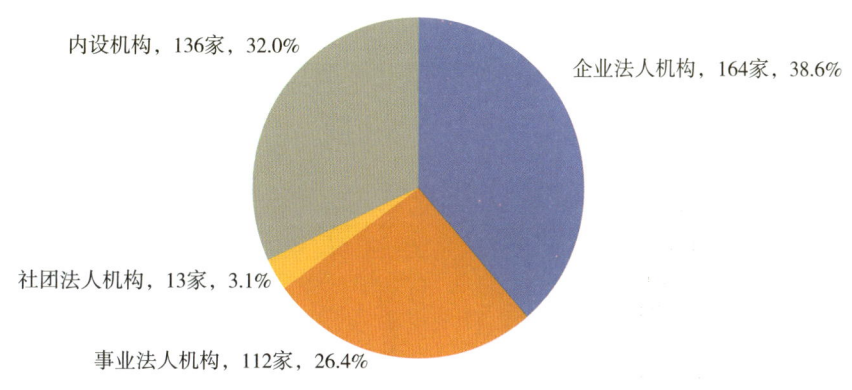

图 6-11　2020年国家技术转移机构法人构成情况

2. 技术转移从业人员急剧增长

技术转移从业人员是科技成果供给与企业创新需求之间的桥梁和纽带，是科技成果转化成败与否的关键。截至2020年底，全国425家国家技术转移机构中，共有技术转移从业人员6.2万人，较上年增长40.0%，是2016年的1.6倍（图6-12）。从从业人员结构看，专业化、高学历从业队伍不断扩大。2020年，获得技术经纪人资格的超4000人，大学本科及以上学历从业人员增长近 30%，中级职称及以上从业人员增长超 40%。表明全社会技术创新需求不断增长，技术转移服务业态正在逐步形成。

图 6-12　2016—2020 年国家技术转移机构及其从业人员情况

3. 战略性新兴产业技术快速转化

国家技术转移机构通过专业化服务、市场化运营，优化配置创新资源，加速技术流动与交易，科技成果转化应用取得较好成效，但服务能级需进一步提升。从促成技术转移项目看，2016—2020 年，国家技术转移机构促成项目成交总项数总体上呈增长态势，2020 年创历史新高，达到 15 万项，增长 6.3%。其中，涉及战略性新兴产业的技术项目实现快速转移转化，促成项目数占比达 55.1%；重大技术转移项目较上年增长 28.3%；促成公共财政投入产生的技术成果转移项目和国际技术转移项目较上年有所下降（图 6-13）。

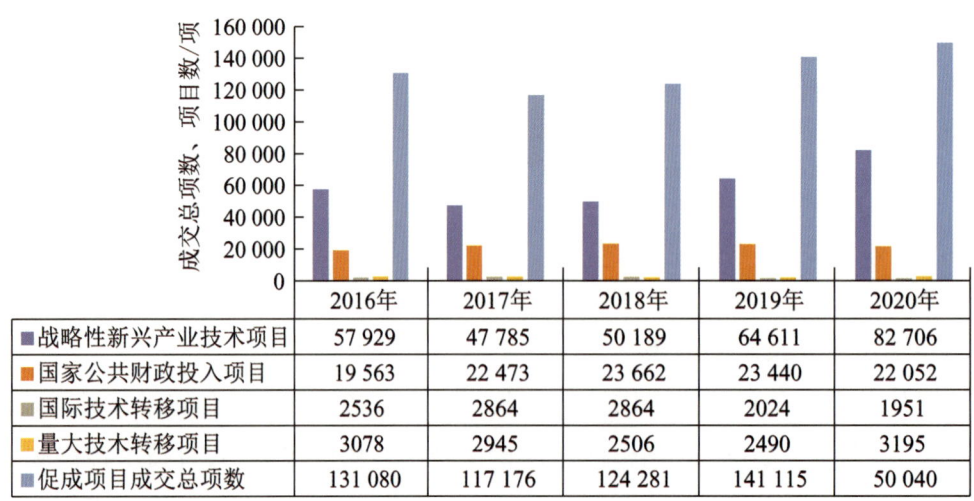

图 6-13　2016—2020 年国家技术转移机构促成技术转移项数情况

从促成技术转移项目成交金额看，国家技术转移机构促成技术转移项目成交总金额波动较为明显。2020 年，国家技术转移机构促成技术转移项目成交总金额为 2007.9 亿元，较上年下降 13.1%，处于"十三五"时期较低水平；低于 2016 年最高水平 24 个百分点（图 6-14）。总体来看，国家技术转移机构促成项目成交总项数和成交总金额发展趋势形成明显反差，单项技术转移项目成交额大幅下降，技术成果的平均市场价值低于预期。

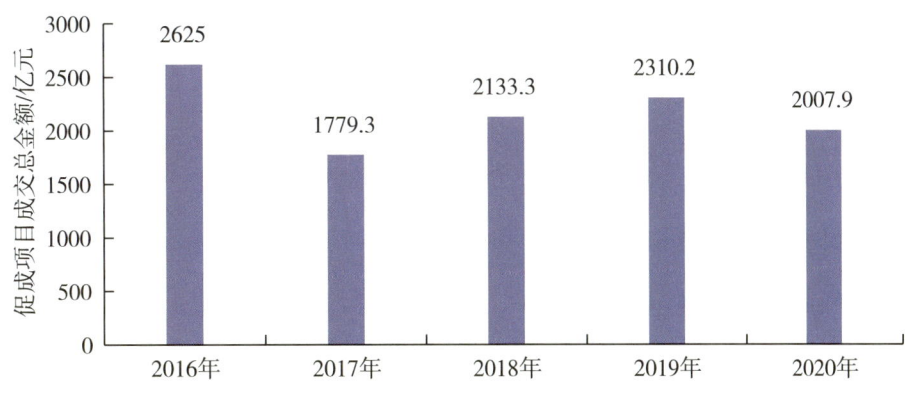

图 6-14　2016—2020 年国家技术转移机构促成技术转移金额情况

四、创业风险投资机构

创业风险投资机构有效对接科技资源与金融资源，是创新生态系统保持高效运转的基础与保障。随着经济体制改革的不断深入和金融体系的不断完善，创业风险投资机构通过金融工具的组合运用和模式创新，不断扩大多元化融资渠道，加速推动科技创新创业，助力初创企业跨越"死亡谷"，实现高质量发展。

1. 机构规模再创新高

创新创业生态环境的持续优化，激发了科技人员投身创新创业的热情，初创团队与创业企业蓬勃发展，全社会风险投资需求大幅增加，风险投资机构规模快速扩大。据对国家高新区统计，截至 2020 年底，创业风险投资机构达到历史最高，机构总量为 6642 个，较上年增长 29.9%（图 6-15）。

图 6-15　2016—2020 年高新区创业风险投资机构数量情况

2. 创业风险投资成效显著

创业风险投资机构有效配置市场资源，风险投资规模持续增加，在科技型中小企业创新创业方面发挥了重要作用。截至 2020 年底，国家高新区内共有 16.5 万个企业当年获得风险投资，获得创业风险投资金额达到 1877.1 亿元，较上年增长 85.3%，是 2016 年的 6.7 倍。"十三五"期间，创业风险投资资金持续释放，表明创业风险投资机构对科技创业企业的投资信心不断增强（图 6-16）。

图 6-16　2016—2020 年高新区企业当年获得风险投资情况

第七章
发展建议

随着创新驱动发展战略的深入实施，我国高新技术产业规模效益实现快速增长，产业结构持续优化，创新效能持续增强，构建了新一代信息技术、人工智能、生物技术、新能源、新材料、高端装备、绿色环保等一批新的增长引擎，在我国现代化建设全局中的地位日益凸显。但是，与发达国家相比，我国高新技术产业依然存在不足。本章在梳理高新技术领域企业发展中存在的问题基础上，立足新发展阶段，为我国高新技术产业发展建言献策，着力推动创新链、产业链、资金链、人才链深度融合，推动我国高新技术产业向全球价值链高端持续攀升。

一、存在问题

从当前高新技术领域企业整体发展情况看，我国高新技术产业在区域分布、产业融合、创新投入、集群发展、人才结构等方面仍存在诸多问题。从区域分布角度来看，区域发展不平衡的问题依然突出，东部地区高新技术产业领先优势明显，京津冀、长三角等重点城市群高新技术产业集聚，中西部地区仍处于产业洼地。从产业链供应链角度来看，产业链与供应链、资金链、人才链融合不够，创新链创新活力尚需加强，高新技术产业整体竞争力尚显不足。从创新投入来看，虽然以专利为代表的创新产出快速增长，但基础研究等原始创新投入力度与发达国家相比仍然不足，高价值专利与标准占比仍然偏低。从集群化发展角度来看，高新技术产业已在国家高新区、创新型产业集群、火炬特色产业基地形成集聚并取得突出成效，但距高质量发展的要求尚存在差距，还存在产业规模效益较小、产业结构仍需优化等问题。从人才结构角度来看，高学历、复合型、创新型人才，尤其是科技领军人才占比不足，吸纳全球创新人才资源支撑我国高新技术产业发展的体制机制尚未有效建立。

二、发展建议

（一）深入实施新时期区域协调发展战略

一是强化区域发展梯次培育。推动落实京津冀、粤港澳和长三角一体化等国家重大区域战略，支持北京、上海、粤港澳大湾区建设国际科技创新中心，提升全国增长极体系的层次与带动作用，强化先发地区引领带动优势，促进不同梯度区域协同联动发展。二是鼓励和扶持后发地区发展。支持有条件的地区依托基础条件和特色资源，充分发挥地区发展比较优势，探索差异化的高新技术产业高质量发展路径，为产业发展和区域经济发展提供新动能。三是促进区域协调发展向更高水平和更高质量迈进。要从多方面健全区域协调发展新机制，逐步消除影响要素自由流动的各类制度性障碍，引导各地区实现资源要素有序、顺畅流动和高效集聚。

（二）扎实推动高新技术产业"补链强链"

一是着力锻造产业链供应链长板。应发挥我国传统制造业产业体系完备的优势，通过持续提升制造工艺、产品质量，加速传统产业转型升级，巩固既有竞争优势，同时大力发展战略性新兴产业，使其成为高新技术产业的重要组成部分。二是聚力补齐产业链供应链短板。推动产业基础技术与共性技术的研发推广，加快核心技术国产替代进程，推动传统产业高端化、智能化、绿色化发展，培育壮大战略性新兴产业，推动新材料、生物医药及大健康产业集群形成行业规模。三是促进产业链上下游协同。加大力度培育具有全球竞争力的链主企业，注重引导科技领军企业通过兼并、合资、合作等方式向关键中间产品、核心零部件和材料等产业链上下游延伸。

（三）推进高新技术产业集群化、高端化发展

一是加快推进创新型产业集群和产业基地发展。聚焦新一代信息技术、人工智能、生物技术、新能源、新材料、高端装备、绿色环保等战略性新兴产业，在全国范围内加大创新型产业集群培育力度，以高质量发展推动现代化产业体系建设。二是巩固优势产业领先地位，以创新链、产业链、资金链、人才链深度融合推动创新型产业集群提质增效，培育若干科技

创新能力强、掌握关键核心技术、产业链条通畅、具有国际竞争力的世界级产业集群。三是面向类脑智能、量子信息、基因技术、未来网络、深海空天开发、氢能与储能等前沿科技和产业变革领域，组织实施未来产业孵化，谋划布局一批未来产业集群。四是发展壮大区域优势特色产业，引导特色产业基地规模化、集群化发展方向，做大做强做优特色产业，主动融合产业集群发展，培育区域经济发展新的增长极。

（四）着力提升产业自主创新核心竞争力

一是着力构建以企业为主体的技术创新体系。加大力度培育隐形冠军企业、高新技术企业，加快提升企业科技创新能力，加强与高校院所产学研合作，打造高新技术产业核心竞争力。二是深入实施产业基础再造工程与重大技术装备攻关工程，着眼于产业发展中的基础研究和共性技术、前瞻技术、战略性技术开展研究，加快关键核心技术突破，集中攻克集成电路、操作系统、战略材料等关键基础技术。加快重大装备技术体系化、智能化、绿色化发展，加快高端工业机器人国产化、高档数控机床开发与示范应用、工业基础软件自主能力提升等。三是强化国家战略科技力量，加快国家实验室体系建设，推动建立一批国家技术创新中心、产业创新中心、制造业创新中心，围绕重点领域和产业发展需求，加快建设一批专业水平高、服务能力强、产业支撑力大的产业公共服务平台，提升可靠性试验验证、计量检测、标准制修订、认证认可等服务能力。四是加强新型基础设施建设，促进数字经济与实体产业融合发展，围绕人工智能、集成电路、工业互联网、物联网、5G移动通信等领域布局建设一批新型基础设施，提升创新发展动力支撑。

（五）引培并举强化高新技术产业人才支撑

一是建立与新时期现代化产业体系相适应的人才支撑体系。面向我国高新技术产业重点发展领域，统筹推进人才体制改革，发挥政策引领作用，着力培育科技领军人才，壮大专业化人才规模，提升高新技术产业人才素质。二是健全高新技术产业创新人才选拔培养机制。大力开展高新技术产业管理人才选拔工作，确保高层次人才队伍建设不断取得新成效。培育高素质工匠型人才队伍，积极设立高技能人才培训基地，实施职业技能提升行动，培育一批知识型、技能型、创新型的工匠人才。三是积极引进国际创新人才。实行更加开放便利的境外人才引进和出入境管理制度，探索试行技术移民制度，畅通海外科学家、海外高层次人才来华工作渠道，建立与国际接轨的招聘、薪酬、评价、考核、科研资助和管理制度。

(六）持续优化高新技术产业发展环境

一是完善充分激发创新创业主体活力的制度环境。按照国际通行规则，加强关键领域知识产权保护，鼓励企业积极参与国际标准制定，与高校、科研机构在共性关键技术研发上开展"竞争前合作"，建立与之相匹配的知识产权共享与权益分配机制，构建面向内外资企业竞争中性原则的创新政策体系。二是健全支持高新技术产业发展的信贷、监管等支撑体系。高新技术产业专业性较强，开展信贷风险相对较高，需要引入专业的担保公司、知识产权评估公司、产业信息共享平台等一系列机构共同构建一整套信息共享机制，引导金融监管机构开展差别化监管手段，进一步提升资本市场成熟水平，为大批优质的高新技术产业中小企业上市融资提供渠道。

附 录

一、地区说明

（一）东部地区

包括北京、天津、河北、上海、江苏、浙江、福建、山东、广东、海南 10 个省份。

（二）中部地区

包括山西、安徽、江西、河南、湖北、湖南 6 个省份。

（三）西部地区

包括内蒙古、广西、重庆、四川、贵州、云南、西藏、陕西、甘肃、青海、宁夏、新疆 12 个省份。

（四）东北地区

包括黑龙江、吉林、辽宁 3 个省份。

二、重点城市群

（一）京津冀城市群

包括北京、天津，张家口、承德、秦皇岛、唐山、沧州、衡水、廊坊、保定、石家庄、邢台、邯郸 13 个城市。

（二）长三角城市群

包括上海市，江苏省的南京、无锡、常州、苏州、南通、盐城、扬州、镇江、泰州，浙江省的杭州、宁波、嘉兴、湖州、绍兴、金华、舟山、台州，安徽省的合肥、芜湖、马鞍山、铜陵、安庆、滁州、池州、宣城 26 个城市。

（三）粤港澳大湾区城市群

包括香港、澳门 2 个特别行政区和广东省的广州、深圳、珠海、佛山、中山、东莞、肇庆、江门、惠州 9 个城市。

本研究只统计广东省 9 市数据。

（四）成渝城市群

包括成都、重庆、自贡、泸州、德阳、绵阳、遂宁、内江、乐山、南充、眉山、宜宾、广安、达州、雅安、资阳 16 个城市。

（五）中原城市群

包括郑州、洛阳、开封、南阳、安阳、商丘、新乡、平顶山、许昌、焦作、周口、信阳、驻马店、鹤壁、濮阳、漯河、三门峡、济源、长治、晋城、运城、聊城、菏泽、宿州、淮北、阜阳、蚌埠、亳州、邢台、邯郸 30 个城市。

（六）长江中游城市群

包括武汉、黄石、鄂州、黄冈、孝感、咸宁、仙桃、潜江、天门、襄阳、宜昌、荆州、荆门、长沙、株洲、湘潭、岳阳、益阳、常德、衡阳、娄底、南昌、九江、景德镇、鹰潭、新余、宜春、萍乡、上饶、抚州、吉安 31 个城市。

三、名词解释

（一）高新技术领域

指《国家重点支持的高新技术领域》中的八大领域，包括电子信息、生物与新医药、航空航天、新材料、高技术服务、新能源与节能、资源与环境和先进制造与自动化。

（二）上市企业

在深交所主板（含 B 股）、上交所主板（含 B 股）、深交所创业板、深交所中小板上交所科创板、新三板、地方四板，以及在新加坡、香港、纳斯达克、纽约、东京、伦敦等交易所上市及挂牌的企业。

（三）认定登记的技术合同项数

指报告期内企业在科技部门和商务部门进行认定登记的技术合同数量。技术合同的类型包括：技术开发、技术转让、技术许可、技术咨询和技术服务。不包括获得国家和省级各类支持计划所签订的合同。

（四）认定登记的技术合同成交金额

指报告期内企业签订成立的技术合同成交项目的总金额。

（五）外籍常驻人员

指企业从业人员中在大陆连续居住半年以上的外籍人员数。

（六）引进外籍专家

指企业引进的在企业从事专业技术、管理、教学、科研等工作的外籍专业技术人员，可以是掌握领先技术的高端专家、企业高管，也可以是有专门技能的专业技术人员。

（七）创新型产业集群

指经国家科技管理部门批准，产业链相关联企业、研发和服务机构在特定区域集聚，通过分工合作和协同创新，形成具有跨行业跨区域带动作用和国际竞争力的产业组织形态。

（八）国家火炬特色产业基地

指经国家科技管理部门批准，在一定地域范围内，针对国家鼓励发展的细分产业领域，通过政府组织引导、各方优势资源汇聚、营造良好创新创业环境，形成的具有区域特色和产业特色、对当地经济和社会发展具有显著支撑和带动作用的产业集聚区。